戴国煇讲台湾

台湾与台湾人

追求自我认同

戴国煇／著

九州出版社　中信出版集团

图书在版编目（CIP）数据

台湾与台湾人 ：追求自我认同 / 戴国煇著 . -- 北京 ：九州出版社，2021. 4

ISBN 978-7-5108-9994-2

Ⅰ. ①台… Ⅱ. ①戴… Ⅲ. ①台湾问题 Ⅳ. ①D618

中国版本图书馆 CIP 数据核字（2021）第 011121 号

台湾与台湾人 ：追求自我认同

作　　者：戴国煇　著
出版发行：九州出版社　中信出版集团
出 版 人：张黎宏
责任编辑：习　欣
地　　址：北京市西城区阜外大街甲35号(100037)
发行电话：(010)68992190/3/5/6
网　　址：www.jiuzhoupress.com
电子邮箱：jiuzhou@jiuzhoupress.com
印　　刷：三河兴博印务有限公司
开　　本：880毫米 × 1230毫米　32开
印　　张：11.5
字　　数：244千字
版　　次：2021年06月第1版
印　　次：2021年06月第1次印刷
书　　号：ISBN 978-7-5108-9994-2
定　　价：68.00元

目录 CONTENTS

辑二　我的日本体验——十足的境界人

辑三　日本人与台湾

辑四 台湾支配与少数民族

辑五 殖民地体制与台湾知识人

给读者的话

林彩美

惋惜戴国煇（1931.4.15—2001.1.9）没能看到今天祖国欣欣向荣的景况。但是他留下的《戴国煇讲台湾》与《戴国煇全集》获得九州出版社的青睐，他们透过戴国煇的学生雷玉虹女士与我联系促成这桩好事。《戴国煇讲台湾》即将初次在祖国出版与读者见面，他应该含笑九泉。

戴国煇与大陆的接触始于1988年10月30日，他陪同所任教的立教大学校长参加与南开大学结成姊妹校的仪式。此后到2000年之间，他偶尔会到大陆参加学术研讨会、旅行与演讲等。然而所能直接接触的人毕竟不多，一般读者对他该是陌生的。

承蒙大师、挚友们惠赐大作盛情推荐戴国煇，让读者认识他。我要替他向诸位大师、挚友深深鞠躬，由衷感谢。我在此也要感谢九州出版社与雷女士玉成《戴国煇讲台湾》在祖国付梓，成全他的心愿（与其让一亿日本人读他的书，我揣测他更希望十四亿中国人读他的著述）。

戴国煇一生命运多舛，出生于被殖民的台湾，遭遇十五年日本对祖国的侵略战争，大多数台湾人不能声援更不能共赴国难，还被迫站在祖国的对立面配合寇仇间接打击祖国，甚至于年轻人被征召去对岸当军夫帮日本军搬运枪炮、做杂务或当翻译，真是不堪回首。

1945年日本战败，台湾光复回归祖国。国民政府来台湾接收（被喻为“劫收”），官员的傲慢、公器私用，加上通货膨胀、物价飞腾等社会与经济问题，民怨四起，1947年爆发“二二八事件”。1948年发生“四六事件”，以师范学院为主体联合台湾大学所发起的以“救苦、救难、救饥荒、停止内战”诉求为主的学生运动。当时有自大陆来台就读的学生，以及本地不少的知识分子抱有社会主义倾向，引发当局的大规模逮捕行动。当局为防范台湾“赤化”，于1949年5月20日颁布台湾省“戒严令”。

“宁错杀一百，也不放过一人（匪谍）”的说法流窜，全岛屏息，噤若寒蝉。是时戴国煇就读建国中学。他避开是非之地台北，悄悄南下报考省立台中农学院农经系。刻意低调，不露头角，不生是非，只求平安度过大学四年与预备军官训练一年，目标是通过考试争取留学的机会。

1955年他如愿负笈东瀛，代父探望战后不曾回台的二哥于东京。他想先报考东京大学农经系硕士班，在日本待两三年再转赴美国。逃离台湾的解放感，让他立马与志同道合的留学生组织读书会，联合东大中国同学会又办会刊《暖流》。此番举动不慎碰触到“台湾驻日大使馆”的禁忌，上了黑名单导致旅行证件被注销。此后，只能留在日本做研究。好在日本战败后尚有学术研究的自由，史料也充足，颇能任其涉猎并养成他收集书籍之嗜好。

他站稳自己的人生主轴，公正不阿，不偏不倚，以出生在台湾的客家人与中国人的立场写台湾史；追溯甘蔗糖业的发展写出两岸经济史；以知日而不是亲日的滞日华侨身份研究近现代中日关系史、两岸关系史以及台日关系史、华侨史；以带着原罪的汉人后裔，替台湾少数民族收集资料并研究编写英勇抗日的雾社蜂起事件；也因长期（四十一年）滞日，更有立场以中国人身份频频写时评给广大日本人民谆谆的诤言；倾三十年心血投入亲身经历的“二二八事件”史料的搜集与研究。戴国煇的史论、文笔铺叙引人入胜，长短论文仿如叙说一则则故事，把自身经历遭遇串连到海峡两岸及中日关系的故事之中。

最后也让戴国煇自己来说话：

我不是“台湾史的历史家”。

我是要把台湾史放在中国史（而且是亚洲史、世界史）之全历史过程中正当地定位，以此再构筑“中国史像”是我的目标。

作为住在日本的客家裔台湾人（更是中国人）学者，有明确的责任参加我自己以及自己家族所生存社会的改善。

随便任由激情做出强硬言行，与努力保持最高的学问水准并追求最高的知性，两者之间有所不同，我是明辨自知的。（摘自戴国煇写给林彩美的献辞〔自戴国煇遗物中寻获〕，载于《戴国煇全集 1》，台北文讯杂志社 2011.4.15 出版）

一位才德兼备的史学家：戴国煇

许倬云

国煇和我之间有很多相同的兴趣，主要是我们都是关心社会史，尤其是长程的社会发展，不是短程的事件。我们相逢且比较常见的时候，大约在1985—1990年之间，我在台湾，他也在台湾，我们常在杨懋春先生位在桃园的工作室相逢。杨先生是台大农业推广系的教授，他在桃园有一个工作站。当时有一个小型讨论群，成员包括杨先生、邹文海、吴聪贤、唐美君、李亦园、国煇和我，常常见面，讨论共同关心的问题。

他是一个客家人，桃园本地的客家人。我呢，应该讲是“新客家”，1948年以后，把台湾当作新家。新、旧客家都有相同关心的问题，就是在这个新到的地方，我们怎么样理解过去，怎么安顿和定位自己？他经常记挂，如何将数以吨计的书籍，搬回台湾；我则正在烦恼，如何摆脱台湾官方人士对我的干扰，俾得安心工作。

他所关心的当然是台湾过去一百年的历史。这一百年来，台湾确实不幸，颠颠簸簸，从日本占领到1945年回归中国，然后中国内战，国家分裂，台湾变成两方对抗中的一方。这个时候，台湾找不到自己在历史上怎么定位，犹如一个孤儿：有一段时候，寄养在别人家里面，寄养的一段过程，总是留下许多的记忆，更留下许多伤痕。五十年了，台湾的伤痕够深的。

国煇关注的问题，一个是台湾少数民族在日据时代，遭逢了怎么样的情景。一般来讲，少数民族在日据时代，日化相当深，他们几乎都会说日本话，这是因为移居台湾的汉人，并没有尽力推广福建话、广东话。当日本统治以后，日本殖民当局却全力贯彻了日文教育。二战期间，许多少数民族青年被调到东南亚去作战。少数民族去南洋作战的人数，大概比台湾广东、福建两省来的后代，在比例上更多一些，虽然人数上不一定更多。

所以这一段历史，使得国煇相当关心，日本当局如何对待少数民族。他从日据时代官方记录发掘出，日本当局如何从小小临时事故，发展为全面镇压，竟出动正规军，使用现代武器，甚至飞机和大炮，发射毒气弹镇压少数民族。人类史上，宗主国对自己殖民的居民，以如此残暴的方式处理，实属罕见。

这个记忆在日本长期统治期间被蓄意掩盖，却致力于表扬少数民族军夫出征东南亚，或少数民族少女又是如何相送日本青年军人出征，视作非常浪漫的一段过程，谱为情歌，如“沙林之爱”等赞扬歌颂。国煇根据日本官方档案，揭发日本殖民当局在“雾社事件”中的残暴。他的作风，当然和许多亲日的“皇民”后代，在意见上有相当大的差距。“皇民”是日本在台湾培育的一批亲日分子。他们改用日式姓名，日常使用日语，自动同化于日本，这就是“皇民”。台湾最显赫的“皇民”是李登辉，所以“客家”戴国煇和“皇民”李登辉之间，在这个问题上，他们的意见非常不一样。

第二桩国煇费心研究的历史事件，就是我们知道1947年2月28日，发生那一段非常不幸的动乱，到今天还有许多人对此有不同的解释，陈述其历史上的意义。我仔细阅读过许雪姬和赖泽涵等人受委托撰写的一篇报告书，内容相当详实。可是，也有人还认为当时台湾人是反对中国人，不一定是反对当时的中国政府而已。也有人对于当时罹难人数（多少大陆人？多少台湾人?）持不同的说法。等到台湾当局开放，“二二八”不再是禁忌话题，这时候当局决定赔偿“二二八”受损害的遗族，由当时“副总统”吕秀莲女士主持发放赔偿费事宜。到现在为止，大概真正登记、取得补偿的人数，也就二千多人，这和上述许、赖报告的估计其实相当吻合。当时罹难者总数并没有三万多人，而且有一批受到冲击的大陆人，或已死亡，或已离开台湾，到今天还没有得到补偿。牵涉于“二二八事件”的人物，有从南洋回来的“军夫”，也有当时中国共产党在台湾的人物，例如谢雪红带领的游击队……国煇他为了寻找真相，凭着一己的努力和良心，不偏不倚，也做了相当详尽的研究。

我佩服国煇之处：这个人对自己身处之地的过去，认真执着，不折不挠之外，还必须不受别人偏见的影响，不媚时，不曲解，以史实和史料为主。国煇有一宏大的计划，要将台湾的长程和今日的过去，都纳入研究并有所记录。我的专业是古代文明，方法学是社会学，对台湾的过去和今日，也都有所接触，这两方面我们都有很多可以讨论的空间，有许多的机会可以互相交流，这使得我对他非常佩服。我认识的这个人——戴国煇，正是一位认真执着的学者。

在桃园相交的时段，我们发觉彼此研究途径颇有交集：我们都习惯于借重韦伯和雅斯贝尔斯的理论，思考自己钻研的问题；也都习惯于文化宏观与比较的研究。而且，我们也都重视文化传统对于个人取舍抉择的影响。我们在提到韦伯和雅斯贝尔斯理论时，由于我是通过英文译文学习，他则从日文译文研读，彼此之间的沟通，还颇费周章，交错交融，方能渐入佳境。我们逐渐感觉对于专题研究，对于彼此“所见略同”的愉快。

同在桃园交会时期的不同场合，我感觉，他对于自己的归属感颇为重视，承认文化归属，要比地域归属，更有认同功能。我自己，生于战乱流离，不遑定居，处处是家，视家如寄，旅途暂歇，“故乡”永远在梦中。有一次，我对他自称“新客”，称他为“老客”，并且戏称：“也许，我们更适宜在全球化的大趋势下，做世界公民吧。”他静默片刻回答：“我不能，我终究是客系中国人。”其实，我自己又何尝能够如此抛开“中国人认同”？

我前面讲过，他是客家人，我也是客家人；只是，我是新的客家，他是旧的客家。台湾的客家是从广东迁移过来的，他们大概在魏晋南北朝、“五胡乱华”的时候，开始“永嘉南移”的长征，整族长途跋涉，从中原迁移到福建和广东；他们几千年来，离乡背井，却一直严守着故乡的风俗习惯；他们的语言，依旧还是当年中古时期，以中原的口音为主体。这些永远是客居的离人，对于个人的过去，总有两个认知，两个自己，一个是“个人自己”、生物性的“个体自己”，我们是张三、李四；另外一个自己是其所来自的族群及其文化背景，这就是台湾人所说来自“中原的中国人”。纵然离开家乡到外边去，必须要自己挣扎求生存，但是不能背离自己文化传统。文化传统可贵的地方要继续保守，而且要发扬光大，文化传统中有不适宜的地方，要随时纠正、修改，处世为人的大原则，则必须恪守不离。

这个立身的认知，我和他一样。我于1948年离开中国大陆，今天我寄居在海外，我也真的是他乡作客的“客人”，这是二十世纪中国内战所造成的后果。我们彼此同意：一个人的认同感，不单自己是张三、李四，还有自身究竟是从哪里来的认同。不一定是我的籍贯，不一定是我的姓氏，不一定是我祖先的谱系，而是贵重、真实留下来的文化遗产。这份遗产，他和我所承受的有相当大的部分类似，就是中国经过不同时期的整合，终于归纳为儒家、道家、阴阳家，以这几家为主体的综合的思想，同时，不自觉地吸收了佛家的思想，也吸收了摩尼教、祆教，并受其影响，还吸收了后来基督教的影响，等等，各种的影响抟成了一个多元复杂的融合，一个复杂的有机体。

事实上，这一整合，乃是撷取世界上各个文化最为可贵之处，并融合在一个系统里面。这个系统，我认为是未来世界走向大同、走向全球化以后，取得的综合的人类文化，其内容就和中国几千年来，一步步整合的情形，可能是，也应当是兼容且接近的。我们既然已经在这一点工作上，在世界各国之中，在各个民族之中，这些中国的新客家、旧客家，已经走了两千多年，我们应当自许走出了现在的成绩。这些成绩，得来不易，我们应当在这个时机，反馈全世界。世界正在走向全球化，这全球化的趋向，不可任由一个国家独占霸权，坚持霸权，而永远将其作为某一家的特色，笼罩全世界。人类世界会有，也更可能有一串普世价值，但普世价值不是任何一家文化所能独占，这些普世价值应是结合与诠释各种情况下，寻找适应时代、适应地理情况、适应个人，所提出的解释。国煇和我，这两个“老客”“新客”，在这方面，我们也有相当契合的地方。

国煇未终天年，不幸早归，我很想念这位朋友。我们年龄相当，只是我多活了二十年，使我对许多问题的想法，又和当年不太一样。他离开太早，有许多高见犹待发挥，即已离去，令人遗憾，我们也因此更加怀念这位优秀的学者。他在举世疯狂时让大家清醒，他在别人有偏见的时候，毅然廓清矫正偏见，不屈不挠，坚持守住自己的立场。一位历史学家能做到这一点，且得到令人钦服的佳绩，既是史学专业训练使然，更在其学者的风范。我向戴国煇先生，一位史才、史德兼备的历史学家致敬！

他不仅是一位历史学家

陈孔立

戴先生和我是同一世代，都是 20 世纪 30 年代初出生的。那时中国大陆和台湾都不采用公元纪年，我生于民国十九年（1930 年），他生于昭和六年（1931 年）。当我们成年时，两岸已经处于隔绝状态。戴先生长期生活在日本，早期都用日文发表论文，我无缘获知。直到改革开放以后，大约在 1984 年，我才知道他 1981 年用日文写的文章曾经引用我 1979 年在上海出版的书，但未见到原文。

到了 1986 年我这一辈的大陆学者才有机会出国，我在芝加哥台湾学者林孝信主持的士林书苑中，发现戴先生著的《台湾史研究》（1985 年台湾出版），这是他第一本用中文出版的著作，我如获至宝。在书中获知若林正丈是戴先生的"第一位学生"、"台湾近现代史研究会"的少壮派中心人物，而我们早已认识若林了，因为他 1983 年就来到我们台湾研究所做过三个月的访问研究。他曾经写道，1983 年 5 月"三日傍晚抵达厦门。第二天起，四日五日两天，见了所长陈碧笙，副所长朱天顺、陈在正，《厦门史话》作者陈孔立等台湾研究所的主要成员"。其实那时我还没有调到台湾研究所，只是做一些兼职研究。

在书中也看到戴先生 1983 年曾经与陈映真先生、李哲夫先生进行过对谈。不久，李哲夫先生（1987年）、陈映真先生（1990年）先后来厦门大学台湾研究所访问，我作为所长，接待了他们。李哲夫先生曾经对我们所有如下评论："厦门大学的台湾研究所给人一个印象，他们的研究工作注重历史性的、考据式的研究，可是，台研所的新生代，他们虽然才加入研究所一两年，他们的工作成果已经足为厦大台研所改观，给予一个清新的面貌"；"我没有把握是否在台湾岛内的每个年轻人都像他们一样，对于台湾现阶段的民主潮流有那么多的关注"。陈映真先生则说："厦门大学台湾研究所对台湾的研究就比台湾对大陆的研究做得好。"

至于戴先生本人，一直到1995年在庐山举办的"台湾史学术研讨会"上，我才有缘和他见面。那时我们所是主办单位之一，其他三个主办单位都是北京的，会议主要由他们操办，接待工作由他们承担，我们很少有机会和戴先生交谈。但我的同事记得戴先生很幽默，他在会上发言超时了，不但不道歉，反而说："年纪大，学问太多，没办法。"

我早年研究台湾历史，1987年以后研究重点转移到台湾政治与两岸关系。后来，我读过他的著作《台湾总体相》《爱憎二二八》《爱憎李登辉》等书，这次九州出版社准备出版戴先生的著作系列，让我读到许多以前没有读过的、从日文译成中文的论著，对他的研究才有了比较全面的了解。

读了戴先生的论著以后，可以看出他的每一项研究都有自己的动机和目的。例如，研究清代台湾历史，特别是洋务运动时期的台湾，就是要说明清代后期台湾有了相当的发展，而不是什么"不毛之地""荒芜之地"，不能把台湾的现代化归功于日本的殖民统治。研究日本殖民统治时期的历史，就是要揭露日本的侵略和掠夺，说明日本的殖民统治丝毫不是为了台湾人的利益。因此，台湾人没有任何理由感激日本人的殖民统治。日本殖民统治台湾留下的"遗产"也不是日本人心甘情愿地留下来给台湾岛民的。是因日本战败，日本人被逼迫无法带回日本去，不得不将“副产品”留下来。研究台湾战后史的目的在于追索台湾光复后，台湾人的身份认同问题。

至于“下功夫研究台湾史的原因”，他明确地指出有以下三个因素：一是因为“台独”以及“许多台湾知识分子”都是“媚日”的，这就可能会“自误误人”给台湾以及中日关系带来灾祸；二是因为“台独”认为日本给台湾带来了资本主义，促进了现代化，日本人一般听起来很顺耳，很可能就变成了甜言蜜语，这可要害人不浅，为害的范围很可能还要扩展到东南亚；三是因为大陆对台湾的认识不深入，也不可能全面。不论干部或老百姓都不能认识台湾的真面目，他说：“我发现这种情况值得忧虑，认为我得好好研究台湾而把成果呈献给大陆同胞，最好能帮一帮他们开一开眼界才对。”

还应当看到，他研究“二二八”“台湾人”“台湾结与中国结”“社会记忆”“群体心态”“台湾民族”“台独”等等，归根结底是研究认同问题，为解决“认同危机”、反对“台独”找出一条正确的道路。他提出“睾丸理论”就是探讨两岸关系“在一个中国的大前提下，一致对外，对内可用和平手段来协商、沟通以及调适”的道路。他指出，统一是一个大前提，统一是一个过程，统一的过程需要摸索。

正如他自己所说的：“我既爱我出生之地台湾，又深爱我祖先之原乡中国大陆，并关怀它的前途。我愿为我们及我们祖先的乡土海峡两岸之进步和福祉，奉献绵力，给它的人文、社会科学的园地扎实地、持续地添些砖，加些瓦。”

总而言之，戴先生热爱台湾、热爱中国、热爱中华民族，他毕生的研究都是站在中华民族的主体性立场，为解决两岸的“认同危机”、实现中华民族的大融合、大团结贡献自己的心力。

读过戴先生的论著之后，我认为他不仅是一位历史学家，他的研究涉及历史学、文学、经济学、政治学、社会学、心理学，即涉及人文社会科学的多个学科。他自己谦称“我没有搞过政治，但是作为一个社会科学研究者，并且对心理历史学抱着深厚兴趣的学人”，他也自负地表示，“在坚持学术的纯洁和尊严上，我固执这样几个原则：1.进行原理性，也就是根源性的探索；2.注重从逻辑层面进行探讨；3.力求从思想层面进行探讨。努力保持最高的学问水准并追求最高的知性。”

作为一位人文社会科学家，戴先生当之无愧。

读了戴先生的论著以后，我发现我和他有不少“同好”，他研究的许多课题，我也做过研究。早期我研究过“日籍浪人”（1979 年），他称之为“台湾呆狗”；他研究“雾社事件”，我也写过“雾社深仇”（1980 年）；他写过《台湾总体相》（1989 年，实际上是一部台湾史），我主编过《台湾历史纲要》（1996 年）。由于戴先生过早地逝世，他的研究成果基本上是 20 世纪的。他研究过的一些课题，在 21 世纪我继续进行研究，例如，有关群体心态、社会认同问题，我写了《台湾民意与群体认同》（2013 年）、《两岸的文化认同》（2020 年），在批判“台独”史观、“台湾民族论”、维护中华民族认同方面，我也写了系列论文。我希望能够追随戴先生，为中华民族的大融合贡献个人的微薄力量。

辑一

台湾与台湾人——追求自我认同

H 的来信

接到稍早寄到的圣诞卡，卡片的四面密密麻麻地写了如下内容：

K H 兄，

就在数分钟前电视上刚播放完卡特总统承认中国的消息。虽然知道这本是意料之中的事，可还是抑制不住内心的激动。此感慨与在美国透过卫星直播看到田中角荣首相访中之际，向周恩来深深地鞠躬，并说“对不起”的道歉画面时的激动相似。（字下黑点系引用者所加）

与某位美国人谈起此广播时，虽然两人都说“very impressive”，但他是对能使电视转播成为可能的伟大技术表示赞佩，我是作为中国人、台湾人对这一中日历史上的大事件而无限感慨。要对他说明我的这种感觉很不容易。

美国承认中国是出于想利用中、苏矛盾以平衡自身防卫能力的政治考虑，更是为了走到死胡同的美国经济，即卡特的经济政策失败的活路，而求之于作为市场及原料之提供者的中国，难道不是这样的吗？

在华盛顿的希尔顿饭店，因担心违规停车而匆匆告别感到很可惜。（中略）

值此中国激动之时刻，贵兄一定会忙上加忙吧。

问候夫人

十二、十四夜

此致

K·H·H

偶然地共有名字的首字字母 K 与 H 的戴与 H 君，是殖民地台湾的州立 S 中学一、二年级时的同窗。两人均出生于 1931 年。

戴接到 H 稍早寄来的贺卡，在高兴的同时，也感到某种困惑。“值此中国激动之际，贵兄一定会忙上加忙吧”的部分是 H 对戴的过高评价，也应是某种误解吧。

尽管如此，那 H 的确是变得健康多了。他曾经对自己的“心”病烦闷得不得了，戴一直在一旁默默地关注他，却从来不曾碰触过他的心病。戴一直觉得 H 的心病，不仅仅只是一般所谓的精神障碍，更含有其他的部分，现在他还持此种看法。或许这只能算是一种不懂医道之人所拥有的独断与偏见吧。戴回想起光复（复归祖国＝中国）前后数年在台湾 S 中学的生活，那是连友谊都很少能够萌芽的枯燥日子，尽管他努力尝试着浮现出过去日子里 H 君的影像，却总无法聚焦。可能还需要经过一段时间的冲刷吧。

引起他“心”病的因子是在 S 中学的数年间植下的，这大致上不会错。他的对人不信任也是在这种“可怜”的生活经历中培养出来的。

“别那么夸张！”，似乎听到有人在喃喃私语。作为中学时代的班友，虽说短期间内彼此共有了一个非常困难的过渡期，之后在东京留学的数年间断断续续地互相保持着一定的距离，并且每年有几次边吃边谈的饭局。但这位“冷静”的友人 H 的来信，还是令戴感到非常震惊。他禁不住自言自语道：“H 君终于打开心扉了，真好，真好，他终于变回 1940 年代后半的 H 君了。”

先前的信如果是让 40 岁以上的非台湾人看的话，恐怕会觉得那张卡片没什么特别的，而对戴为何要说“真好，真好”而感到奇怪吧。

信中的句子“抑制不住内心的激动”“我是以作为中国人、台湾人”等，绝不是戴与 H 两人之间“私人的”狭窄小框架可去容纳的又重又广的、潜在地含有根源性的问题。

他联想起去年秋天，在访问华盛顿特区的 H 君之前的旅程中，与重温旧交的知己，和因他而一起喝茶吃饭的新友人之间的种种对话。

父亲是日本人

C 女士是新结识的友人之一，据说毕业于台湾大学外文系后渡美，现已结婚，在美国大银行做事。或许是未当人母的无拘束吧，她既喜欢照顾别人，又爱攀谈。

话题的发端如同清澈的小溪一般，自然而然地流淌出来。戴将在东京编辑的《客家之声》送呈旧知 B 的岳父，原台湾大学教授、著名的外科医生 H 博士，并在一起闲聊的时候，C 女士刚好在旁边听到。会话告一段落后，她慢慢地张开口，接二连三地提出问题：“为什么用日语发行呢？”“怎么不出中文版呢？”

在这里我有必要介绍一下《客家之声》。汉民族中有一类属被称为客家。他们不仅居住在中国大陆、台湾、香港、澳门，还作为“华侨”社会之一员散居在世界各地。

他们除了中国大陆之外，大致上毫无例外地都在居住地或居住国组织以相互扶助与和睦为目的的团体。大多冠以大陆出身地的地名，如嘉应会馆、大埔同乡会、惠州会馆、应和会馆、梅江公会等，或直接以客家公会、客属公会等自称。更有香港、美洲、日本的团体，为避开中华民族内部“主”“客”的固定化，从加强自属团结于更高层次的理念之下而应该实施的“崇正黜邪”闳义中，取崇正一词作为会名。1921 年 5 月香港崇正工商总会之发会即为其滥觞。

先前提到的《客家之声》，是居住在日本的客家全国性组织日本崇正总会的机关报，英文名为 Echoes of Hakka in Japan。目前是每年发行四回的小季刊报。

这个暂且不谈，对于 C 女士的提问，戴应该做出回答了。

“是啊，目前暂时以日文刊行，过些时候再设中文栏，如有可能的话，也想开拓英文栏分发给全世界的同胞……”

“暂时是什么意思啊？”

他一时感到为难，但想一想有此提问也并非毫无道理。她至多不过 32、33 岁，难免不谙日本客家的实际状况。

“我们所发行的主要目标是启蒙日本人太太和第二代或第三代。既痛苦又寂寞的是，自战前就居住于日本的台湾出身客家人中，大部分其实是不太读得懂中文的。此外，据说住在日本的客家几乎都是台湾出身的，所以即使会讲客家话，也不会写，不会读。

他们与日本人妻子及第二代、第三代的共同语言没有其他的，只有日语一种……”

“对，对，正如你所说的，家父就是日本人。”

她边笑边自言自语道：“真的是这样的，他是日本人”，在“日本人”三个字上加重了语气。

戴想起去年春天的某个情景。在中日战争期间曾留学东京的医科大学，现在台湾南部开业的S先生带着妙龄的千金，持台湾糖业公司W课长的名片来访。S先生应已听W君说戴是客家系台湾人吧。S先生是相隔20年后的访日，所以以不流利的日语夹杂着闽南话说明他的来意，以及W君的近况。

可是他的千金刚开始学日语，所以必然地以北京话与戴交谈。

换到吃饭的地方，众人继续谈得很起劲，由台湾的近况到台湾年轻一代的思考方法、行为方式等话题转移的过程中，她突然对我说：

“戴老师，我爸爸的想法、看法和我们不一样，我们姊妹都说他是日本人。”

过了好一会儿，戴从回想中醒悟过来，这才反问C女士：“你父亲曾经在日本住过吗？”

“没有，他在日帝时代当过乡下公学校的教员。”

“这么说起来，你父亲光复后30年，虽然中国话大致上能用，但是对事物的看法、想法仍旧保留着日本人的模式，是这样吗？”

“完全是这样。”

“这是因为你父亲就是所谓的拟似日本人啊！”

戴陷入沉思。“代沟”“可口可乐”“声宝”“迷你裙”……当接触到这些日翻中、英翻中惟妙惟肖的译词时曾令他叹为观止。但坦白说，他万万没有想到代沟问题竟然如此严重。不，与其说是没有想到，还不如说是为他自己没有看到台湾人的新世代确实意识到这一现实，为自己的不谙世事而感到羞愧。

他继续询问C女士：“你说你父亲是‘日本人’，那你认为自己呢？”

“为什么您如此问？我当然是台湾人。”

客家人与福佬人

“容我打个岔，从昨天开始，我们出席了第四届世界客属大会。在会场的台湾出身的客家人，连你父亲在内，能很单纯地说，我是台湾人吗？”

头脑很敏锐的她说：“嗯，这么说起来，刚来美国的时候，我们是把在台湾的习惯用语本省人、外省人等搬来照用的啊。”

“那……最近又怎么样了呢？”戴好像怕打断对话的节奏，声音虽轻柔，却兴致勃勃地把上身向前倾。

“最近吗……糟糕……”C女士好像拼命要想起什么似的断断续续地说下去：“虽然时间不是很明确，但我感觉到好像在生活用语的比重慢慢倾向英语的过程中，不知不觉地台湾人这一词语就渐渐地取代了本省人。你知道嘛，本省人要英译找不到适当的妙语，通常多被翻成 Taiwanese 或 Formosa。当然这是在对话中有必要向对方强调，我们与外省人或国民党人是不同的情形下……”

“原来如此，这很有意思。在日本的情况，因为汉字可通用，外省人、本省人的用法现在好像还在用，只是媒体上常常会出现奇妙的用语。比如，外省人的单字作为词语是知道的，但因为不知使用主体在哪里，所以有把对立概念的本省人，以擅自‘发明’的单字内省人取而代之的情形。有时候也有校正者自作聪明而改错的例子。还有战前就已在日本的台湾出身的华侨自称为‘湾生仔’，或因台湾的平面地图像甘薯，所以戏称自己为‘番薯仔’。与台湾往来较少的人，对外省人的用法不习惯，所以好像以‘大陆仔’代用。你知道吗，因为薯是外来作物，所以薯之上被冠以‘番’字。

当然通常好像客家人是以客家发音，福佬人（以闽南即福建南部一带作为父祖在大陆原乡的人们总称。又福佬是河洛的转讹，一说是先于客家，但同样是从中原南下的汉民族一属）以闽南音各自称呼的。

此外，不少从台湾来日的中年以上台湾人在对话中，以‘阿山仔’蔑称外省人。”

“戴先生，阿山仔能贴切地译成日语吗？”

“‘阿’字好比日语的‘桑’（さん）、‘将’（ちゃん）等昵称，你的名字客家话叫阿美仔，就像你在婴儿期有被用日语叫作美‘将’一样的啊。”

“哦！我明白了。”

“而‘山’即唐山的山，是大陆的意思。因为，汉族系台湾人，包括客家、福佬在内，我们的父祖大部分系出身于华南的福建、广东两省这是广为人知的。所以，在将唐山等同于大陆的情况下，以往是包含了对大陆的乡愁，客家话更是把出殡叫作‘还山’，意即回唐山。我们回想一下直至第二次大战爆发以前，海外华侨把棺木用船运回故乡造坟埋葬的情形，就可理解这种心情。所以我想‘阿山仔’本来的含意也只是指从那边来的‘阿山桑’而已。因此，‘二二八事件’（参照后述）稍前，台湾人对国府的接收行政、接收官员的乱搞首先感到失望。作为应急措施要员，临时从大陆搜罗来的混合集团及进驻接收的军人和官僚，应该大多为无能且没效率者是可想而知的。毕竟那是第一次的经验，来不及确立规则，就被卷进通货膨胀与战后混乱的漩涡之中，更有由于日帝 50 年的隔离政策而产生相互间价值观有着相当程度的出入。台湾人因反日的这种反动，而伴随有解放感的狂热欢迎，反而被那些极其自高自大的国府官员所利用，而横行至极之腐败。热烈欢迎便转变为憎恶，因为是近亲所以伤痕更深。因此本是昵称的语感就消失而变为蔑称。这里的中国人街也被叫作唐人街吧。此‘唐人’是尊称也是昵称。大概对中国人来说，唐及其时代是有着理想的王朝、好时代的正面印象吧。在日本，唐朝、唐诗选也是正面的肯定的事物。这暂且不说，到 1960 年代前半的‘台独派’（‘台湾独立运动’和其运动家）无论言语上还是文章中，都以极尽憎恶的情绪连续发出‘阿山仔’之称。但近年来感觉好像在语言与文章上对‘阿山仔’这种称呼用得愈来愈少了。”

“这么说起来还真是有这种感觉。都说语言是有生命的，还真是这么一回事。父亲的世代偶尔还有这种不屑的叫法，而我们的世代则差不多不那样叫了。这真有意思。那么戴桑，说实在的，你又是如何定位自己的呢？”

“在讲我自己之前，请让我先对日本的情形做个说明吧。正如你所知道的，‘台独’为了其政治目的，把台语、台湾人的概念，依自己的方便造出来，从1950年代后半以来开始大肆宣传。其恰当与否可留待以后议论。因他们过于‘政治化’，而且是在短期间内，观念性的由上面捏造且尝试着散播，因而不免牵强附会，纰漏之处也不少。”

在西雅图发生的争执

“西雅图发生过这样的个案。在美国各地都有台湾人俱乐部或美丽岛俱乐部的组织，其性格依据成员、领导人还有地域的因素而有些许不同，但大体上好像都是靠右的组织。即使靠右也只是要与国民党划清界限，对为了使自己作为台湾人的自我认同（identity）的明确化进行各种启蒙运动，对台湾人权问题表示关心，并尝试促进其拥护运动（中心对象为台湾人）。这是在西雅图的同性质集会上所发生的事情。如果我听到的与我的记忆没错的话，那集会好像也同时包含有对《台湾政论》（在台湾的反体制杂志，1975年8月创刊，同年12月被禁）禁止发行的抗议集会。有某客家系女性，在集会上因用北京话发言而受到反对，对此无理的言论压制，她试着再以发言抗议，结果却是被当成国民党的间谍而遭谩骂一顿。”

“她是与国民党有关系的人吗？”

“不，非但没有关系，我听说她反而是体制批判派，或可说是该被称为正义派的人。据她表姊说她出身于乡下的客家庄，实在不会讲闽南话。然而如用客家话发言的话，与会者大部分都听不懂。所以她以自认为共同语的北京话发言。自那以后她就没有再参加过同样性质的集会，不但如此，她更变成立志成为反‘台独’的斗士而在钻研台湾史。”

贯通古今中外，多数者、优势者往往在不知不觉中行使其“蛮横”。戴追忆起1960年代前半在东京的留学生种种活动而沉湎于感慨中。

即使是现在也都还未能完全掌握那时的背景，但是否可说20世纪60年代前半是“台湾独立运动”在东京留学生界的最盛时期。与此同时，“台独”把“在日台湾大学校友会”当作外围团体而控制它，在此保护色的掩护之下营运该会。据说这是在该会主办的公交车旅行中发生的事。现在已得到学位、在台湾大学当教师的C君，在旅行的次日很气愤地跑进我的研究室：

“戴桑，‘台独派’的一伙简直是无理胡闹。用客家话讲话时，他们抱怨说不要讲人家听不懂的话！用北京话向福佬人的朋友讲话时，他们说为什么要用猪（即侮蔑外省人的话。在殖民地台湾，当时的台湾人暗地里称日本人为狗以侮蔑之。现在的台湾即依此事例，将对贪污、懒惰、没效率的愤慨加于外省人之上而侮蔑之为猪）的语言北京话。‘用台湾话讲吧！’这样大声喝叱我。”他涨红了脸对我诉说道。

“台湾话！台湾话！到底我们的客家话算不算台湾话呢？还有高山族（台湾少数民族的统称，大致可分为九系统。大部分是因汉民族的移住台湾，随着拓殖的进展而被追赶上山或边缘地至今。他们除了到城市去的以外，大致上相互的居住区域、语言〔母语〕、社会组织都不同）的语言又算是什么呢？他们才应该是真正的土生土长的台湾人啊。戴桑、S桑你们不觉得他们蛮横吗？”

这颇有把碰巧也在研究室的S君卷入对话的漩涡中之势。

“C君，别激动，别激动，不要那么激动。你们以为我是福佬人吧！其实不是，老实说我家是‘客人底’（指原来为客家，但已不会讲或不大会讲客家话的人。与此相反，如果说‘福佬底’，是指住客家村镇的福佬人，从语言到风俗习惯都客家化了的人。用语之中无侮蔑之意），除了简单的招呼之外已不会讲客家话，但客家精神多少还有一点。”说着有点带着自嘲似的笑了起来。

S桑继续说：“可是，C君，你为什么要那么生气呢？这个我不懂。说实在的，我也会以惯用语说台湾话什么的。与戴桑谈天，常常被提醒，那是闽南语或是福佬话。”说着看着戴苦笑。停了一会儿，S君又说：“这个暂且不谈，在日常生活中的确福佬人不会意识到客家语，而不自觉地把闽南语说成台湾话的情形很多。唉，原谅他们吧，C君。”

“别为难我，这不是原谅不原谅的问题，不要拿我的正经话开玩笑。S桑，我真的很认真地在思考问题。我比二位年轻近十岁，虽然不愿意被卷进政治圈，但也非全面接纳国府所有的现行体制的。‘独立派’的心情有些部分我也能切身体会。但无论如何就是不能苟同，这不是与害怕特务同一层次的问题。我也不清楚这是为什么。还有因为我是学自然科学的，不善于社会科学的分析。”

“台独派”的主张不能苟同

“这么说现在你是已经开始了解一些了。”戴马上插嘴道。

“是这么回事，应该说是透过这次的公交车旅行，与他们进行正面冲突之后才终于开始明白的。”

“你这是说？”S 君以诧异的表情认真问道。

“总而言之，就是说他们只不过是属于‘秀才造反’之类的而已。或许这话听起来可能有点不逊，他们搞政治过于性急、自私、自以为是，把人性中最根本的部分遗忘了，我有此感觉。”

“说起来是这么一回事吧。是否可以解释为首先第一点是他们因独自沉湎于茫茫的‘台湾人’概念中，看不到少数族群的客家人与高山族的存在。因而缺乏感受力，也就是缺乏对他者以心灵去沟通的从容。这么说依我的管见，在他们的议论之中，找不到正面论述客家与高山族的问题的。附带提一下，他们是不是不懂革命理论啊。今后的革命是如果不能把处于最底层的人、受排挤的人，以及少数族群的要求与能源都编入、动员起来，这种革命家或革命运动家集团就不能指导革命。这样的观点应该可以说是革命运动家的 ABC 呀。”S 君依旧在施展他的讽刺家才能。

“架式好高啊，我们是否能把声调降低一点（译注：冷静些）再来议论啊？我一直觉得奇怪的是，他们为何把‘支那人’‘清国奴’等日本人辱骂包括我们台湾人——尽管殖民地时代一般地被称呼为本岛人，但一旦让日本人不高兴，我们台湾人便被骂成‘支那人’‘清国奴’——在内的中国人的蔑称，满不在乎地没感觉地在文章上写或讲着，这是第一个疑问。另一个是，他们的领导者为了运动而造出台湾人的概念，并以此做宣传活动是可理解的。与新加坡的李光耀政权拼命地把新加坡人意识，即新加坡的国民意识，或作为新加坡国民的自我认同，自上而下地强力推行的实际状况相比较，此间的内情可以理解。

此外，美国当局出于政治上、统治上的必要，在公私场合中的用语，不用冲绳、冲绳人而用琉球、琉球人，虽然性质上有所不同但也是另一个很好的例子。他们为了主张台湾人非中国人，常把台湾人与中国人的用语作为对立概念来使用。比如主张台湾人混血说、台湾人＝闽越人汉民族化说，甚至是承认台湾人确实是出自汉民族，但因台湾史的独自发展而使台湾人早已变成非中国人等诸说。之后他们又说因为台湾是台湾人的，并且台湾人不是中国人，所以展开台湾不是中国不可分的领土的论点。C 君刚刚说的有不协调感，是否与以上的论点有关呢。乍看之下，他们的逻辑也像是蛮有道理的，可是与我们常规的生活感觉有很大的偏差，因为很多台湾老百姓持有某种抗拒其论点的东西，所以对他们的所作所为没有亲近感，因而他们的运动也难有进展。我是这样想的，你们觉得如何？”

“对啊，特别是像我这样年轻的一代，所接受的日语教育不是以殖民地教育，而是作为大学的外国语学科之一来学的。以我个人为例，很不好意思，因专攻农业，以及家庭的缘故，从一开始就以留学日本为目标，因此对学习日语也倍加用心。所以把自己定位为台湾人的时候，只是意味着出生于叫作台湾的一个岛而已。我对台湾人这个用语，完全看不出其具有‘台独派’所赋予的政治性含意或拟似概念，是完全意会不到将其当作与中国人对立的台湾人的概念。懂不懂我的意思？S桑！”

“慢慢地清楚了。我小戴桑两岁，在台湾以日语受完公学校教育。我刚才讲我是客家底，老实说为此我有过小小的烦恼。孩提时代，我和父亲大概一年回到故乡的爷爷家一次，兼为奶奶扫墓。父亲的兄弟姊妹和亲戚对我都很好，但全都用客家话交谈，我不知所措，慢慢地就不爱去了，这是我少年时代的体验。在台湾上大学，比较能理解情况之后，我发觉所谓台湾人这种表现方式，是与外省人、大陆仔、阿山仔相关联而慢慢形成的。正是这个，我心想！客家底的福佬人的上位概念里有一个台湾人的概念对我实在是很方便，恰到好处！”

“清国奴”引发的反弹

“真精彩，有内容。谈到个人的事例了，让我也发表一点私人体验吧。这是关于我已过世的二哥的事。他在台湾念完中学后到日本留学，因学法律所以被牵连到‘学徒出阵’。他出生于 1921 年，属于比邱永汉、王育德、陈舜臣诸位大两三岁的同代人。光复后，在我来日的第二年即 1956 年他第一次回台，老实说对国府在台湾的体制是抱着批评的态度。你们也知道，‘台独派’的《台湾民报》、稍后王育德等人所创刊的《台湾青年》等，都是免费邮寄给华侨与留学生的。二哥很爱看书，他定期购读《世界周报》《中央公论》

等，特别关心与中国相关的世界情势。他与同世代的一般人一样不太会读中文，北京话也只是在大学学了一点的程度。他在《台湾民报》《台湾青年》上看到支那、支那人、清国奴、赞美日本的论调等，就会拍桌子生气。”

“对，对，”S君一边点头一边说，“我当家庭教师的那家华侨的主人也说，曾向台湾民报社或是台湾青年社打过抗议的电话。”

C君以吃惊的表情说：“支那、支那人、清国奴的讲法，对你们上一个世代而言居然是拥有那么重大反响的语言，我现在才知道。”

“啊！正因为拥有重大的含意，‘台独派’才把自己的憎恶感尽情地包含在那些侮蔑语里掷给外省人＝国民党人，虽然这是很不应该的事，但他们的心情是可理解的。不过我过世的二哥曾说：‘用什么话痛骂台湾的国民党，那是各人的自由，但是我们台湾人同胞，以过去日本人殖民主义者、日本军国主义者、日本帝国主义者曾经对我们使用过的侮蔑语，不假思虑、不加判断地应用在中国人同胞身上，是不可原谅的。’他还不止一次地生气痛骂道：‘他们真是低能！把国民党即看成是大陆仔，简直是太幼稚了。’”

“戴桑，你是否过于冷静了？好像始终以旁观者的立场在发言……”

“我只能这样啊，本来我是血气旺盛的人，你们已经烧得够热了，若我也激动，那还能议论吗？哈哈！”

“或许你已经听说过了，‘台独派’的一部分人说，戴桑表示了意见，暂且要以自由人自居，他们在嘲笑你呢。”

“王育德来过一封有礼貌但带讥讽的信。我知道他们讥笑我、讨厌我。但是像我这种立场的也应让其存在吧。民主主义时代嘛！希望他们能同意，哈哈……少数意见对民主是很宝贵的，能理解这个对他们不会有损失。还有我要讲清楚，那些人嘲笑我、讨厌我是他们的自由，只是以为我是因客家出身而反对台湾‘独立’的这种想法，是完全错了，也希望你们能搞清楚。因为是客家等的议论是没有意义的，对那些人的议论不能共鸣，要把台湾搞好不是只有‘独立’这条路，还有国民党员（人）即中国人、大陆人、外省人，我不这样看，所以不参加他们的运动。福佬人也有很多反对‘独立’的人不是吗？陈舜臣是其中一个，我嫂子是福佬人，她的家族对‘独立’也完全没兴趣，这是实际情况。本来我们这些‘独立派’以外的台湾人，自己明确否定自己是中国人的应该极少吧。”

“现在‘台独派’自己证实这一点。‘独立派’的大老廖文毅归顺国府，是自己否定了他们以往制造、鼓吹的台湾人非中国人说，而匆匆归台的。亦即等于以行动证实，台湾人之上位概念有中国人，中国人的范畴也包含了台湾人。真是的，怎么会变节到如此地步。”

“C君你太激烈了，学农的怎么这么性急呢？我不认为他是变节，而是他们自己虚构出来的台湾民族论崩溃了，这是一个看法。另一个是国民党上层与廖文毅之间有妥协的共通点，有引诱廖的什么东西在那里，所以他才会回去，才能够回去。当然廖要取回被冻结的庞大私产的直接经济利益的可能性也有，在两者的矛盾趋于缓和之际，抓住机会回乡治疗疲于奔命的身躯与慰藉乡愁而归顺也说不定。从政治面上来说，也可被看成国府在台湾的反共统一战线的些许胜利。”

“分析得差不多了。不生气才怪，绝对的！廖文毅就像把破布接起来一样凑成一本《台湾民本主义》，由自己统率的一小撮人在筑地（译注：日本东京）捏造了‘台湾共和国临时政府’，大摇大摆地自己坐上‘总统’宝座。作为政治家的道义责任他们是否考虑过？现在有流言在传播，他们一伙在观察国民党对其头目的待遇如何，才决定自己的进退。他有虚名，又是台湾的大地主，所以可与政府讨价还价，然而受其言行的影响，受囹圄之灾在牢里呻吟者又该向谁诉苦呢？我与‘台独’无关，但作为一个台湾人，我要发出谴责的声音，作为历史的纪录也需要如此。真是令人感到羞耻！畜生！”

“你看！又在激动了。据消息灵通的人说，廖（1965 年 5 月 14 日归顺）在回台湾之前已经完全没有力量，经济上也很困难。以台湾青年社为首的年轻世代也无视于他的存在，被说成完全是失落一代的存在。本来就不是了不起的人物，所以也不必生那么大的气。当然要追究他们道义上的责任，我想也有相应的意义，但如果认为他们对台湾人有很大的影响，那是评价过高了。我曾经让你读廖的《台湾民本主义》与邱永汉的《不要忘记台湾人》(《中央公论》，1957 年 7 月号)，你曾不齿地断言其为毫无意义的废话，你还记得吗？”

“记得，记得。”

“对不对，看你的拒绝反应，就可想而知年轻一代大概都没有把他们当一回事吧！”

“请稍等一下，我不愿意那么简单、单纯地想。应该还是有看到他们所论而产生共鸣的人吧。在我们之后的世代是没有的。有的话就是跟他们同一世代或之前的世代，而且是属于在殖民地时代，没有或很少遇到过刁难的阶级或阶层的人的一部分，我是这样看的，S君，你呢？”

平林たい子也生气

“或许可以那样看。但应该是不分世代的‘哈日’一伙对他们的所论——特别是邱永汉所写的——具有某种程度的共鸣。有趣的是，日后知道廖的‘叛逃’的日本女作家平林たい子，好像曾拍着桌子大发雷霆说‘台湾人信不得’。虽然这是从某评论家处听来的，尚未经第三者的确认，但好像平林たい子相当认真地支持廖一派。‘台湾人信不得’等的确像是脾气暴躁的平林たい子的说词，但像我们这么杰出（？）的台湾人也有，不分青红皂白是不对的，哈哈！”

“这是很愉快的小故事。说实在的日本人很老实，容易相信别人。而且如果一旦让他相信了，就连怀疑都像犯了罪似的被自责所苦。因善意的人多，廖文毅也真不通人情，应该向人家打一声招呼呀。”

“戴桑，你想得太天真了。事前打招呼，如果秘密泄露就糟糕了，即使廖有那意思，我看实际上也是做不到的。这暂放一边，我可不同情平林たい子。她有颇长的左翼运动经历，作为女性作家也属一流者。如果读或听了廖的言论，应可简单地识破的呀。”

“我要提出不同的看法。我不认为平林桑没有识人之明，没有看穿《台湾民本主义》的虚构性。我宁愿认为她具有那眼光与能力。其实问题不在这里，问题在于有像平林桑这样的日本人，即多愁善感的，在感情上不管史实如何，主观地要相信台湾不是中国的一部分。反共的人又加上一层意识形态的外衣，即不愿意让中共拿去、被中共拿去就不妙这个心态。而对自己曾统治过的旧殖民地台湾拥有亲近感与不舍之情，这是人之常情也可理解。特别是长期以来李承晚政权崩溃之前的韩国，以及在日韩国人告发日本人在殖民地统治时期的罪恶的情况下，日本人需要一个‘拯救’与‘出口’。‘台独派’的言行恰恰合乎他们的需要。‘台独派’一方面说，日本殖民地时代比光复后好，提示日本统治使台湾经济发展，促进台湾的近代化；另一方面是出于为了实践政治课题的部分需要吧，他们恳请同情他们的日本人，以及曾经以某种形式与台湾有关系的日本人的支持。日本人当然感到舒服，‘穷鸟入怀’极符合日本人的美学意识，所以有一部分日本人奋力相助。在台湾的‘成果’，受被统治的台湾人称赞的日本人的‘过去的治绩’，这是可当作‘回归亚洲的勋章与可夸耀的东西’，十分方便。或许是在这种时潮与复杂的心理状态下，平林桑使自己的眼睛模糊，也使自己客观的判断力迟钝或丧失的吧。事实上此后，在亚洲开发论中出现了台湾模型，日本的台湾治绩被大大地宣传利用。”

旧金山中国城是北美最大的中国城，附近的“华埠假日旅馆”大厅开始热闹起来。兔女郎赤裸的脚线美使人分心。戴又叫了一杯咖啡。

接连不断的“台独派”归顺

叫的咖啡来了，喝了一小口，点着烟斗，深深地吸进一口，戴再度回到回忆的大海中。继廖文毅的归台，进入1970年代是简文介（在当时的“台湾共和国”任秘书长，继廖之后的第二号人物，著有《台湾之独立》，1962年，东京有纪书房）、邱永汉（坐上“财神爷”宝座之前，特别是在20世纪50年代后半在日本的论坛，尤其是在《中央公论》上热烈地展开“台湾独立论”）的归台，还有一度取代王育德而当过年轻“台独派”总帅的辜宽敏（“台湾独立”运动家，民进党党员，现为民进党政权资政。1895年引导日本台湾侵略军进入台北城而发横财的辜显荣之子，又辜显荣因其“功劳”，在1930年代被任命为当时台湾人唯一的日本贵族院议员）“归顺”当局（1972年3月1日）等许多消息。在东京的台湾人系华侨界热炒一时的各种新闻，那一幕幕像幻灯片般在脑里浮现又消失。

他绝忘不了1972年初春的一个早上的事情。

与辜宽敏立场相近的R先生突然打来电话，说要见面。

对于R先生的“台湾独立”理念、主张，以及他尽可能快速地把“独立”付诸实施的理论，戴不能赞成，但喜欢他的人格特质，现在还是喜欢。从局外看，“台独派”里头有的只是为了制造滞留日本的理由而参加运动，被看成只是为了赚钱的也有，一心一意制造政治交易"资本"的等，也就是说动机未必纯粹的成员好像也有。与此相比，R先生是用自己的钱，把亲子之间的"情丝"切断，而且谢绝当时得之不易的大学专任职位，志愿当职业革命家。

"在你们目前的主张或理论的框架内，无论你们再怎么努力，台湾'独立'运动也不会变成革命。"戴辛辣地加以批判。又表明："你们的'台湾民族论'是民族不存在的民族论。我认为台湾人是实际存在的，但台湾民族是实际不存在"的意见。并对R先生所谓应趁中国大陆的原子弹、氢弹还未制造出来之前搞"独立"，不然就绝望等类的台湾尽可能快速"独立"论，也曾这样反驳过他：如果"独立"有其大义名分，又居住在台湾的居民中大多数人真的渴望"台湾独立"，主动追求，那么原子弹、氢弹也不是问题。对于台湾海峡太狭窄，从地质学上来说，中国大陆的压力即使"台湾独立"了也无法顶撞回去的一般看法，R先生陈述了与当时的邱永汉大致相同的理论。美国的国家利益最终是与台湾人的利益一致，所以可得到美国的支持与保护，R先生如此主张。正经的"独立"仰仗外力是无法达成的，戴强调了这一点后并给予忠告："美国要的是台湾这个岛而不是台湾人，希望不要忘记这一点。对台湾人施予仁慈的'救世主'之类的，在国际政治的权力决斗场上是绝对不会出现的。对美国而言，台湾只是一颗'棋子'而已。因此，应该切忌对其抱有幻想。"那是20世纪60年代的前半，美国还未开始对北越轰炸之前，当然也是"文革"还未有征兆之前的事。

经过三年或四年之后再见面时，R略显憔悴，但身躯经过锻炼，虽已是人到中年但肚子尚未鼓出，还保持着结实的身材。

我请他到上班地方附近的中国料理店，叫了啤酒与面。

干杯后他以有些落寞却认真的表情告诉我，他已脱离了“台独”组织，以及辜宽敏归台一事。然后以泪声加了一句：“戴桑你比较聪明。”他没有半句埋怨的话。他泪流满面地说，自己已尽其所能，但最终还是不行。

R 先生的眼泪所诉为何

因为太突然，而且是始料未及的 R 先生的“眼泪”，让戴感到无限困惑与痛心，等他镇静下来才开口：

“原来如此，你的双亲与妹妹都还好吧？可是，你刚才说，我比较聪明……，意思如果是说，我对相关台湾情势分析正确，目前发展正如我所预见的在变动的话，那么我接纳你的发言；如果不是我就不能接受。世上有不负责任的风评，说我巧于钻营，好像有人这样评论我，我相信你不会这样看我。和你相识 15 年了，我一次也没有改变我的想法与生活信念，这个你比谁都清楚吧！变的不是我而是政治情势。”

R 君点头表示同意，然后大口地叹气，咬牙懊悔道：“啊！这十年间，我一直不断地追求着试图透过自己的手实现《出埃及》（Exodus，以以色列建国的艰辛轨迹为中心思想的电影）那最高潮的梦想。见鬼！完蛋了！”

他的“泪”让戴感到胆怯吧，戴避不再谈犹太人与台湾人之差异。

想起了与戴同样对R之人品抱有好感的——好像现在也未改变——妻子对R君的评语："R桑是台湾的堂吉诃德（Don Quixote）。台湾留学生界与台湾人华侨界社会的桑丘·潘沙（Sancho Panza）之类人物太多，他是珍稀的存在，我们应该私下善待他。"这是某日夫妻间的对话。

戴在思考。如果不是浪漫主义者就不会志愿当职业革命家吧。不，话虽如此，为何R君会如此这般地喜欢玩弄形式理论呢？说不定是不自觉的也未可知。由于被疏远、不被理睬，为了安全而透过归属于自闭排他的集团可以少受批评，用同伙的语言在壁上画饼充饥吧。应该不至于如此，但读了他们的议论，让我禁不住有这种想象。

对于我的"台湾共和国建国"不可能论，R君提出犹太人的以色列建国事例加以反驳："他们离散二千年之后终于实现了梦想，不是吗？我们不必自己充当败者！"

让头脑冷静一下再做比较也好。

台湾人与犹太人不同

原来公元前10世纪以前就有以色列王国的建立。我们的"台湾国"又在历史上的哪一页可以寻找出来呢？人们可能会把在甲午战争战败后，因为反对"割让"台湾，在台的官绅为了引起国际干涉与清朝一部分势力的救援而宣告"独立"，但夭折的台湾民主共和国牵引出来也说不定。

唯一的史例是颇欠缺实体的共和国，虽然其存在不到 16 天，根本不值得一提，可是“台独派”以“具有强烈的民族主义而成立的”共和国等来强调其在台湾史上的意义，并将之设定为“台独运动”的原点而极力宣传。试想以永清（清朝永存之意）为国号，拥立清朝最后的台湾巡抚（最高行政长官）唐景崧为大总统的这种“独立”宣言，再怎么让步也不能认为当时已有独自的、具有强烈的（台湾）民族主义的实体之存在……

“戴桑，史例没有建国之例就不能造新国的规定，在‘国际法’上当然不会有吧，所以我们在努力。”数年前我们看到的 R 君显得意气轩昂，令人记忆犹新。记得当时 R 君一时深深地倾向于精神主义中。

查一下关于犹太人建国主体确立的具体过程应该是会有帮助的，一时想给他建议，但是不知不觉间又感受到他有可能认为我是在摆老资格的氛围，而把已经快说出口的话给压下来了。

犹太复国主义、以色列建国的热烈气氛，每每看到在一连串的中东战争中以色列或海外犹太人的能量显现之时，我们不得不回想有史以来对犹太人在人种、民族、宗教迫害的堆积之“厚”。

戴有些傲慢地将此作为动与反动的精彩辩证法美学的一个表现来看。

结合犹太人的纽带，第一是长久的迫害与歧视的历史，第二是作为犹太教徒末裔的意识。让犹太人意识自觉与持续的要因，与其说由犹太人之“内”，不如说从围绕犹太人之外面的社会可以看出更多。萨特（J. P. Sartre）说得妙：“因为被别人认为是犹太人，所以就变成了犹太人。”

让我们回过头来思考一下我们台湾人吧。

台湾人是一块磐石吗？不！本来台湾人作为一个概念而形成是最近二三十年的事，要达到成熟的境地还需要相当长的时间。

在台湾人的概念上，欲附加更多“政治”意义的人，常主张台湾曾在荷兰、西班牙、清朝、日本帝国主义等异民族统治之下，并且强调现在的国民党统治也是外来民族的统治。有趣的是，展开此论调的人不愿碰触到自己的父祖曾是与郑成功一体，或是与在此之前的“海盗”（我愿定位为武装交易集团）伙伴采取共同行动，或者是随着清朝开始在台湾的统治而入台，或是因清朝在大陆的恶政（包含太平天国运动失败的客家）而寻求避难与“求生”的机会来台等。关于我们父祖“外来者”性格的一面不愿多谈。父祖们是登陆到高山族之岛的台湾，行占领、侵蚀、开拓的扩展，然后再确立了汉民族在台湾的优势性是表面的史实。高山族曾以“出草”行为进行反复抗争而最终败北。结果是被强加上“蛮人”的蔑称而赶入山上与边境地带，这才是隐流于背面的真正历史。

严格地说，荷兰与西班牙的占领台湾，对台湾全体而言，无论在时间上或是空间上都只不过是擦伤程度之事而已。

问题是在如何掌握清朝的台湾（1683—1895 年）。汉族系移住者在该期间中，对高山族系“原住民”确实是加害者，并且只是外来者集团而已。汉族系的我们应该承认此段史实。对汉民族来讲，采取民族歧视政策的的确是异民族的满族清朝政权，但是在边境的孤岛台湾，旗人、满族高官不曾来过。统治者并非异民族，而正是同民族的汉族出身者被编入满洲王朝，而变成其买办与爪牙在统治台湾，这种看法是比较接近史实的。

甲午战争之后日帝的台湾统治又是怎样的呢？日本帝国主义的统治体制，与封建王朝清朝的结构是完全不同的。作为“暴力部署”的国家权力，其行政面的到达范围也显著地强力且规模更大。台湾的近代史上，对汉族系台湾人来讲，名副其实地由外来民族进行统治的，除了这一时期以外就没有了。

台湾总督府当局制定了户口规则（1905 年 12 月 26 日，台湾总督府令第 93 号），把台湾在住岛民称呼为本岛人，把本岛人在户籍制度上又分类为福建人（前述闽南人、福佬人）、广东人（对前述客家人的误认称呼）、其他汉人、“熟番”及“生番”，而尝试进行分割统治。

伴随着时间的经过，清朝以来的汉族系移住者与高山族系“原住民”间的经济利害与感情对立，虽然可说已趋于淡薄，但经过日帝全统治期间被遗留下来了，那也是当然之事。本来日本当局的意图是隔离两者，所以在政策上也刻意阻碍其相互接触，几乎不给予或不促进两者接触。

汉族系移住者间的状态又是如何呢？“近代”以前的任何国家、任何地域内均可说是极普遍地存在地域主义的对立，在台湾也有过。

闽南系与客家系之间的械斗，闽南系内部随着泉州、漳州的出身不同而出现的抗争也存在。但可以看到泉、漳之间的对立抗争相对而言较早解除，这是值得评价的。大敌日帝的压迫与日本当局的福佬、客家离间策，使他们相互自觉到自己的立场，可说相反地促成了闽南人的一体化。福、客的对立抗争不容易缓和的原因，虽然因有日本当局的离间策，但是福、客在清朝以来，不，在大陆原乡以来就持续拥有的语言、风俗习惯、衣服发型——尤其是妇女的衣服发型——有显著的差异，这些都形成了隔阂。此外，戏剧、音乐、供奉的神明也不同。此中最为显著的差异是闽南话与客家话在语韵上的不同，几乎不能相通。因此直到光复时，通婚也仅止于上层阶级与最下层的一部分有着极少数的例子而已。

日本统治的50年间，在台湾的殖民地开发得到了进展，结果是岛内统一市场（高山族居住区的特别行政区除外）有某种程度的圆熟，但岛内地域主义的对立抗争，以及福、客感情对立尚未能达到充分解除的程度。

台湾内部在日本统治期间虽有颇多的抗日运动展开，但因为有中国大陆这个“避难港”，所谓“曲线救国”的“借口”与“避难所”的客观存在，因而本岛人大同团结，全力抵抗日本统治的走投无路状况，始终不见显现。本岛人的概念作为日本统治的结果，是由“上”强加于人的。因为是被强加的局限吧，本岛人的范畴在其概念中，未能达到具备一个精神的、文化的统一内容的程度。

台湾从殖民地统治下被解放，复归祖国后，可以看到本岛人的用语自然地消灭，不久便由本省人的用语所取代，台湾海峡间的往来被政治性、军事性的切断后，特别是1949年10月1日中华人民共和国成立后，台湾人的概念渐渐地被培育起来。

国民党在台湾的“党国一家”统治体制，与为了保持“法统”

与政权目的，冻结“中央民意代表”选举，为了反中共而施行的总动员体制与“戒严令”，与之伴随而来大大地限制结社与言论自由的结果，使得台湾省民的政治参与明显受阻，也被夺去完全平等的公民权行使机会。

由于国民党的台湾统治与“台独派”所谴责的殖民地统治完全不同，台湾省籍的年轻世代可以平等地接受高等教育，所以由自己的胎内生产出众多愤怒的年轻人。

20世纪60年代后半开始的高度经济成长政策，因为没有限制职业，使得台湾省籍出生的有钱人出现了，他们当然也被黄金所迷惑，寄身于权力者的周边。他们的子弟相互通婚，正是资本主义的发展，替他们把相互间地域主义的“鸿沟”填平了。在“鸿沟”被填平过程中，美、中开始接近，围绕台湾的内外情势，制造出容纳曾是疑似日本人的一部分旧世代“台独派”归顺的基础。他们在创造台湾人的民族自我认同（national identity）上失败了，不，是放弃其意图了。

愤怒的年轻世代与其疑似日本人的父亲、祖父世代，在精神上保持了相当距离的情况下成长起来。他们早已不像父祖的世代要透过日语——不但用做沟通的手段，也包含价值的一部分——以及透过日本殖民地主义强赋的价值观与体系来看世界或给自己定位。他们透过中文，拥有了自己的语言。终于出现可以用自己的语言来想、来写的强而有力的新世代。

他们把自己的父祖叫作“日本人”，来做思考方式不同的自我确认。而他们已开始行动起来了，把自己得来的小小“武器”用来打破传统的手铐脚镣。此世代确立了主体性的年轻作家、政治家，开始自己摸索出不被时代潮流所冲走而成为时代潮流的中流砥柱，以及真正地值得活、值得用青春做赌注的生活方式。他们把自己叫作生于台湾的中国人，非常坦率地表现自己是台湾人同时也是中国人（《莎哟娜啦·再见》〔田中宏、福田桂二共译，涓公刊行，文游社发售〕的著者黄春明即为其中一例）。

犹太人被放逐而离散，相比之下台湾人是用了将近四百年去侵蚀“他处”，现在已把自己的乡土造起来了。在外国的大多数台湾人并不是被放逐而是自己放逐的滞留结果。台湾人所受到的或者说是正在受到的歧视与压迫，在规模、质量两方面比起犹太人来都差得太多。所以由此惹起的憎恶与敌意，不足以成为民族自我认同的纽带，即使是当作能源也只是极微弱的存在而已。

可是 R 君的眼泪又意味着什么呢？他所提出的理想，所提示的理论，挺身实践的种种事都成了虚空，其结果是未导向任何目标之后的懊悔之泪吗？或者 R 君对曾经奉献过青春的“情人”告别之泪也说不定。又或者他是把做不完的梦，对“情人”的思念，理性上是舍弃的“台独”运动，但感情上是今后还要继续爱它而所流的眼泪。戴保持“士人”的礼节没有勉强深究。

“对不起，让您久等了，我要介绍我的朋友 W 博士夫妻。”

说要去打电话而离开的 C 女士，带着友人夫妇回来了。

“W 博士说，在斯坦福大学的胡佛研究所（Hoover Institution）图书馆读过戴桑的著作，我才知道戴桑有好几本著作。是在到这里的途中 W 博士向我说的。”

戴搔搔头说："啊啊，都是些杂书，又都只以日文发行，所以不能让像C桑这样的年轻人读真可惜。"一边腼腆地递上名片给W先生。

"因工作的关系我去过日本两次，都是短期的停留。1973年停留半年，1975年是从1月到鲤鱼旗飘扬的5月中旬都在东京。得知戴桑的大名是1973年的事，缘于跟朋友借读您最初的评论集《与日本人的对话》（社会思想社，1971年）。《日本统治与台湾知识分子》让我很感动。在您面前讲很不好意思，把家父的生涯与某副教授重叠起来，教我不免有良多思绪，竟重复读了三遍。因此对戴桑所写的东西开始关心。我专攻化学，所以把吴浊流桑的小说当作消除疲劳来读。最初是读台湾版的中文版，老实说中文并不好，一直有不成文学之感。"

"他已过世了，可向你说实话，吴桑除了汉诗以外的文章全部是用日文写的。所以，他的中文版只不过是借朋友之手翻译而成的东西而已。听说他很小心，处心积虑不让文学青年，特别是血气旺盛的一伙捧上台。当然又是顽固老人，自恃很高，所以也有被年轻的一伙敬而远之的一面。因为有诸多缘由而不得好翻译者吧。"

关于吴浊流

"是这样的啊！原来生硬的中文不是他的文章啊，我也不知原委，听说他的书在日本出版就订购了。是与戴桑的评论集同一出版社的《黎明前的台湾——来自殖民地的告发》与《泥泞》。这两本，书名很好，特别是第二本《泥泞》真好。刺痛了我的心。"

“那么，读了日文版，你觉得如何？”

“文章的确比中文流畅，可是作为文学作品是否称得上十分成熟呢！他的汉诗集我也读了，并不觉得是上好的。”

“老公啊，你今天太苛刻了，我则要给他不同的评价。不管怎么说，吴桑是很有勇气的人。在那严酷的台湾，真可谓是难能可贵地留下了《无花果》(以‘二二八事件’为题材的小说)，我们应该感谢他！C桑你认为怎样？”

拥有生化学博士学位的W夫人打破沉默加入谈话。住美国的台湾女性风度都很好，既谦恭，又能明确主张自己的意见。与此相比，留学日本的台湾女性，好像住得愈久变得愈谦恭的同时，也变得愈来愈寡言似的，是不是与外界的接触减少，也慢慢地染上日本的风气呢？在等C桑反应的瞬间戴联想起妻子美美的事。

“在讲谁呢？哦！是吴伯伯的事吗？听家父说吴伯伯是了不起的人，然而在台北也少回乡下了，我也上大学住宿舍，所以差不多十年没有见面了。他的作品引起那么大的问题吗？真吓我一大跳！”

“所谓的丈八灯塔照远不照近，就是指C桑之类吧。哈哈。尽管被看成八面玲珑绝非好事，但我认为W桑的看法与夫人的评价双方都对。其实不是我，而是吴老自己那样评价自己的。他的书在日本的出版上轨道时，与数位日本友人一起去做温泉旅行、吃饭等。有一天，受有关亚洲方面著名的日本人W桑之邀赴赤坂的日本式酒家聚餐。大概是因为气氛好吧，吴老以自作的汉诗用客家话吟诵。有几次他兴奋得不能自已，以客家话流着泪对我说：‘本该更早用心学中文的。我的日语与中文都是半调子。我恨殖民地统治，我更恨“二二八事件”，我憎恨那泼凉我学习中文热的事件。’”

“那么说吴桑对‘台独’有兴趣？”W 夫人急切地提问。

“完全不是。曾有一段时期东京的‘台独派’好像捧过他，似乎把他主办的《台湾文艺》杂志，看成仿佛与他们的理念一致似的期待过。但是他在我家看了廖文毅、邱永汉、王育德等的著作与论文后，说与他们不对盘。决定性的不同是，对日本殖民地统治的评价与对‘二二八事件’的看法有很大的分歧。吴老对邱永汉的文采给予很高的评价，可是晚年却对归顺后的邱永汉的所作所为，持非常严厉的看法。听说在酒席上有时把邱永汉骂得体无完肤。”

“能不能讲得更具体一点？”W 桑夫妻异口同声地恳求道。

“如果读了《亚细亚的孤儿》（新人物往来社，1973 年），还有《泥泞》书皮内页影印的吴老自作诗的后半首：‘半生荆棘遗民泪，谁解伤心一老苍。’与《亚细亚的孤儿》的解说《殖民地体制与“知识分子”——吴浊流的世界》（参见《全集 15 · 吴浊流的世界》）的末尾引用吴桑的诗：

> 回忆沦亡五十秋，为奴半世愧前羞。
> 几多忧愤言行外，借问同胞记得不。

如能仔细吟咏就能明确知道他是如何感受日本的殖民地统治的。他不是搭时代便车，而是要尝试着透过与日本的殖民地统治遗制的对决来完成自己作为台湾人的自我认同，我是这样看的。”

“戴桑的这篇解说我在学校的图书馆读过。”

“谢谢！还有，吴桑对‘二二八事件’的看法大部分都写成作品收在《无花果》里了，他说他已尽可能写到最大的极限。有个小插曲，他担心自己或许会被抓，所以《无花果》开始在台湾刊行的时候，他就到外国旅行，结果无事。但发行不久作品就遭禁。”

“有这么有趣的秘闻啊，老吴是位坚毅的老人哦！家父常夸奖他，是否也包含这些事在内呢？”C 女士好像也渐渐开始感兴趣起来。

客家人、台湾人、中国人

“应没有包含在里面吧。那是你出国后的事情，与国民党当局的紧张关系在台湾内部是不随便讲的。‘坚毅’大概是指与日本人抗争的事吧。这一点在《亚细亚的孤儿》里写得很详细。暂且不谈这个，现在让我讲一下我对吴浊流的评价。作为记录者的吴桑，还有他在极限的状况下努力地活下来，我给他很高的评价。可以说他的一生几近完全燃烧。他虽然出身客家，但并未受狭小的族群出身所困，反而将此转化为荣耀，更以此为原点，写出骨骼结实——虽然还稍欠精致——的作品。他的想法基底里有艾力克斯·哈雷（Alex Haley）的《根》（Roots）、张俊宏（译注：美丽岛事件入狱，民进党前秘书长）的《草地人》一般豁出去与从草根出发的构想，其实是有其共同的东西。读他的作品，常常会遇到以客家话表达老百姓感情的章节。这非常好。我的理解是，他对自己的客家人出身抱着无限自豪与依恋同时，终其一生果敢地追求台湾人的自我认同。然而他并不止于只当台湾人。他的汉诗世界足足有余地告诉了我们这些。吴老把自己的认同——心灵的依据——求之于‘唐’，所以时而划船徘徊于汉诗的浪漫之中。他的心路历程，最终应是及于全中国，这样想是不会错的。浊流翁是在寻求作为中国人的自我认同。他既不肯当‘投机文人’，也不肯当‘文化帮办’。王育德是领悟到了这一点吧。在自己主编的《台湾青年》杂志上，自以为是地发表文章尝试批评吴浊流。我把那些批评拷贝下来准备寄回台北，因吴老的骤逝而作罢。失去与吴老一边喝酒一边听其反驳的机会，真是太可惜了。”

沉浸在浊流翁的回忆中谈吴老，谈着谈着，不觉寂然。在读卖游园前，继之西习志野的敝舍，与翁彻夜议论，配着妻亲手做的菜，喝茅台、五加皮等名酒。

东京会故知，狂饮五加皮。
大嚼罐头鸭，举头明月光。

便是那时的即兴诗。

又与泷川勉教授、小岛丽逸、加藤佑三诸兄共游汤河原温泉也仿佛是不久之前的事。也许是雾一般的小雨，挑醒了翁的诗兴，他留下了四首长诗：

岭上层层绣绿黄，清流河畔听丁当。
一行步入山中去，园里无人橘柚香。

温泉浴罢旅尘消，醉饮清谈乐一宵。
一曲狂歌惊四座，那愁彻夜雨潇潇。

新鲜空气透胸心，早起忽闻鸟百音。
卷起窗帘山上望，橙黄橘绿树森森。

浪漫多情诗酒花，鹏程万里在天涯。
相逢初识犹如故，友谊缠绵忘返家。

我们四人难舍惜别之情，送翁到羽田机场。翌周的感谢信中，附了一首像是机上所吟的诗：

欲别言难尽，临岐苦笑多。
归心急似箭，无那唱骊歌。

怀旧之念如泉涌出不知何时尽。对！我想起了对翁的许诺。不可如此悠闲了！戴伸直了项背把心收回来了。

“可是戴桑，听说吴先生晚年变得相当自负、傲慢……”W博士难以启齿似的提问道。

“是否傲慢不大清楚，只听说变成自负得意。然而有心人好像是看在他的经历与高龄的分上，把它当成是吴老稚气的好的一面来看。然而他受人怂恿，立了吴浊流文学奖纪念碑（台北市内湖金龙寺），对此我激烈地批评他。文学奖的名称在先生在世的时候，当然应称为台湾文学奖。先生享天年之后，冠不冠吴浊流之名应让后人决定。至于纪念碑，不知是以何种感觉建立的我不能理解。他被说得不知如何是好。之后小声而无力地跟我说：‘如果在台湾，在我身边能有像你这样把意见和批评率直地向我说的人那就好了！’吴老的这句话，让我感到还有些许可救，但说实在的，我心里不平静。台湾人的我们的伙伴，为什么会有如此多‘大头病’的患者。我感叹吴桑也是此中一人。”

“真是无可救药。最近读了王育德的《台湾语常用语汇》，让我大吃一惊，著者简历怎么自己介绍是‘台南市世家出身’。还有彭明敏（译注：原台大教授，印“台湾自救宣言”被捕入狱，释放后逃出台湾，曾任民进党政权的“总统府资政”，现为台湾国际法学会荣誉理事长）的回忆录 A Taste of Freedom（中文版译为《自由的滋味》）我也读过，自负为‘秀才’、名望家，精英意识的臭气冲鼻，实在很难受。可以说只要他们掌握‘台独’运动的领导权，国府台湾净可高枕无忧地放心睡午觉。”

“老公，你收敛一点吧，一冲动起来就进行人身攻击……”W 夫人再踩刹车。真是有趣的一对夫妇。

“弄清个人史的背景，那是不成问题的。伤害自己来自我确认，也就是说，以自省为前提把自己家族的背景提示出来，那应是有收获的。可是我们的前辈与同辈所做的，如果仅仅是停留于完全异质的‘大头病’之类的话，只能是没什么结果吧。国府能否高枕无忧是小事，更重要的是，如果不能克服台湾人的这种体质，实现有关精神上的自立在相当一段期间里是没希望的，这一点是洞若观火的，我们应留意才好，有关这一点我想我们最好彼此都应加以确认。”戴边回答边想起从 T 大的日本人同学与教员处听来的传言，不忌讳地自称是未来“台湾共和国”“经济企画厅”长官的K君，为了推荐自己的妻子而告诉I教授自己是台湾贵族出身之H君等之事，“大头病”患者的例子不胜枚举。台湾人在东京的高学历者追求的群体认同（group identity），显现在如此低水平的一面，实在令人无限慨叹与痛心。

“W桑贤伉俪与C桑，现在轮到我求教于你们了，拜托。来旧金山之前，我绕道去了温哥华数天。温哥华的朋友送我陈若曦（台湾出身的作家，留美时与段世尧结婚，1966年‘文革’中回中国，1973年从大陆移居加拿大，以在中国的生活体验为题材撰写小说与回忆录而成名）的《尹县长》（台北：远景出版）、《文革杂忆》第一集（台北：洪范出版）与颜元叔的《离台百日》（台北：洪范出版）三本书。昨天晚上才全部过目。你们读过吗？”

“颜元叔，他是我的老师。《离台百日》是他在纽约大学水牛城校区当客座教授时，以在美生活百日的体验日记集成册的吧。”台大外文系出身的C女士一口气回答道。

“是这么回事，希望你告诉我，是如何看这本书的。”

“在我的记忆中，那是很一般的自我显示，以及望乡之念的罗列而已。”

“我不觉得是那么单纯的一本书。文章流利不在话下，如此赤裸裸地把1976年8月起百日间的北美中国人学者、研究者、留学生界的动态描写出来的书，在我所知的范围内，到现在还没有。他是小我两岁的所谓外省人，某种程度上吐露了作为住在台湾的外省人的自身心境。应该留在台湾，还是移住美国的犹豫也坦率地写了出来。还有他讲演的时候，讲他爱台湾，而席上有人质问他不会讲台湾话如何爱台湾，他感到不知所措而苦笑的情景也被记述下来。这一段很有意思。或许是我读过了头，我想新型外省人的出现，可从颜先生的身上看出来，不知你们的看法如何。还有贯通全书的，对北美的全中国人社会来自中国大陆的无言压力会有如此浓厚，这一点我一直不知道。”

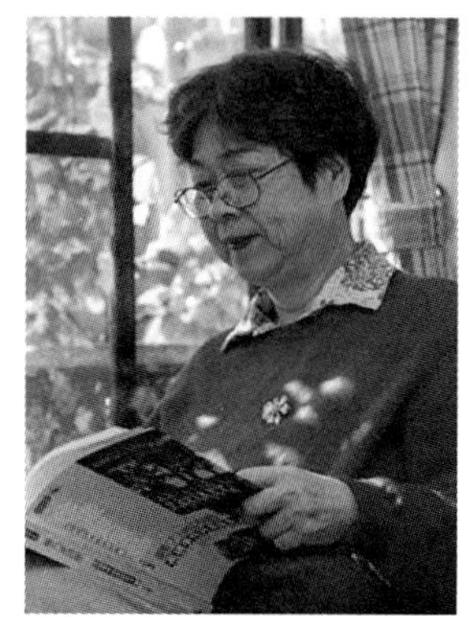

台湾女作家陈若曦（文讯资料室）

“原来如此，可能是因为我们住在美国的反而灯前黑，以及美国太大，又互相太忙因而没有意识到也未可知。今天能和戴桑见面真是好极了。”W 夫人这么说。

“谢谢！见过陈若曦吗？”

“听了她的演讲，也看了她的书。专攻自然科学的我，对文学能谈的不多。我吃惊的是，虽然她经历了那段‘异常的大陆体验’，但对中国、中国大陆、中国人却完全不怀有幻灭感。我觉得她透过作品，批判了主宰‘文革’的诸人物，甚至尝试着批判‘文革’，但对中国农民、中国人民不舍之情却是真真切切的。同样是闽南系台湾人女性，她与外省籍的段世尧结婚，此事就很不平常。不止于此，她堂堂地赴大陆，而且是‘回归’‘文革’中的社会主义中国去寻求自我认同，我不但吃惊，且完全敬服。”

“这么说起来也是。她比我们小七岁，出生于1938年，从幼儿园开始就完全受中文教育，所以就不带‘日本帝国主义’的尾巴。从而对她是台湾人也是中国人这个事实，能够不感到任何疑念与芥蒂地生活，写成文章。在某种意义上，可将她的世代看成是开始确立自己的语言的世代。或许可以说是我们父亲的世代，一方面是‘二二八事件’的牺牲者的同时，另一方面又以此‘二二八事件’为借口，将代罪羔羊的角色强加于所有的外省人身上，从而把自我认同一天拖过一天的。然后他们把本来是因为出生在台湾，所以是台湾人这个极为单纯的用语，赋予无止境的‘政治义涵’，想躲避在自己所造的‘台湾人’这个不真实的框框之内。仅限于这一点来说，他们也还不能由衷彻底地当台湾人。可是陈若曦不是这样。她是由衷的中国人，所以能由衷地主张自己是台湾人。把她吸引去中国的是什么，‘血缘’吗？思想吗？文化吗？不，说不定是无数的美丽山河。不管如何，她是以闽南系台湾人之一员的中国人去彻底弄清楚民族的证明，成功地将这些体现在自己的行动、作品上的，是不是可以这样评论她。”

W氏温和而有力地征求他夫人，以及C桑、戴的赞同。

戴一边听着W氏的议论，一边想着自己客家系台湾人的过去与现在，再是台湾省籍中国人，或者将来也继续是如此，这到底意味着什么？他强烈地感到一股深深的反问冲动由衷而发。确保安定的自我同一性，在台湾更包含中国大陆的全中国，将来更扩大到全人类的实现，他一直在描绘着这个梦。

那营为或许会迎来幸福，或许会招致不幸。但他已不准备退缩。因为他一直认为无根、不认祖的人的行为是最为不屑的。

继陈若曦，又读了黄春明、王拓等台湾作家的一连串作品后，正当他为出现强而有力的世代而欣喜时，把 H 君的来信重新看了一遍。这一篇很长的文章，实际上是对 H 的回信，也是戴在一边伤害自己，一边做自我确认的漫长过程中，在现阶段的一个总结的证言。

心灵的依托——寻找自我认同的旅途是险峻而遥远的。

本文原收录于戴国煇，《台湾与台湾人》，东京：研文出版，1979 年 11 月 10 日，页 2—46。

辑二

我的日本体验——十足的境界人

日本这个国家，好像住得愈久就愈能了解它似的，其实不然。要掌握一个已造就非常悠久的传统或文化、历史的民族实像，本来就是一件很困难的事，所以虽有不少出版社邀我写日本论，但我至今还没有承诺的自信。

这个暂且不提。总之，要谈别人终归也是要暴露自己。我生于 1931 年的台湾，因为当时是日本的殖民地，所以，类似于殖民地的原始体验之类我个人是有的。

现在我开始要向各位讲述我的日本体验。作为其前提，我希望能事先得到各位的理解，提一下我的简历可能比较好。在台湾，一般大概七岁入公学校（相当于日本的小学校，是台湾人念的小学），然后从学日语的字母开始接受日语教育。因为我住在台湾的农村，所以真正与日本人相遇也是从公学校开始的。从那个时候算起到 1945 年 8 月 15 日，即所谓的八一五（当时我是初中二年级学生）为止的大约八年间，首先是战前阶段的我的日本体验。

然后是在 1955 年 11 月 21 日，当时羽田机场可没有现在（1977 年）这么拥挤。我搭乘螺旋桨飞机来日本的航程，整整花了八个钟头。从那时起约十个年头我在东京大学受栽培，得到学位后，进到亚洲经济研究所，也待了大约十年。去年 4 月 1 日，我在立教大学史学科得到研究与教学之职。因此从时间上讲，我在日本的生活很快将满22年。因我的生日还未到，故以满45岁来算的话，22年再加上战前的8年，日本体验总共就有30年，可谓人生的一半以上与日本有关。我的第三本杂文集书名是《境界人的独白》(龙溪书舍出版)。之所以取此书名，是因为无论从时间上来看，或者是从我所生活的空间来讲，大约都是处在中国与日本之间，亦即我自己现在还是处于这个境界上，以这个自我认识作为前提的。也可以说是依我个人的“境界人”的方式写下独白，汇集成书，所以以此为书名。我的演讲也将采取相似的方式进行，如能得到各位宝贵的批评，本人将不胜感激。

无论从时间还是从空间上来看，我都具有十足的“境界人”资格。我的用词与社会学所说的边际人概念没有关系，完全只是基于我对汉字的语感或字感而来的。所以在这里谈到日本人与日本文化时，其实也是在谈我个人，谈我的生活感觉。或者是我想对透过父母、祖父母在家庭生活中所接受的中国文化背景、对事物的思考方式，透过谈日本文化与日本人的过程，同时再做一次自我确认。就此意义上而言，谈论他人同时也会暴露自己，因此我感到非常的恐惧、害怕。

另外一点是，很遗憾我虽然在日本已待了22年，还真不敢说已了解日本文化，也没有勇气去描绘日本人的图像应是这样或那样。所以，我要讲的是在我有限的，或者说是小范围里的生活体验，或透过日本体验是否也有这样的看法，大致是以此本意出发，如能得到诸位的理解，我将非常感谢。

还有一个问题是，不只是我个人，近、现代的中国，或包含台湾在内的中国人与日本人的关系，或是在民族规模的中日两民族间持续了一段非常不幸的相遇与关系。包括我个人在内，这是非常不幸的相遇。这个不幸的相遇简略来说，首先是众所周知的，台湾自 1895 年以降的 50 年间遭受日本的殖民统治。中国大陆自此之后经过种种曲折，结果是到 1945 年为止陷在中日战争的大泥淖里。这样的话，作为中国人的我，或者是中华民族自身在谈日本、看日本文化的时候，就不免有从被害者的立场出发，或无法充分克服被害者意识来看问题的可能性。

我常在各处演讲的时候谈到，如果只是停留在被害者的意识里，其实应该是不会得到任何收获吧。举凡世界上最无意义的就是认定自己是弱者，而把所有责任转嫁给别人的想法。还有一个是嫉妒，嫉妒实在是毫无意义的东西。

虽然今天我站在这个位置上，还是担心自己作为住在日本已长达 22 年之久、以东京为中心、在大学与学界生存下来的一个中国人，是否能从过去不幸的相遇，而不得不体验或者被灌输的“偏见”中真正获得自由。所以坦白说，我这 22 年来其实一直在与自己抗争。这也可以说是我们被统治者的内部问题。

那么，日本人的情况是怎么样的？所谓不幸的相遇是不管怎样——比如说是自己去了台湾，或者被派去台湾的台湾关系者，与他们个人主观的意图，或私人的善意无关，从当时的体制来讲，其结果是以统治者或说是被编进统治者体制的形式与我们接触，因此，他们之中的绝大部分无论如何也要养成统治者意识或优越感。

中日战争的过程则更为不幸，人人均被卷进军国主义的风潮中，在“疯狂”的时代潮流漩涡里，与中国、中国人发生关系。这与我们生在殖民地的人一样，绝不是正常的关系。我想这是存在于日本人方面的问题。

日本人方面的问题还有一个，这是我 22 年间体会出来的。这和我预定要谈的下一个主题有关。一般来说，日本人对事物的思考方式中有一个像模式般的东西显现出来。这就是说，因为有过殖民地统治，或者是侵略过，站在加害者的一边只说对不起而低下头来的一些人，仅停留于此而不把事情放在相互关系中斟酌。就是说仅仅是变为卑屈、停止思考、放弃理智的行为，像是采取躲避姿态而一动也不动的一些人。

相对方的被害者这边，不仅是与中国人、东南亚来的新闻记者、留学生诸君交谈时，他们会说，日本人经常表示歉意说做了对不起的事，但究竟是真心还是假意？就像这样，一直到现在日本人在亚洲被以怀疑的眼光看待的情况还很多，这不能不说是非常不幸的。

那么，让我们想想看为什么会被怀疑。可能是日本人的思考方式之中，例如洛克希德飞机公司行贿事件爆发时，或者是围绕着三木内阁的问题，大平（正芳）外相提出了“办个祓禊，重新出发”的建议。我便问了日本学生与朋友对这个提议的看法。虽然是“这种事情我不管”这种回答占压倒性多数，其实在殖民地时代我也被命令做了“祓禊”，所以能够明白大平先生在说什么。大平先生大概是想要袚除不祥，重新出发而讲的。我觉得在日本的情况说起来好像是有个共通的公理：只要道歉就可被原谅。

在日本对于道歉、或对责任的承担方式方面，好像和外国颇有差异，外国的范围很大，就算把它缩小来说，和我们的感觉也不大一样。长期生活在东京，我们也可能有些日本化，至于孩子们也不会讲日语以外的语言。我们夫妇也常常不由自主地对孩子们说：“你快道歉吧！”仔细回想起来，在我孩提时代的生活中，或是与母亲之间的日常会话中，是没有这种说法的。这个先不谈。道歉之后，如果被道歉的一方不肯宽恕，就会处于不利的境地。会被说成这小子真不干脆，或者用很糟糕的话来说是像烂女人一样的——很抱歉，这是歧视用语——这样的表现。不管怎样只要道歉就行，不要啰嗦，默默等待时间过去，好像有这样的规则存在。

这种对事物的想法或担负责任的方式，类似于“祓禊”的构思等作法，我认为好像在日本以外是找不到的。是好是坏暂且不管，我觉得这是很有趣的事。是否可以类推如下，我有些没把握。我曾经调查过，比如日本的黑道世界里，有断指的事。我关心的是，如果被断过一次手指，以后会变得怎样呢？听说再犯再断，有断到连指根都不见的例子，真是让我大为惊讶。然后我又调查了中国黑道，问了在东京的大前辈后，得到的回答是：“戴君，别讲傻话了，中国的黑道如果发生这样的事情，不是被杀就是逃跑，然后回来杀对方，绝不会有道了歉，断指就完事的道理。”这着实令我吃惊，我虽然感到这是很重要的事情，但没有做出评论。因为不大了解，所以直到现在还没有勇气将其写成文章。在这里我是突然想起这一点的，敬请原谅。然而这种程度的生活感知如不具备的话，可能就不能理解日本人的行动方式与沉默的文化，我最近如此感觉。我甚至想到，日语里的“卑怯”一词的涵义，其实也和我们是不一样的。对这种日本特有的对事物的想法，如果亚洲方面不理解、没有认识的话，就会引起如上所说的嘴上道歉是否为真心的怀疑眼神。有关这一点的具体内容留待后面再谈。总之在此我要讲的是，类似于互相持滤光器看对方的关系，至少在日本与亚洲之间是存在的。我也想尽可能努力拿掉这个滤光器，但或许有时难免不能完全拿掉。以此为前提，今日我要把我的所感、所想向诸位报告。

料理是文化

就先从吃的东西开始吧。谈起吃，是否可说日本人目前的饮食生活，正经历着有史以来最急遽的变化。日本的情况是，直接提到食物或金钱常会被认为是卑贱、没教养的，大家对这一点应该会同意。

我们中国人日常的问候，首先是从“吃过饭了吗？”开始的。当然中文也在变，受日语的影响，或者受由欧洲近代衍生出来的种种新生活形态的影响而有变化。同时日语也有受中国影响而变化的时期。在此要确认的是语言除了会从自身内部产生变化，也会在相互的接触与交流之中发生变化。可是在这里我要引一个例子：中文作为我们的母语而存在的时候，即未受欧洲近代洗礼的时期，在日常生活中，大体在相见的时候便会问“吃过饭了吗？”现在中文讲的“早安”“早啊”与“晚安”，都是从英语的 good morning 与日语的おはようございます等来的。在我们固有的生活感觉之中，本来就没有那种“母语”，只有“吃过饭了吗？”“要去哪里？”之类的。

还有在中国人的知识分子之中有令人感到非常困扰的事。我在日本的生活中也难免有这种困扰，即有关薪水与金钱的事情，在中国人之间可以不太有顾虑地谈论。但在日本人的场合是，把关于金钱的事当作话题是不文雅的。因此，故乡有人来，或美国有友人来访，被问及薪水时，我近来也渐觉不文雅。是否我在不知不觉中日本化了？去寿司店，因为我没钱，所以叫“一人份”是最安心的。有一次一位美国友人来，我装阔请他吃寿司，坐台前的位子（译注：可随兴指定，点喜欢的东西吃），结果吃了大亏。结账时12000日元的账单明细也不敢问，好像问这个是不好意思、不妥当似的。讲起吃饭我想起来一件事，在中国人的社会，东南亚的所谓华侨的情形也一样，可以看见比较公开吃饭的情景。好比是在自家的庭院、店家门口骑楼下等，常可遇见一家大小团圆在吃饭的情景。但日本人的情形则完全相反，好像是“躲着”静静吃的情形比较多。大概是因为这种风俗的不同，因此中国人习惯于“横饭”，日本人喜欢“纵饭”吧。关于“横饭”“纵饭”容后再提。

日本人的饮食生活也变了。刚到日本的时候，让我很惊讶的是吃“烧鸟”（译注：炭烤鸡肉串）。在这里把当时我个人的私事拿出来讲很不好意思。家兄从“学徒出阵”已复员，恰好我准备去美国留学，而在东京留住些时——“哎呀，不要再讲了，就留在日本吧！”这么地听了二哥的话留下来，不觉已过了22年。当时二哥的家在新桥附近，所以傍晚走在乌森通可看到“烧鸟屋”（译注：卖烤鸡肉串的店）。大家其乐融融地在吃喝。我喜欢做运动，也非常喜欢那种气氛。我觉得很好便走了进去，然而哪里有什么鸡肉串，大家在烤的分明都是猪内脏而已，真是令我感到惊奇。至少根据我在台湾的体验是，所谓的日本人是绝对不吃内脏的。在这里我想起隐含着不幸遭遇的另一个侧面。总之，以统治者的姿态来统治，对被统治者所喜好的部分，从一开始好像就对其有拒绝反应。因为战事转趋于激烈，B–24（译注：美军轰炸机）飞来，不能上课了，大家被动员去建设飞机场。肚子饿了，因为初中一、二年级正是成长期，我带日本人同班同学去了小小的中国饭店，但他们几乎都不吃。“你怎么不吃？”“因为妈妈说很脏，所以不能吃。”但是在乌森的路边摊里却根本没有一串真正的烤鸡肉串。

在此有所谓肮脏、干净的问题。家父与祖父和日本人之间有种种不幸的相遇。在异常的殖民地统治与被统治的关系里，也遭受过牢狱之灾，当然讨厌日本人。虽然讨厌但也有尊敬日本人的一面，特别对于日本人的爱干净是很佩服的，把日本人用卫生筷、每天在门口洒水等都看成是其洁癖的一部分。本来某个民族爱干净与否，不可能是先天的属性。然而家父对日本人非常憎恨，同时在另一方面几近于迷信般地认为，日本人的传统有爱干净这一项。我也受其影响一直这样认为。

然而在我研究后藤新平的过程中，才得知他在当卫生局长的时候，对日本人的生活环境之改善，特别是清洁、卫生思想的普及曾费尽苦心，才知道日本人的爱干净也只是最近的事。我也才了解到所谓脏、臭的看法是伴随着殖民地统治而产生的。不仅只有日本人这样，把被统治者看成脏和臭是共通的。并不仅止于吃蒜而已。

日本人说吃蒜的中国人、韩国人臭这也是实际情况，因肉食与香辣调味料是脱不了关系的。欧美人的体臭导致对香水的需求，但体臭较淡的日本女性向往法国香水也很有趣。日本人喜欢生吃，因而那方式也极单纯而简朴。在此意义上，世界上以民族的规模来说，恐怕日本人舌头的味觉，对于食物原味的识别能力当属世界之最。很少把材料混合起来进行烹调的，品尝单品的味道、生吃的情况很多。

容我偏离主题再谈一些。从被烧鸟屋吓一跳的新桥走到向往的银座，有叫作纯吃茶的店。现在还有纯吃茶的招牌，不纯吃茶的招牌可是没有（笑）。不过昭和三十年（1955）之时有副业沙龙（译注：似可比喻为现在的色情场所，有非专业女郎陪坐喝酒）。因为“纯”应该没问题，我就放心地进去了。首先端上来的是水。在中国人的生活中是不能喝生水的，得喝茶。在银座，而且是在这么潇洒的店里不给端茶而给水，这是什么意思，我心里直生气。结果我叫了咖啡。奇怪的是，渐渐地我也领会到东京的水很好喝。最近的水变难喝了，那时候水的味道可真好。对大学生活也慢慢地习惯了，便有联欢会、忘年会（译注：送旧年宴会，即尾牙）等邀约。同学对中华料理有兴趣，之后又出现对中华料理赞不绝口的日本友人。自己国家的菜肴受到赞美当然是很高兴的，但因学社会科学的关系，不愿轻易受捧就起舞，我便故弄玄虚，讲解了一席中华料理形成史论。你们嘴里爱挂着中华料理不放，那确实便宜好吃，分量又多，可吃得饱饱的。以同样金额开联欢会，比起在寿司店或日本料理店搞，中华料理要合算得多。但是中华料理之所以演进到今日的模样，有其相当严峻的历史背景，这一点希望大家能理解。有这些经过，因此直到现在联欢会、忘年会或新年会（译注：迎新年宴会，即喝春酒）常被推做干事，我半开玩笑地说“这是戴君的文化侵略”。

可是中国人也并非不喜欢生的食物，而是有吃不得生食的历史。请大家想象就可理解，黄河、长江或是广东的珠江等——可惜我还未去过中国大陆，这只是从文献上或作为中国人之间的某种了解事项来谈的——这些大河全是淡水河。所以如果在中国发生传染病，会传染得很快。日本是由四个岛屿构成的，周围是天然的净化槽，大概很多日本人都没有意识到这一点。由于有净化槽（盐水）的缘故，然后再厉行检疫的话，传染病大概仅靠岸边作战即可防止。所以生水、生鱼片、生鱼寿司也可放心地吃。

中国的情形是不管什么都要加热，不加热就会感染传染病。油炒在某些意义上是骗舌头，如果再讲得明白一点，可能会受到中华料理公会的抗议，但是小间的中华料理店在早上、中午以前做的炒饭，大体上还是不吃为妙，那全是剩饭（译注：炒饭用冷饭炒出来较好）。要提高冷饭的沸点，以油炒，并将之包裹。但如果换个角度来看，腐坏与发酵也只是一纸之隔而已，没什么大不了的。但总归是剩饭，用油炒可以杀菌。因蝗虫或各种灾害而引起饥馑时，包括草根在内各种各样的东西，中国人都想法子烧来吃，几近没有什么东西可丢弃的。

请回想一下，例如田中角荣先生与大平先生等，在中日恢复邦交后去北京的各位大概都会登长城眺望。尼克松（R. M. Nixon）

与基辛格（H. A. Kissinger）也一样，大体上谁都会特地去登上万里长城眺望。战争时一部分小说中甚至还有把日本男人站在长城上撒尿作为男人的梦来描写的潮流。这是很不文雅的描写，我想应该还有记得这种记述的人。夸奖万里长城为伟大的遗迹的确让人感谢，可是试着想想那万丈黄尘，希望同时也能想起那中国人不得不连树皮都吃的原因。为什么会那样？如果作为中药是可理解的，但史实却告诉我们比这更为严酷的背景。就拿万里长城来说，要建构那样巨大的东西，到底有多么广大的自然环境曾遭破坏，这方面几乎未被当作问题，真是令我难过。随着那种自然破坏实际上是产生了万丈黄尘，能维持国都长安作为当时世界的国际都市的农业生产力，是否应该看作是在后来被破坏的。北京当局在1949年以后致力于植林，可说正是期望能恢复植被。

中华料理是复合的味道，处于日本料理的另一端，几乎不接纳生的，而且是用多种辛香料烹调出来。与用眼睛吃的日本料理的情形不同，中国料理也不是不讲究“色”，但其中心却还是以味道为主。日本料理可只用材料的一小部分而抛弃其余的大部分，中国料理则活用所有素材做出菜肴，非常有趣。同样位于东亚或是汉字文化圈，而且是以米食为中心，却有如此的不同。

所谓的饮食习惯，是由各民族所处的地政学上，或者是居住条件、自然的恩泽等，在利用自己的生活智慧与之相结合的同时，经过长久的历史而形成的，既不必自卑也无须美化。

还有个有趣的例子。大家到东南亚或在中国受邀参加宴会，时而有烤乳猪上桌。大概一般日本女性都会尖叫，或因自己的客人身份而硬忍着；有时则会碰到有头有脚的全鸡料理。实际上中国人的习惯是整只端出来请客才能表示诚意和盛情。一般日本人会觉得中国人有点怪异吧，但是就在这一刻，他们忘了日本人自己认为最珍贵的料理是活吃全鱼，也忘了如果结婚典礼的鲷鱼料理没有头会有什么感觉。你们会去热海吧，有三木先生别墅的真鹤、汤河原等，我也偶尔会去吃活吃全鱼，端出来的鱼还会微动才算好。看着鱼还在抽动，有一次香港来的中国人教授凑近我的耳朵偷偷地讲："日本人怎么这样野蛮啊？""不！这是对你表示最高的款待，我很少能享受到如此高档的料理。"我同时加上一句："你不是在香港请客也端出烤乳猪吗？"他也把烤乳猪的事情给忘了。

所以稍微改变一下看问题的角度即可。日本习惯吃鱼，所以不能想象无头的鲷鱼，活生生还在抽动的全鱼盛装在宝船（译注：船型的食器）上才是最高的款待。这种感觉上的差异一般人都会忽略，这在某种意义上真可谓是五十步笑百步。

不只是殖民地台湾，举凡去过包括当时上海在内的中国大陆的日本人，都会说中国人臭，还看中国人用手擤鼻涕，因而贬低嗤笑中国人。当然我也不认为用手擤鼻涕是好的。有趣的是，在菲律宾的记录之中，写了关于日本军队野蛮的这种记载。在菲律宾日本是实行军政，美国是进行殖民地统治，比较之下，美国的军队外表上潇洒，相对的日本军队的印象是穿着破烂而且野蛮。很意外的是也有用手擤鼻涕的记录，真是令我大为吃惊。我几乎没有看过日本人以手擤鼻涕，或许是农村出身士兵素朴的表现。在殖民地时代，台湾的日本人老师与同班同学等动不动就叫我们为"清国奴"来侮辱我们，那时最常拿来当例子的就是用手擤鼻涕的事。

曾经发生过很有趣的事情。大约是终战后两年的事，因中国的内战，国民党上层的子弟大举从重庆、南京、上海或天津来到台湾。记得大约是我上高中二年级的时候，殖民地时代的我们大多数在心里是很讨厌日本人的；然而战后从殖民地统治之下获得自由后再回过来看，不知不觉中我们已被纳进日本人的价值体系之中。日本式的想法、日本式的审美意识与价值观之类的东西，在殖民地的愚民教育中被植入脑里，可说还没有形成自己的坐标轴（译注：意指判断的标准）也绝非过言。特别是高二还太嫩，对于中国也不理解，日本统治对台湾人而言到底意味着什么也不知道。在很多的场合，不是以理论而是以感觉去反应。班上有国民党高层的子弟进来，当然彼此间会有不调和的感觉，会发生摩擦与争论。他们是以重庆来的为主流，所以对日本还存有根深蒂固的敌忾心，喜欢贬低日本人。我们这些在台湾土生土长的、内心深处对日本人在殖民地台湾的所作所为尽管还未到十分饶恕的地步，但在他们贬低日本人时，我们还是常常会站在辩护的一边。因国民党的失政而引发所谓的“二二八暴动事件”（1947 年）刚过，反国民党的感情还很浓厚，所以甚至可见即使是不必辩护的事也会有为日本人辩护的趋向。

批判日本人的典型之一是野蛮。从大陆来的班友举男人的兜裆布与路边站着小便为证据。辩护一方的台湾出身的级友们反驳说：“站在路边撒尿是野蛮而脏的话，你们不是净用手擤鼻涕吗？用手擤鼻涕又算是什么？”这下可好玩了。我便提议开个辩论大会，设定题目为以手擤鼻涕与路边撒尿哪个较野蛮。那时候可真淘气，侃侃谔谔好不热闹。本来结论是从一开始就已确定了的。日语里有句俗语叫“眼屎笑鼻屎”指的就是这个吧，中国话里也有“狐狸不要笑猫”或“半斤八两”这种讲法。

这只是个例子而已。一个民族对其他民族抱有偏见时，常会举一现象来涵盖全体，尽管那现象与自己在做的丁本质上没有什么不同。从历史上来看日本人也不是完全不以手擤鼻涕的，站在路边小便的中国人也不是完全没有吧。然而更重要的是，从公共卫生的角度讲，两者都是不可以做，却一时也改不了的事。

正如以上可看出的，民族间的相互理解具有非常困难的一面，同时其实也有认识不够、理解不足以及误解的连续面。特别是在异常的状况，不幸的相互关系下可说问题还很多。

好！再回到饮食方面的话题吧。

中日饮食习惯的比较

我到日本留学，很幸运地在东大农经系遇到东畑精一老师和神谷庆治老师。任何人都爱自夸故乡事物，你们也是吧，可是我们中国人好像比日本人脸皮厚。一般来说日本人在伙伴中比较会主张自己的意见，对外就很少如此。但是中国人爱自夸，我就因此栽跟斗。上过东畑老师讨论方式的研究班课程后，闲谈中我说：“日本的西瓜真不像样，那么小的西瓜看都没看过。我们台湾的西瓜可大了。”东畑老师现在年纪大，圆滑多了，以前是很可怕的，说话也刁：“戴君，瞎说，日本现在的西瓜是抑制栽培的结果，我年轻的时候也很大。”老师说。“嘿！是那样吗？”我心想，然后详细问了究竟。实际情况是随着日本的经济成长与资本主义的发展而渐渐走向小家庭化，特别是都市的家庭成员结构变小而单纯化。日本人的饮食生活本来就节俭，所以大的西瓜不好卖。冰箱也没有现在普及，可说大多数家庭都还没有冰箱。为了扩大西瓜的销路不得不做抑制栽培，为此曾用了一番苦心，这才是史实。老师又多加了一句：“戴君，没什么了不起的，我们的西瓜本来也很大。”（笑）

日本料理可说是用眼睛吃的料理，外观上很美、很艺术。中国菜也会做装饰，有钱人会用豪华的金银食器或名贵的陶器。尽管如此，味道所占的分量还是相当高的。如果将中国饭店与日本料亭相较，在食器与料理的装饰方面料亭远比中国饭店花心思。常听说，吃固然重要，但观赏更重要。从量的方面看也可这么说。中国人则是认为好吃比好看重要，不好吃是绝对不行的；往往是在料理实在不好吃的情况下才做多余的装饰，加东加西的，这好像是中国人的作风。当然日本菜不一定如此，因为装饰与用眼睛吃所占的分量很大。

再说台湾的香蕉——最近由于受到南美与菲律宾产香蕉的挤压，销路好像很差——之中有带斑点的，基本上大多价格便宜。这个讲出来对我们这些会问“买一堆多少钱”的穷人不利（笑），其实与价格相反地，这有斑点的台湾香蕉味道最好，在台湾是最受欢迎的。可是日本人喜欢美国吉奇达（Chiquita）品牌的香蕉外观，看起来好看，像铁质不足的大人的脸般的香蕉，那种香蕉既不香味道也不好。可是日本人是以外观来做决定，不好看、有斑点的香蕉就不好卖。所以斑点香蕉便以一堆多少，摆在折价的角落，我们就高高兴兴地买回去。

这是十七八年前的事。去静冈参观石垣草莓与蔬菜的温室栽培，碰到温室里正在收获细小不好看的黄瓜。因为先前在西瓜上栽了跟斗，所以这一次我仔细地观察这些黄瓜有什么特殊之处。台湾的黄瓜不弯曲，肥肥胖胖的，外观好看而且大，但是味道不细腻、不大好吃。好玩的是，外观不好、不漂亮就不买的日本人，为什么仅限于黄瓜要以抑制栽培，种出弯曲又细小的呢？我不知这到底是怎么一回事。后来问了才知道“那是卖到寿司店做黄瓜卷的”。想起黄瓜卷脆脆的口感与味道之好，我也点头领会。如果把那“又丑又小”的黄瓜出口到中国去又会怎样，可能没人要买吧。

在日本和中国或与东南亚的贸易中，好像已发生了相同的问题。因味觉与生活感觉的不同，对同一种类的食物的看法，不知有民族之间的差异，从而引起争执的事例也不少。日本方面，即进口方非恶意的请求、要求，很难被理解。据说被认为是在找碴儿，或者说任何地方也没有这样的契约内容等而引起纠纷的事情也有，对方不能领会那种感觉。比如，腌茄子的材料茄子、寿司店的嫩姜、需以抑制栽培而成的做黄瓜卷的黄瓜等，这种日本方式是很难向对方说明清楚的。类似这种地点变了商品也发生变化的例子很多。在民族间相互接触的过程中，彼此都存在无法说明白的事情，所以有必要先卸下个人价值观而做确认的事项，我想今后会愈来愈多。

接下来所说也与东畑老师有关联。在殖民地台湾，有位叫矶英吉的大师是研究米的权威。他是北海道大学出身，也是蓬莱米的催生者。因为是殖民地，所以要在日本资本主义的要求下决定台湾的经济政策与农业政策，在台湾的米生产政策也是如此。本来台湾的米，诸位也知道吧，大概是印度种（译注：即在来米）系统，日本的米是日本种的系统，是有黏性而微甜的。台湾的情形我想中年以上的人都应该知道，是所谓的外来米。矶先生为了种出适合日本的米而在台湾辛苦地做品种改良。其实蓬莱米的育种已在米骚动之前就已完成了。虽已育成，却不能使之普及，因担心日本国内的农民因台湾产的米而被迫降低米价。然而米骚动之后政策发生转变，开始推行蓬莱米的普及。

饮食习惯具有偏见且不易改变。日本人到台湾去，如同刚才所言，因为要在殖民地统治这种异常的关系之中营生，所以就不能客观地看社会现象，总是免不了戴着有色眼镜看台湾的种种现象。台湾米饭的煮法、吃法，主食与副食的搭配方法等，与日本国内不同。尽管不同是理所当然之事，却不被认为是理所当然的而找碴儿。比如内脏是肮脏的相似说词。又说台湾的在来米不好吃、不香，而蓬莱米是与准内地米（内地指日本）同等，味道还可以。但是台湾人，特别是老人家吃不惯蓬莱米，嫌它又甜又黏所以敬而远之。菲律宾的某国际水稻研究所也为同样的问题而烦恼。只为了增加生产量而做出新的品种是解决不了问题的，吃法与味道的关联都必须考虑。当然，台湾的蓬莱米是为了补充日本米的不足进行品种改良而种出来的。与新潟、秋田等米乡的米相比，在味道上可能无法满足日本人的嗜好。但是好不好吃本来是主观上的问题，同时是吃法和搭配副食的问题，这个很难被理解。

在这里我想起木木高太郎，他是推理小说家，本名林髞，同时也是研究条件反射的大师，他在河童书出版的《使脑子变聪明的书》一书。如果我没有记错的话，他曾在书里写道，日本人因吃米，所以爱打瞌睡，脑筋不灵光。他忘记了历史。在我们东亚人吃着米、创造出伟大的文化与文明的时候，欧洲还在昏暗蒙昧之中。他忽略了史实真令人不解。事实上，再也没有比米更完美的食品了。米本身无责任，如果有的话，责任也在于吃米的人。不仅破坏了食品的完整，副食的搭配也有问题。

总之日本人认为日本米是最好的。味噌汤与烤鱼，还有酱菜就能把肚子吃得饱饱的。还有日之丸便当（译注：以饭盒盛饭，中央只摆咸酸梅的简便便当）与捏饭团都很适合。然而这只是在日本人之中的事。我们的东畑老师留学欧洲，有件事让他感到很惊讶。他发现日本种米的价格低于印度种米，以当时的日本话来讲，就是在来种（译注：台湾到目前还叫在来米）比较贵。不只如此，东畑老师去台北帝大讲课的时候，台湾的某世家宴请他，他说在那家吃的在来米味道棒极了。若以中国菜与肉类为主的副食搭配的话，反而是在来米比较好吃。当然煮法也要讲究。以中国菜为副食做搭配时，日本米既甜又黏，而我的祖父、父母等不大能接受也是实情。

日语在台湾的中文里落实下来的有便当一词。现在的中国大陆是怎样的情况我不知道，本来中国人是不吃冷食的，所以不是家里做好送去，就是回家吃中饭。这可说是住处与工作地点之间距离接近的反映吧。像东京的情形，就很难回家吃中饭。然而，随着学校教育的进展，教育的社会化，或者说在教育的机能渐由家庭被社会替代的过程中，即便在台湾，生活中也出现了携带便当的情形。吃凉的便当，用在来米是绝对不行的，因为凉了之后会变硬不好吃。所以我们家采用为了我们这些上学带便当的人而煮蓬莱米饭，为祖父、父亲和其他家庭成员则煮在来米饭的双重结构煮饭方式。日本米的单位面积收获量是世界第一，但如果将其原封不动带到东南亚去的话，不仅仅只是栽培方面，即使是在嗜好、饮食习惯等方面也有问题，所以没有那么简单。

这是我在大学研究所当研究生时的经验。日本人对欧洲事物真是知道得很详细，对距离这么近的台湾却出乎意料地不了解。这事发生在一位比我年纪大些，在图书馆服务之余，上大学夜间部的研究日本文学的人身上。有一天，他说："戴先生你怎么会使用筷子？"又说："你的家乡有豆腐吗？"这真教我惊讶。卫生筷是日本人创造出来的清洁、独出心裁的好发明，但是最近从节约资源的方面考虑，是好是坏令人感到疑问。各位也看过报纸的报道吧，在日本国内好像已不制造卫生筷了。因劳动力与原材料都缺乏的缘故，已到了得去台湾或印度尼西亚寻找供给来源的地步。不如像从前一般，用漆漆得漂漂亮亮的筷子，可随用随洗消毒再用，在节约资源方面会更好。至于豆腐，绢滤豆腐（译注：细嫩豆腐）是日本人的发明。然而用豆腐做菜，在中国与日本都一样有各种各样的作法，大豆蛋白的利用法也有很多。当被问到"在你的故乡有豆腐吗？"的时候我感到惊讶。近在毗邻却有不少相互不了解的寻常事，此亦算是一例吧。

各位如去过东南亚就会知道，除了一流的饭店之外，街上咖啡店的咖啡一般都是斟得满满的。1969 年末我在曼谷遇到一位很认真的日本年轻技术者。记得那时候在泰国已充斥反日情绪，他频频兴叹诉苦道："我不上酒家，也拼命地努力学泰语，不知为什么泰国人会讨厌我们到这个地步。"谈话途中侍者替我们倒了满得差点溢出杯的咖啡。他继续说道："戴老师，你看，怎么教也不行。像这种咖啡的倒法，我再怎么把技术教给他们也是不行的，真没办法。"他年轻、充满善意且性急。我说："稍等一下，如果你走进日本式酒店，那升（译注：约 160cc 的方型容器，也是量米的容器）酒一定会被斟得满满的吧。酒党们的乐趣不是边舔盐边喝酒吗？或许这里的人倒咖啡的方法也一样，要倒满是他们的规矩也说不定。你不要那么性急，改变一下看法可能会比较好。"我婉转地告诫他。日本人倒咖啡的方法是，如果去银座一带，虽然要价一杯四五百日元，有些店却只倒到杯子的六分满；而在泰国则是倒得快溢出来。日本人对溢出在托盘里的升酒能舔着盐乐滋滋地享受，但对溢出在托盘里的咖啡却不能接受，真是有趣。我不是很会喝酒，但很喜欢那日本小酒店的氛围。对生活的节奏与气氛的不同，与其彼此吹毛求疵互相贬低，不如采取宽容态度，同时努力理解对方才是建设性的，各位认为如何。

下面我也想谈一点对酒的喝法。晚上在家的小酌确实不错。但想想如果只是让太太服务那又该是怎么样的一种情形呢（笑）？不过对喝梯酒（译注：日本男人在外喝酒时经常有一家挨一家喝下去的习惯）我还是不能理解，坐下来调戏一下陪酒的女人，又移师到另一家酒店，真是费解。是纳税制度的关系吗？还有喝醉了躺在月台上的情景也常常遇到，看到那种丑态，有位认真的老师说："戴君，日本人是如此的不文雅又没规矩。你们中国是大人（译注：具长者风范）之国，没有喝醉酒的吧。和你的交往也算相当长时间了，好像没看过你喝醉酒啊。""不，老师。您待在北京的时候是怎么样的呢？""中国人还是不喝醉呀。"我接着说："这样的解释如何：老师待在北京时大概是20世纪20—30年代，正是中国的混乱期。在那样的状况下喝醉酒躺在月台，说不定有心脏被挖去当中药的危险。日本的情形是自明治以来，治安比较好。有那么多人串酒馆，可能可用公务赊账，口袋里剩的钱也差不多只有500日元或200日元左右，顶多不过是被假装好心过来照顾的小偷偷了而已，只要不冻死，首先对生命是没有影响的。有时候车站职员也会照顾。中国则是喝醉酒有心脏被挖去的可能性，治安不好不知会发生什么，不过现在的中国应该没有这个顾忌了。"

也可想想另一面。酒喝多了，人总会多言。贯穿战前与战争中，治安维持法等并不是没有问题。然而多言或"祸从口出"的涵义及其所带来的结果，中国和日本相比是完全不同的。就是恶法，日本终究是法治国家。中国可说原来是处于根本没有"法"的状况之下，所以，应该说是不能喝到醉。这是我的第二种解释。总之，因为是大人之国所以不喝醉，我不希望这样马上从民族性的层次来把握问题。即使中国人一般不喝到烂醉，也只不过是在漫长历史中形成的、所谓生活的智慧而已，只能这样解释吧。

横饭、纵饭

我想再提出第三个看法。先前提到的“横饭”“纵饭”论，实际上是作家堀田善卫先生的理论，是堀田善卫先生、前神奈川知事长洲（一二）先生与我三人座谈的时候听他说的。这确是一个很妙的比喻，请让我念一下：

> 总之日本人是非常不善于与异民族交涉的人种。例如在新加坡，有马来人、中国人、泰国人、越南人与菲律宾人，五人聚在一起谈话，我想完全可以对话。但是如果在此加入一个日本人，那么对话就不成了，场面会变冷清。日本驻在外国的商社社员们，现在作为日本人可说是具代表性的国际人吧，他们的饭局有“纵饭”与“横饭”。“横饭”是横文字，亦即与外国人相对坐正式的饭局之意。（笑）那么“纵饭”就是日本人同事，边喝着酒边吵吵嚷嚷不拘束的饭局。连应该是已习惯于外国人的商社社员们都感到“横饭”是负担。（请参照《讨论日本之中的亚洲》，平凡社，页47）（参见《全集》20·《自分与“他分”》）

很有意思吧！可是“横饭”不只是横写文字的问题，是否应加上是以横的关系来吃饭。这一点包括这次早稻田大学美式足球队的问题——因队员的暴行事件而遭到停止出场比赛与禁闭处分——我感觉非常有趣的是，在日本的场合，某种意义上可说是伦理观、道义上的责任，或社会制裁很严格的社会。美中不足的是容易被饶恕且善忘，我认为它也是有好的一面，然而，往往由于责任的所在不明确而不能担负责任，甚至于还有让承担不起责任的人也担负责任的倾向。也有试图透过由伙伴全体担负责任以谋求模糊责任焦点的倾向。喝酒的方式也是，因为是伙伴，所以可以尽情地喝到烂醉，被允许不拘虚礼。因此在堀田先生所谓的“纵饭”范围内是被容许的，所以没有负担与拘束。中国人大体上是“横饭”型，只限于伙伴间的饭局本来就没有多少意义，尽量扩展横的关系，或扩展相互的交友关系，为了这个目的而特别请客吃饭喝酒，所以始终要在个人的责任之内。因此，在这种场合如果喝醉了，大体上会失去信用。我们的习惯中是没有不拘虚礼的。还有中国人会吃，吃油多的东西边吃边喝可能也是不易喝醉的原因。日本在酒席上发生的摩擦大概都可不问罪，所以如果打喝醉酒的人，打的一方理亏，错不在醉酒的一方。这是听来的，所以不知真伪。日、中之间对事物的思考方式上是有出入的。

然而，由于此差异即说日本人不行是不对的。“纵饭”在被活用于强化组织的发展，也有发挥其正面作用之一面，这正是我们中国人所关注的。与日本人的聚会中常有令人困惑之事。日本人去东南亚或台湾多半受到欢迎。如果带着某人的介绍信去的话，一般都会被请去赴宴。说实在的，大家一同欢迎，不必花多少费用，因是一群人对个人，再者食物也不像日本一样贵。以中国人来讲，很高兴认识新朋友，常请友人到家里。吃饭是很公开的，开放的饭局也很一般，受宴请的日本人不知不觉中变得心情舒畅，便随口说道：“非常感激诸位的盛情款待，你们来东京时请一定相告。”那么，当他们真的来了的时候呢？“我日语不行，戴先生帮忙打个电话吧。”他们对我说，然而佯称不在的、借口忙碌而躲开不见的，各种各样的人都有。如果本人接电话还好说话，如果不是，我也不知该如何是好，是否真的不在也不得而知，但似乎佯称不在的例子在我的经验中还不少。会很巧地在人家要回去的时间赶来送行，“唉，正好去出差，很抱歉”，就这么推诿过去了。

我不愿意怀疑人家，但一般的日本上班族要回请是不容易的，除非能用公司业务的名义，不然可说是很困难。我问了很要好的日本朋友：“为什么不请到家里去呢？”“也不是不想，可家里很窄，内人又不会做菜……”很多人如此回答。其实，只要把客人推给妻子，她就渐渐会做菜了，他不懂这个道理。我进一步说：“如果你真心那样说，我觉得是错误的。因为你没有给妻子刺激。料理这种东西，不是用学的，而是要做的。你请客人来，妻子就会拼命用脑筋想办法。”所以在这个意义上来说，国税局如废止交际费税制的优惠政策，或许日本太太的厨艺会提高很多，我私下如此揣度着。不想请客人到家里来的另一个理由——家里窄小——也是很难理解的，至少对于外国人而言是如此。总之虽然不是恶意，但是大家好像都在无意识中为自己辩解。基本上对饮食的看法、感觉的不同确实存在，我想终究是有其原因的。这样说听起来好像有点不太好，照日本人的习惯是很难得请人到家里的，如果受邀请到家里，可算是破例的待遇了。

相反的，对好客的中国人邀你到家里吃饭也不必太夸张地感谢，包括我在内，渐渐日本化了，我也想尽量不请朋友到家里来，但这对我们来说是很稀松平常的事。想让朋友与妻子认识，在家里请客也不必花很多钱。日本人认为串酒馆是非常尽心意地在请客，但被请的一方，像我就感到非常痛苦，但是也不能明说，因为会扫兴。我不能使用业务的交际费用支出开销，所以无法回礼，拼命写稿也赚不了多少钱。因此，只好说“到我家吃饭吧”。我连哄带骗，有时也拍妻子马屁，使得她的厨艺得以提升后，现在我是趾高气扬地对她说：“不是你能力强，是我经常给你锻炼的机会，所以你现在的菜才会做得这么好吃。”这不是自夸，我觉得在某种程度上可说是真理。

所以说尽管所谓的住家窄小、做的菜不好吃等是常用来辩白的借口，但其实并非如此，而是日本人对饮食的看法是朴素安静：简单地吃，拼命地工作。而法国人与中国人在吃的方面大体上都很讲究，在饮食方面，无论是从做的量、吃的量、花费的时间来看都多得多。还有不请客人到家里的理由中，是否还有以下尚未被意识到的缘由呢？一般而言日本人都很勤劳，好像“月月火水木金金”（译注：在日本战时要后方把星期六和星期日都当平日来奋斗的口号，也被用在歌词上，即把一个星期分成星期一、星期一、星期二、星期三、星期四、星期五、星期五）到现在似还存在着。日本人有举行忘年会与新年会，把工作以一年为单位进行分段的好习惯，但是平常每天都是连续不断地加班努力，晚上还要交际，所以只有星期天才是休息日。中年以上的贤妻，要等丈夫回到家以后才睡觉是以往一贯的美德。疲倦的不只是丈夫，妻子也跟着疲倦，所以也就不会邀请客人到家开宴会了吧，最近我想到了这一点。结果是生活节奏的不同，也限制了社交的方式。美国人喜欢举行家宴，也可解释为用以填补美国人的生活节奏、社会生活中与亲戚间交往极少这个缺陷的一面而盛行起来。还有日本人的胃，自明治以来小了很多，或是有意识地使之变小，省下来的部分存积起来，再去银行储蓄或透过邮储等方式转化为国家规模的流动资金，贡献于日本的经济发展与成长的，是否也可这样想呢？

来日本后，对饮食的另一个冲击事件是同班同学到近午时才来学校，以吃一屉蘸汁荞麦面，或甜面包与一瓶牛奶当午餐，过了一会儿，玩一下投接球，傍晚吃一碗肉面或炸虾面之后再看书。刚开始我误以为日本连东大的学生也这么不用功，我不知道其实他们在家里是从半夜啃书到天亮的。我被东畑教授说过："戴君，你既不戴眼镜又没有得肺结核病，你一定是最懒、最不用功的吧。"诚如老师所说，大部分学生不是戴眼镜就是害肺病。我也仿效他们，但是只靠一个面包和一瓶牛奶真的撑不下去，两个钟头就不行了。那样的生活节奏在不知不觉中变成一种社会的规范似的。在台湾时，我有另一种生活节奏，所以感到肚子很饿。吃日本式没有油分的饮食马上就饿。我开始常在东大地下食堂吃 28 日元的麦饭，还得再加饭。可是慢慢地经济成长上轨道后，就有人反对吃麦饭了。我曾主张反对废止麦饭，但它最后还是被废止了。我觉得麦饭很好，还有面包饭，真是令人怀念。

总体而言，到昭和三十年代为止，日本人的饮食生活或对饮食的想法与实际情况，一般都是如我现在所讲的情形。虽然我形容的或许有些夸大，可是日本人的胃好像渐渐变成"伟大的胃"。这不一定适合一般的日本人，但是可以看到过去的节俭美德慢慢地变成极浪费型。所谓"伟大的胃"到底意味着什么，在这里我要稍微谈谈。日本在接纳欧洲的近代过程中，饮食方面的胃在缩小，但对文化事业、接纳实现近代化的手段等方面的容量却有意识地扩大，可说极尽贪婪。有关模仿与创作方面留待后述。在饮食生活方面，这四五年间我觉得起了很大的变化。在现象上看，一天要摄取多少热量、卡路里中油脂部分占多少、淀粉质如何、洋酒与日本酒消费的比例变化如何、辛香料的销售大幅度成长，这些统计比较简单易懂。

再进一步分析，我发现日本走上以非武装中立的和平国家为目标的战后体制，在经济上开始变得富裕的时候，亦即可使用的收入增加的过程中，对于饮食的偏见，或在异常的关系中产生的滤光器，正渐渐地被自动地拿掉。这与比较不受偏见束缚的年轻世代已经成长也有关系，有一股要将全世界的烹调法引进之势。这是非常大的变化。就是在如果有钱的这个前提之下，在东京你可吃到任何一国的料理，真是令人惊奇。然而非常遗憾的是，日本人对韩国人的偏见，老实说还很深。过去以匿名称呼的“荷尔蒙料理”[1]，现在已堂堂的用朝鲜料理或韩国料理的称呼呈现盛况。我对此感到些许的欣慰，但愿从接纳料理开始也能渐渐地抛弃偏见。而且此伟大的胃，正慢慢扩展到饮食生活以外的领域。下面接着要讲的，例如和服与西洋装束的衣着问题、居住问题、文化问题，与此相关联的我期待能连结到真正的国际化。

所以烤全乳猪 vs. 活吃全鱼，动物内脏料理 vs. 鳗鱼内脏清汤，

1　即动物内脏料理。

如果在此对比之中来看问题的话，就可看出彼此均是无可厚非的，只不过是对自然恩惠的享受方法不同而已。同时，不论是拒绝还是接纳，任何一方都应透过人类共同的着眼点与价值观做取舍比较好。在不正常的民族关系之下，本来很清晰的东西会因视线模糊而看不到。因此，这种不幸的关系应该排除，绝不能再发生。我认为日本人在饮食生活上也是贪婪、富于好奇心、冒险心的民族，很积极、很起劲地吸收外面的东西与新的事物。与其相比，我们中国人是极保守的。受了日本人50年的殖民统治，留存在台湾的日本式东西，也只有寿司、天妇罗、味噌汤、榻榻米等寥寥无几。战争是绝对不能再发生的，然而战争却为我们留下任何人在主观上均未曾有所期待的结果，在日本的中华料理，以及在台湾残留的日本式食物便是一例。美国方面，如果没有联合国军队占领日本，在美国就不会有那么多的天妇罗店、寿喜烧、寿司店的普及。没有战争与GHQ（盟军总司令部，General Headquarters）的占领日本，也许会以别的形式，由日本的高度经济成长与贸易的伸展而扩大接触面，可能使日本料理慢慢地普及，GHQ的占领与美国士兵带回去的日本体验，在某种意义上是不幸中的产物之一，却也可看成是正面的产物。

还有中华料理，我开玩笑说是文化“侵略”，因为现在有日本荞麦面店兼卖中华面的状况出现。日本人曾那样看不起中国人，以“清国奴”的称呼加以羞辱，并认为是肮脏的，在那异常的关系变得淡薄的过程中，今天的东京、日本各地均可看到中华料理的普及。战争的确是一段异常又充满遗憾的关系，但这不幸接触的另一个结果之一部分中，有中华料理的普及，关于这一点是必须确认的。如果没有日本人的中国体验，中华料理或许就不会渗透得如此快。在这一点上我们不幸的相遇、不愉快的过去的结果，也有在料理方面积极持续地交流，也算是不幸中的大幸吧。

日本人在富于进取性的同时，非常会保存旧的东西。托其福可遇见在中国早已不见的文物、风俗习惯还在日本存留着。其中之一就是屠苏。1957 年，来日本第二个新年，在日本人老师与朋友家喝到屠苏酒之前，我不知道其物。到那时为止，提起屠苏只是在家里过年贴在门上的红纸写的吉祥对联上才能看到这两个字，例如：“爆竹声中一岁除，春风送暖入屠苏。千门万户曈曈日，总把新桃换旧符。”又在杜甫的诗：“愿随金騕褭，走置锦屠苏。”或苏东坡的诗：“但把穷愁博长健，不辞最后醉屠苏。”等诗文中读到而已。如从前《荆楚岁时记》中记载的，中国也在春节有喝屠苏酒的习惯，而现在却消失了。屠苏酒有两个功能，一是作为中药，一是驱邪。不能想象日本人对屠苏酒药效的期待，为什么屠苏留存在日本，在中国却消失了呢？我也不知道，但这可是一个很有趣的课题。在日本，后藤新平也承担了一部分任务，割舍皇汉医药而一边倒向西洋医学。排除作为儒者的中医，是日本近代医学的发展。本来应排除的是已沦为腐儒的皇汉医即所谓的汉方医（译注：中医在日本的称呼）其人而已，却憎其人而波及其物，把传统医学也一并丢弃，完全是愚蠢透顶的事。现在中医却很繁荣。重新评估中医、中药是好事，但过分迷信中医实际上也是危险的。不能说既然西医不行，就是中医好，而应进一步以科学为根据进行选择。

看中国近代以降的医学发展，与日本是完全不同的。因为有厚实的历史与传统使然，一般都对中药的有效性一直抱着信心，包括留学欧美的学生也是这样。中医不曾被抛弃过。在中国对中医进行重新检讨与评估的同时，把其不符合实际以及形式化的部分淘汰掉。与此相平行的同时也在引进西医，新中国好像更积极地尝试着中西医的结合，以期将双方取长补短地进行利用。话讲得有点偏了。总之，割舍了传统医学的日本却留存了屠苏，而期望中医的保存、再生与新生的中国人，却让屠苏变成传说中的事物。这到底是为什么，我也很想请问各位，这才是我所要讲的重点。

这一奇妙的对比，足以将文化交流或文化传播的一个结果、一个侧面的实际情况提示给我们。可以说它告诉我们仅以民族的某一侧面、行动方式的某一局面来谈该民族的性格是危险的，做一刀两断的指摘又是如何的冒昧。

这暂且不说，日本人的“胃”不只限于在接下来要讲的文化等各个侧面，连装进食物的胃也由过去的节俭型或者说简单朴素型，以非常快的速度走向国际化而发生变化。如果我所谓的饮食生活或烹调本身是文化的一部分的这个想法能被同意，这个倾向如果持续下去的话，就不必担心日本人不能国际化而变成世界的孤儿。但如果只是好吃，吃了就结束的话，只会留下排泄物而已，不会化成血肉与促进国际化。我期望要抱持着把烹调提升到文化的层次、国际交流的层面来考虑的姿态。

最后，我想稍稍提及主妇的中日比较。22年的东京生活，差不多都是与日本人为邻来学习的。我的经验是日本的家庭主妇不太花时间做菜，但在扫除、整理、整顿上花更多的时间。整理整顿做过了头，就有随便扔掉东西的毛病。看到她们每天在门口打水、擦地板，发现她们在料理上不能多花时间是有理由的。学童由学校供给饮食，老公在小酒馆喝酒，或去打麻将不在家，也让其提不起劲在料理上花时间吧。即使那样，常常叫外卖也令我惊讶。使用榻榻米、壁橱的生活，培养出能把窄小的房子进行有效率并且很整洁地加以利用的生活智慧，或许可说是传统培育出来的吧。相形之下，中国主妇的整理、整顿、扫除方面是差了些。一般而言，中国的家庭主妇在料理上多花时间，扫除、整理、整顿就表现得稍差一点。今天先讲到此。（拍手）

比较生活感觉、习惯

居住日本长达22年，与日本人之间的交往，不但时间长，频率也高，所以发现相互间的误解以及认识不足的事情也不少。例如我常遇到一开始即认定中国菜全是油腻的日本人。不言可喻，这当然是误解。相反地，敝国的人也以为日本料理除了天妇罗、寿喜烧、生鱼片之外就是家庭的炭烤鱼而已，这也是太傲慢且冒昧的看法。如果能仔细观察，不管中国料理或日本料理都有一个配菜的原则。例如日本料理都配有醋拌凉菜或咸酸梅，若以一个体系来考虑，各自都能从中看出颇为均衡的组合。中国料理的全席菜，必定有添加酸味的汤品等，也非全是油腻的。因不吃全席菜，一般日本人不知配菜如何便一直持有误会。外国人看他国的事物，最容易犯错的原因是，只看到一面便认为什么都懂。这可说是古今东西的通病。

只是中国料理是试图做出综合的味道，而日本料理则尽量保持食材的原味，这可说是不同的地方。另一个是在中国料理的场合，餐馆做的菜与家里做的菜差距不大，或可说在技术面的差距不大。可是日本料理的情况是，日本式餐馆的料理或高级日本料理店的料理，亦即日本厨师的料理与日本家庭主妇的料理，在技术上的差距感觉是很大的。

把私事在此披露很不好意思，内人在私宅主持一个小小的中国料理研究会。曾有我们家日常不经意地在做、被别人指出来才突然领悟到的事。例如朋友的千金常常惊奇地说，戴家的厨余垃圾太少了。厨房垃圾少的原因，如前所述，有着中国料理形成的过程中本身承载的沉重历史背景之故，所以不浪费，设法尽量利用全部材料。内人认为理所当然地实行，然而学生是将其与日本料理做比较而感动。再者，中国料理是要做出综合的味道，所以是在材料的组合中形成味道，因此可避免厨余的产生。日本料理的特征是切除多余的东西，偏重于单独素材的原味。也是承蒙来参加研究会的友人千金指出，我才开始意识到这一点。

还有一个例子是，一位和我很要好的某大学教授的夫人也参加内人的烹饪研究会，后来那位教授对我说："让内人去戴先生家是对的。"我问为什么，他说："内人受电视的影响，做菜时好像将材料大小悉数经过称量。然而到府上向夫人学的完全不是那样，这在某种意义上可说是革命性的事件。"这让我发现，一般的主妇好像不认为菜的味道是自己做出来，而且是可自创的，也许未能了解味道本来就不是被指定的东西吧。因此，菜的味道，可能随着当天做料理的人的健康状况而改变。还有天气、气温也可影响味道。在此意义上，各位男士，劝你们最好不要太晚回家，特别是二次宴、三次宴最好避免，如此夫人能够维持好的健康状态，可以做出好味道的菜，包你家庭圆满。（笑）

料理的话题就到此为止，接着是住房的话题，然后再进入衣服的话题。我因为是外国人，所以不能利用住宅金融公库[2]，或住进住宅公团[3]的房子。因为我有很多藏书，所以便想方设法为建造自己的房子而努力。在建房子的过程中，我发现日本人喜欢原色木料的美，他们对此美感很敏感并且重视。到那时候为止，我未发现原色木料之美，老实说是不懂。我径自想象，如果说东照宫（译注：奉祀德川家康的神社）是较多地保存了中国建筑美感的建筑，日本的住宅建筑则好像是在为尽量保存原色木料之美做努力似的。东照宫是明显与此不同的美。盖房子造洗澡间的时候，更衣室的地板无论如何都有沾水的问题，我想在上面涂一层油漆，便对木匠说："不好意思，是否能帮我涂上一层像清漆之类的东西呢？"木匠却生气地说："老师你说什么？要漆你自己漆吧。"结果，我因穷，怕地板腐烂要重新做可划不来，便自己漆了。后来再仔细想想，觉得

---

2 日本战后面临住宅严重短缺，政府决定设立住宅金融公库，为准备建造或购买住宅的家庭提供长期低息贷款。

3 日本于1955年制定颁布《日本住宅公团法》，由政府出资成立住宅公团，在大城市及其周边地区修建住宅，出售或租赁对象为中等收入者。

满有意思的。

中国的情况是，前面也说过，华北平原，比如建造万里长城的历史背景，伴随着这个史实恐怕有过大规模的自然破坏，结果是产生万丈黄尘，什么原色木料之美根本顾不上。我的解释是中国的建筑是不能不涂上些什么的，但这也只是一个解释的尝试而已。日本的情况则是四季分明，自然优美，原色木料之美可以维持下来。中国因严酷的自然之故，是有不上漆就不行的背景，这点要注意。然而，说起中国建筑，北方与南方就有很大的不同。就台湾来讲，也有符合其风土的建筑。为避免离题太远，在此回到洗澡的话题吧。

中国女留学生来日本后的第一个困难是洗澡——去公众澡堂时不敢脱衣服。现在这情况很可能已不存在，但从前是洗澡间内有男性搓背工人，柜台上常有男人坐台，所以无论如何就是不敢脱，要习惯大概须一两个月。我是男人所以没什么顾忌，有一天内人去洗澡，浴池内漂浮着婴儿的大便，她吓坏了。我说："那才是真实的大众生活，有经过杀菌不会有问题的，要理解日本这不就是个很好的经验吗？"我连哄带骗地让内人去。最近内人也变得很喜欢公众澡堂，但因随着每年所得水平提升，每个家庭有了洗澡间，公众澡堂的经营日益困难，渐渐出现歇业的现象，很是可惜。从节约水和能源的意义上而言，令其消失也是满可惜的。我认为与洗澡相关联的有日本的被炉（译注：取暖用的加热器）；与日本的湿度有关系的有日本式的建筑、屏风以及糊纸的木拉窗等存在。现在日本的居住生活，也与其他的生活面相同，发生急遽的变化。在浴池泡暖身体，之后钻进被炉取暖——我认为是最合理的方式，是日本人的祖先凝聚智慧所存留下来的文化。再者，澡堂也可变成大家共享的社交场所。最近公众澡堂收费高，所以有不知到底在家烧洗澡水是否比较便宜的状况发生，这倒是一个值得考虑的课题。

接着来讨论衣服的话题。外国人对日本女性穿着和服的姿态，那种娴静的、彬彬有礼的举止抱有憧憬者为数不少。然而他们也感叹，现在如果不是过新年或去艺伎馆，不然就是到那些灯红酒绿的酒家，已很少能看到了。男性在外的生活也是以西装为主，回到家才换成和服。在外国人眼里，日本人很灵巧，有着明确区别衣着的生活。洋装在工作的场合、各种正式的社会生活中比较方便。然而住宅的情况未改变成以洋式为主，保存榻榻米以席地而坐的生活为主的话，和服的合理性是可贵的，必须将其放在这种组合中来考虑吧。浴衣（译注：日本人在夏季穿的单衣）因其适合夏天的气候，以及接触肌肤的感觉，在种种关系中得以存续下来，浴衣与团扇或扇子也是绝配。穿着洋服席地而坐，还真是不方便。

正如前面提过的，榻榻米作为日本殖民地统治在台湾的一个痕迹，与味噌汤、天妇罗、生鱼片、寿司等现在还存在于台湾。盖房子的时候，因和室较贵，我终究还是选择以洋式房间为主的房屋。之后才发现榻榻米的合理性。以榻榻米与日本式的壁橱相组合，真有可以把窄小的空间化为具有可供多种目的使用的机能便利性。比如把铺盖收进壁橱，同一个空间便由睡房变成客厅或工作房。洋式房间就不能如此方便，冬天就算铺地毯，保暖力也差一点。如果有集中供应暖气的设备那又另当别论。特别是石油危机发生以来燃料费也不赀，从保温力的层面说，对榻榻米是值得重新评价的吧。

从榻榻米我又想起来，因为我是中国人，所以在忘年会或新年会时，同事或友人，常请我帮忙找中华料理店。这时候大概男性诸君均希望找有榻榻米的房间，而女性诸君则说：“戴先生，尽可能不要榻榻米”，“坐在椅子上吃比较好”。我起先以为她们怕小腿变粗（笑），然而早已不是在乎小腿的年龄了，那又为什么呢？颇让我纳闷。后来才晓得另有理由。男性说，不是榻榻米就会感到不自在。榻榻米可以不分席次（或可以随便改座位，可以靠得很近），或者说坐榻榻米有安定感，像是有什么不可言说、只可意会的东西存在着似的。女性则是相反地不愿意被骚扰，所以会说：“戴先生，最好避免榻榻米。”或许是因被纠缠会感到很窘吧。因为存在对在酒席上发生的事必须忍耐这一个日本规矩，所以女性要事先设防，是否可这样看我不太了解，我只是想说真有发生过这种事。

若能将其与原色木材之美等相互关联起来，来理解日本人的美学意识，我想某种程度上是否也可以理解日本人呢？以版画为例，日本人能领会空白之美；中国人之版画，一般的情况下大概都是被刻得几乎不留空白。

还有前首相池田勇人，据说他常与庭院里的石头对话，这种境界是外国人很难理解的，可说是沉默的文化吧。还有田中角荣先生喜欢锦鲤，这可以理解，有颜色斑斓、稀少、价值又昂贵的缘故所以容易理解。据说庭石有非常昂贵的，与那石头对话，真是有趣。

与石头的对话相关联，我想谈谈“对话”的话题。记得这是荣获诺贝尔奖的江崎（玲于奈）先生与司马辽太郎先生的座谈会上谈及的。我在教研究所课程的时候，上研讨性授课会（seminar）时，对日本学生的不大发言感到惊奇。我一直在想为什么。读了江崎先生与司马先生的座谈会报道后我想：“嘿，这真有意思。”因为我记忆有些模糊可能不正确，我记得其要旨是：总之日本的情况，大致上说的语言是只有一种，人的脸型与体态也没有什么差异，因此对话的必要性没那么迫切，所以不习惯对话。然而我去鹿儿岛演讲时，会碰到明显有欧洲人特色脸孔的人们，到山口县附近就可看到像韩国人脸孔的人们。暂且不谈此，整个日本列岛有浸泡在温水中的感觉。可以看到爱奴和琉球的少数者集团有来自外部无言的、强大的限制其活在匿名性中的压力，也是真实的情况。因为在这种状况下，比较能相互领会之故，对话就较无必要了，同质社会又加上重视主从辈分的纵向社会相乘的结果，整个社会互相默认自我主张的不利性，对话的机会便越显减少。

美国较为特别，中国也是复合民族国家，国土广而方言多，且少数民族的存在也极为明显，若非大声地议论商量，是解决不了问题的，所以也就变成会交际、习惯于对话了吧。日本在近代化的过程中，以江户方言为中心创造了标准语，现已变成国语为大家所接受。中国也在国民党时代，以北京官话为中心制定了“国语”，尝试普及。现在的新中国不叫“国语”而叫“普通话”，目标是大体可互通程度的共同语言之普及，好像没有打算实行对方言——特别是少数民族的语言——刻意进行抹杀的“国语化”似的。我曾直接听过蒋介石的演讲，也曾透过短波收音机听过毛泽东的谈话，都觉得很难听懂。日本大致上可说没有这种状况发生吧。社会党的佐佐木更三先生的日语，好像比我还差，但有其可爱之处我觉得也不错。（笑）

美国的情形是来自欧洲各地的移民，再加上黑人、日裔、中国裔、菲律宾裔，或被叫作 Chicano 的墨西哥裔等，人数众多，还有印第安原住民的存在。在那人种的大熔炉中，不大声发出声音自我主张是无法生存下去的，这也的确是没办法的事。日本的情况是，有对话的必要性较低的根底在那里，所以建设性的批评或批判就难以产生，我想的确是这样的。在互相做批判或批评之前即已酝酿知其所以然的氛围，心情上便有马虎了事的场合比较多。但是年轻的世代已明显地在改变，主张权利、主张自我现在已不是恶，已有弥漫着不这样做是损失的风潮之感。

我在第二次盖房子的时候，认为有日本房间让客人住比较方便，所以设计了一间四迭半的日本房间。然而又碰到另一个问题——没有钥匙。在我家住的客人中，外国人比日本人多。其实造日本式房间的目的，本来是想让客人穿浴衣以尝试到一点日本气氛，但是门却没有钥匙。我对建筑公司的人说："想办法装个锁吧。"他们却回答："不！老师，日本房间是不装锁的。"的确是这样。最近饭店多了，20 世纪 50 年代去做农村调查，住的大概是日本旅馆，没有锁，而女佣在澡堂内的服务常常让我不知如何是好。第一次去调查的时候，我正兴致勃勃地观看那铁锅澡盆之时，女佣却径自开了洗澡间的门走进来。"喂！喂！等一等"，我急得一边说一边慌慌张张地把门关上。为什么女佣要进来，我那时候完全不知其所以然。孰知她只是要为我擦背，真是可惜，这是小插曲。日本旅馆不能上锁也教我不安。后来慢慢地经过思考，日本人大体上都是自己人，所以家庭内也只是以纸糊的隔扇做隔间，楣窗也未封闭。这意味着“家”中的秩序非常安定，这样想便可理解，是不必上锁的吧。然而，我们这些外人从外面进来，因为不习惯所以感到不安或不自在。这样的秩序现在也慢慢地崩溃。人与人之间的往来趋于频仍，都市化的结果使得“村”的秩序正逐渐趋于解体。

在以往的日本社会里，主张“自我”在某种意义上是禁忌，出人头地是会受排挤的。埋没在众人里最能保身，既安全，也因而会人和与维持秩序。辛亥革命阶段的中国革命家，对日本大众作为“民草”（人民）的谦虚、顺从、国民规模的团结感到无限的羡慕。

与此相比，中国的情形又是如何呢？中国中产以上的家庭大多有“室”，当然都有锁。记得好像冈仓天心在《东洋的理想》中写到，中国毋宁说与欧洲相近，像是个人主义受重视的社会，在继承制度上中国是均分继承。在辛亥革命以前，女性的继承权未被认可，之后女性也加入均分继承。日本的情况大致上是家督继承（译注：家长的地位和财产通常由直系血亲的嫡长子单独继承）或是幺子继承，继承习惯的不同，当然会规定并反映出家庭成员的权利和自我主张的状态。在家的制度下，老人就可采取隐居的状态。中国人的情况是没有所谓的隐居，家庭开始不和睦就分家，均分财产。这个时候，就会先扣除老人养老应得的生活费与丧葬费用后再均分，或者全部均分后兄弟以轮班制轮流照顾双亲，二者选其一。如果采取后者，就依照轮流，每间隔两天或三天老人就在儿子之间，轮流接受奉养，还算合理。在一处待得太久容易起摩擦，即使没被媳妇欺负，也难免发生不愉快。能维持这种方式的生活，终究需要以“村落”未解体为前提。“村落”如果解体了，人口流入城市加剧的话，奉养双亲的轮班制便无法实行。在这种情况下，一般就得寄钱委托留在村里的兄弟姊妹照顾双亲。均分财产与家督继承的不同，衍生出生活面的种种面貌，也产生家族构成员意识的不同。

到底哪个好实在一言难尽。只在均分继承下的中国人与日本人相较，我认为大概可以确实地说，中国人比较会主张自我。接着来谈外形与内涵的关系。大概是甲午战争以后的事，我认为日本近代的原型正趋于定形的那时起，日本人就在开始寻求“前例”，先把外形或框架造好，才找内容放进去的这种行动方式。追本溯源，可说日本的近代本来就是采纳欧洲的近代，即一边接受一边模仿，从而造就了自己的近代。

诚如周知，中国起先拟向明治维新学习，但是时间和其他各种条件都不允许，除了与西欧对决之外找不到出口，主因是采取对决而非接纳，因此想找“前例”，但在很多情况下却找不到，慌慌张张做了种种尝试，慢慢地形式与框架才显露出来，一般都是采取这种方式的。对决远比接纳要消耗更多的精力。尽管那样，新的中国人却选择了对决之路。中苏对决、人民公社，要建设中国独自的社会主义的种种尝试可说就是其例。令之做出如此选择的根据是什么？看来也是不能以民族的性格一言以蔽之的问题。

有关构想之不同这里有个有趣的例子。现场一角有个亮着红灯的“非常口”，我想是因为非正常的时候，而是危险发生时要使用的出口，所以有此一称。但是中文没有“非常口”的讲法，而是说“太平门”（译注：即安全门、紧急出口）：从那里出去就太平，即安全。这样的语词、用语之不同到底是从哪里来的呢？大体上语言是意识的反映，所以没有什么理由是很奇怪的。中文叫太平门，即从那里出去就太平而安全；日语是非常口，从那里出去，前面到底安全与否不知道，但姑且先出去。有这样的不同。以上是看到那红灯临时想起来而讲的一例。

亲日易，知日之路险

前面提过，我的祖父、父亲都与日本有过不幸的相遇，因此讨厌日本人。不过他们却承认日本人的优点，严格地督励我们兄弟要学日本人的优点。第一个优点清洁已谈过。第二个优点是反省。最近的日历大体是些裸体照或电影明星的相片，迎合年轻人的商品横行阔步于世。从前的日历，也就是可以撕下的日历大多印有醒世警句之类的，其中大部分是汉字，所以我的祖父与父亲都看得懂。

简而言之反省就是对自己的行为能反躬自问而努力学习吧。这个教训我想应是来自“修身齐家治国平天下”，本来是中国古籍《大学》的德目。既然是德目，中国人也应该很努力地遵守吧。我想我们的祖先是将其作为一个理念或一个理想的处世法将其提出来的；然而乱世相继，中国人遂守不住而变得零乱失序。那么就得从修身开始，各自反省来修身，然后是齐家，如把家整顿好了便可治国，国既治天下就太平，这就是此德目的要旨。修身与齐家较简单，所谓国应该是过去的远州（译注：旧国名，现今日本静冈县西部）、长州（译注：旧国名，现今日本山口县西部、北部）大小的国吧。平天下的天下可以想作是现在的日本列岛。总之，其愿望就是将个人、家、国、天下放在一条线之上连动起来发挥机能。中国人也应该是做这样的考虑的吧，特别是统治者是这样期待的。但清末以降的中国人无法做到，不管个人怎么反省也无法齐家、无法整顿，就是把家整顿好了，国家纷乱如麻，天下还是不能平。

可是明治维新后的日本，好坏另当别论，“修身齐家治国平天下”的德目，我认为实际上是在社会上存在并发挥作用的。不只在精神层面，在物质上也是有保障的。如果认真地做，最后上面就会给予照顾。终身雇用制在某种意义上也可以说是其反映之一。随着日本经济的发展，国际竞争趋于激烈，就有终身雇用不好、应引入依能力给予工资制度的声音，但不能忘记，终身雇用制、企业一家，作为日本股份公司一直以来所采取的作法，有其好的一面也不可忽略。东南亚或台湾反而是因为不能采取此制度而伤脑筋，这也是实情。存在员工的稳定度低、不安定、忠诚度低、工作效率低等种种头痛的问题。并不是要夸奖日本的官僚社会，连那风评不好、由上级机关指派的人事之举，换个角度来看，是在促进官僚的新陈代谢，对“人力资源”重新组合后的再运用方面有其肯定的一面。只是那无能而空有头衔的人物，被上级要求强制接纳，以领薪水与退职金为目的，基于行会性仁义的“由天而降的人事”则是不可取的。再者，如果没有这种“由天而降的人事”，日本官僚社会是否能这样廉洁，有着相当大的疑问。反对“由天而降的人事”，可同时透过提倡充实年金制度的形式来议论是否会比较好呢？

要考察东南亚的政治腐败与贪污的结构时，须要以从容的心态面对。部分性急的人，往往将其作为民族性、国民性的问题来把握。对过去的旧中国，也是将政治的腐败、官僚的贪污作为“支那人”的劣性属性之一来议论。从新中国之例中可看出，以民族性或国民性来考虑这个问题是多么没意义。在没有展望或没有确切明天的不安状况下，人会采取瞬间的行动。税务官僚也变得在缴入国库之前，先拼命地中饱私囊，这是一般的情形。大抵上一个国家要衰亡，不是官僚的腐败透顶，就是在司法界、法律界不公正，不依法论法的时候。在日本的官僚社会里，从某种意义上可以说，终身雇用制正面的部分仍充分地保留着吧。

话归正题。“修身齐家治国平天下”这一《大学》里的德目，在中国已空洞化，变得不必要了。但在日本还保存着，只要在这种架构中各自守着自己的“本分”去做，总有办法做下去，这是明治维新以来成为日本近代的基调在发挥其作用。对于其是与非当然又是另一种层次的问题，应由日本人自己判断吧。还有将“修身齐家治国平天下”看作是与纵向社会（译注：在人际关系重视上下序列的社会，被认为是日本社会结构的特征）的逻辑或伦理相互连动而发挥作用，这也是可能的。因此虽说已逐渐变弱，是否应视为此一逻辑直至今日仍在持续地发生影响。

例如相扑界就是一例。高见山是夏威夷少数民族出身，本名是洁西·酷豪鲁阿（Jesse Kuhaulua）。突然过世的深代惇郎，即在

《朝日新闻》撰写“天声人语”的深代先生，我与他一起喝酒的时候，有次曾以高见山为话题——“增加外国籍的关取（译注：职业相扑选手）是很好的事情，如能在最具日本特色的世界，更加推进真正的国际化。可是为什么洁西非用高见山为名不可，直接用‘洁西’不是更带有国际性，对外不是更好吗？”我说。深代先生认为很有意思，他说改天要将其写出来。这个暂且不谈，高见山非常有声望，看起来因他的关系票房收入好像也增加了似的。大概是去年吧，相扑协会拟借限制国籍企图修正法规。如果坚持相扑为国技，就不要招揽如高见山或韩国的力士（译注：相扑选手）、中国的力士等。现在既然邀来了，却又担心日后恐被侵占，而演变成如柔道一样的状况，所以试图修正法规，添加限制国籍之举，真是有问题。为了商业利益、票房价值利用外国人，之后又不让人家当理事，正因为有这样的想法，所以日本人才会被称以经济动物来谴责吧。本来外国人是把相扑作为观赏运动而抱持关心的，但肯像洁西那样真正加入相扑参赛的外国人应该不会很多。假如说有的话，很多外国人都来抢占相扑协会的位置，那样的相扑协会所举办的相扑，日本人的观众到底会不会去看呢？所以这种说法从逻辑上是完全说不通的，可以说这回的法规修正之举可视为心情上的对应，日本人应有更宽广的肚量。

像这样经过各种各样的思考，可见对事物的想法是无法简单地改变的。大体上说，我们的意识通常是跟不上形势的。日本的贸易依存度比其他国家高出很多，但内部的国际化却迟迟得不到进展。不搞清楚这种对事物的想法所依据的是什么，今后是否会成为问题。如果变成世界的孤儿也能活下去，或有偏要活下去让你看的决心则又另当别论。

就是柔道，也是因有如格辛克（Antonius Geesink）[4]的出现，才能盛行于世界，如果柔道仅限于日本人的柔道，应不会有今日的盛况。如果去寻找柔道的根，也不是百分之百日本产的。日本人所附加的部分，使之增加精炼度的功劳是有目共睹而永垂青史的。无论如何柔道的全部冠军都非由日本人占据不可的心情，老实说可以理解，但是不可称赞，相扑也是一样。

在日本的情况，对外来的事物与自己的事物之间会划上一条非常明确的线。仅以语言为例，便可眼花缭乱。有平假名、片假名、汉字以及外来语，而外来语通常是以片假名表示，相当复杂，真可说是了不起，或者说是灵巧而出色。前面讲过的医学也是类似的情形。有西洋医学、皇汉医学、汉方，也都能并存得很好，厚生省是否认可当然另当别论。演剧则有新国剧、歌舞剧、新派、新剧，音乐有雅乐、西洋音乐、古典音乐、歌剧等什么都有。运动也因是欧洲的运动之故，所以被称作近代运动，近代与否不论，那样的欧洲系运动，与原有的运动，或者是带有亚洲性格的运动，实际上是完全地使之共存并共享的。先前讲的服装也是如此，在外面上班时穿西装，回到家换和服即为一例。

如上所谈的，应说是很有洁癖，真是巧妙地谋求共存且利用之，然而日本固有的东西将全部丢弃吗？我想绝非如此，并没有舍

4　荷兰人，于 1964 年东京奥运会上，获得柔道项目男子无差别组第一名。

弃。与之相比，中国人又是如何呢？日本人常把中国人看成是现实主义者，这有一部分是对的。中国人在这个意义上说得好听点是胸襟开阔，能容纳一切。日本人的政治家好像也以此为理想，既是理想，其实是很不容易做到。

前面提到的料理也一样。中国料理是在综合的味道中做考虑，所以中国引进外来文化的方法，也大抵采将之咀嚼一遍，以融入自己之中再吐出来利用的形式，这是讲得好听点的话。有趣的是，在日本有某某学者研究家或介绍者的存在。诸如理斯曼（David Riesman）研究家、马克斯·韦伯（Max Weber）、黑格尔（G. W. F. Hegel）、马克思的研究家等，作为介绍者在学界就能占据重要地位。这是在承认优先顺位，把自己与师父之间的关系明确地搞清楚，在某种意义上是好的。换个说法是，作为一个介绍者就可以在社会上有饭吃，可说日本的生产力相当高。中国的情况在我所知的范围里没有那种形式的大师。作为自己学问的粮食的一部分，采纳外国老师的理论，但最终的目标是要创造出自己的东西。因此所谓的某某研究家可说几乎不存在，大概没有这种说法。在某种意义上或者可说日本的学者比较幸运，用某某研究家的名义，做翻译或出版几种书，在社会上即可被承认，可维持生活。我这不是在冷嘲热讽，而是观察到这种差异，觉得非常有意思。中国的情况是，无论如何任何东西最后都要把它变成自己的。

中国人的作法并非无负面的问题，也会碰到不注明资料的出处而持续抄袭引用，几世代后，就会碰到完全失去原型的文献上的操作方式。在谈料理的时候也讲过，味道终究是要由自己创作出来，操作者也是自己。而模板到底只是模板，在某种意义上中国人只把它当作手段而已。

清末以降特别是甲午战争以后，日本人中甚至连相当有水平的学者也一直认为中国人对自然科学没有天分。彻底推翻这种偏见的，是今日的中国，是英国著名的生化学者李约瑟博士。博士在其巨著《中国科学技术史》中打破了这个偏见。

另一方面，日本人有把自己看成是模仿民族，还有自嘲为巧于模仿的猴子的倾向。我认为这也是偏见。这是因为在日本存在着与其发挥创造性，还不如把人家的借过来较快也较容易产生利润的社会结构，而且因存在得过长而出现这样的情况，并不是日本民族先天欠缺创造性。

我在当研究院生的时候，追寻整理从公元 7 到 17 世纪有关中国糖业的历史资料而撰写成一本书（参见《全集 10 · 中国甘蔗糖业之发展》)。砂糖的历史，某种意义上也可说是文化的历史。本来日本是没有砂糖的，好像是鉴真和尚第一个把它带进来的，曾是非常贵重的东西。先是有佛教的交流，自高僧到上层阶级，砂糖被当作从中国来的馈赠礼品。所谓的糖业，正如大家所知道的，是横跨农业部门与工业部门双方：生产甘蔗的是农业部门，把甘蔗加工制造成砂糖结晶则是工业部门。依时间顺序研读自 7 到 17 世纪的农书或本草书，就可发现很有趣的事情。在改朝换代的初期，可发现比较正经或认真的记述，即从中可看到有创见的东西。然而到以日语的说法如昭和元禄或天下太平期生活变得富裕起来之后，记述就流于形式化，散见一些假的、骗人的东西。记得汤因比（A. J.

Toynbee）好像讲过“称心舒服的环境产生不了文化”之语。国家纷乱固然不好，但是缺少刺激，像泡在温水的情况也不利于文化的创造。

总之，中国人在不知不觉中似乎有把外来的东西融入自己的东西之中的传统。在此意义上可认为现在的汉民族，是融合同化周边诸少数民族而形成的。（现在〔1979 年〕中国人口号称 10 亿人，其中 90% 余据说是汉民族）。汉民族是几个创造古代文明的民族中，一直持续保持生命力、为数不多的民族之一，虽有曲折，不管怎样非但没有灭亡，而且到现在还持续维持其活力。那是同化融合周边的少数民族，也就是说把异质的部分容纳进自己内部，以持续产生出自己的活力。我认为此过程就是所谓的汉民族集团持续性、持久力的根源。不少日本人称赞中国人是“大人”。“大人”是过分的称赞，但是中国人对事物的看法、行动上用来衡量的尺度之长应是有其独特的地方。或许是用语不妥当，中国人对自己的生活方式、文化等持有“异常”自信的人不少这也是事实。这可能是相当于所谓的“中华思想”的根基。

我曾与几位嫁给中国人后再归国的日本或德国的妇女交谈过，她们都是超过 50 岁的人，举止都已经是十足的中国妇女，中国话也很流利。她们之中一部分对国民党，而另一部分对中国共产党有批评也有说坏话的，但对与政治无关的中国生活方式，所有人都很怀念，料理是当然的，就连布鞋、人际关系的方式都像是怀有无限的乡愁般。

再举另一个例子吧。如前面所说我们一家人在台湾经历殖民地统治，祖父的世代则遭受流血的镇压，父亲的世代则曾遭受警察的暴行。祖父与父亲都熟知日本近代武器的优异性，然而对中日战争却相信中国一定会胜利，也预见台湾在不久的将来会从殖民地统治下获得自由。战后我问其自信的根据，他们举出两个理由：一个是认为中国地广人多；其二是说因为日本人在中国的暴行与野蛮的行为。对于第二个理由，是因佃农的儿子被征召去当军夫，实地目睹了在广东的登陆作战，归乡后偷偷讲给父亲听的事实为根据的。

我反问他，日本的军队、军备都胜过中国，这怎么看。父亲说那不是太大的问题。元与清最后还不都是消失在中国汉民族的熔炉中吗？这是中学二年级时候的对话，我有些半信半疑。然而前几年，我去东南亚各国和华侨朋友见面，特别是因研究上的必要而读了有名的抗日领袖陈嘉庚的回忆录《南侨回忆录》之后，令我感到非常惊讶，并确认了我父亲的看法并不单是他一个人的看法。陈先生受日本当局种种不可言喻的狠毒对待，但是他对个人遭受的私怨很少提及，而且在极早时期便预见了日本的败战，应说是由切身的经验而获得的历史感觉。在我父亲那个世代的中国人，不管身在台湾或南洋，都同样拥有无可言喻的自信。提到华侨，便想起在外国日裔的一些往事。如巴西的战胜组与战败组（译注：围绕太平洋战争预料日本的胜与负，日侨之间起了分歧而为此抗争）的悲剧性抗争该如何看，我也不知道。把日裔与华侨拿来比较，常被提出的问题是，日裔容易被埋没同化，而华侨却很难居住地化，果真是这样吗？直率地说这个问题我不希望被想得太单纯，概论和印象论是有问题的。期待能出现在同一居住国更深入的比较研究。

然而可以提出来的一点是，在本国待人处世的态度，移住国外也还是会显现出来。所以不认为自我主张为恶的中国人，与尽量不做自我主张为善的日本人，在居住地的处世法不一样，对外来文化的接受法也迥异，这也反过来会反映在各自的行动方式吧。血浓于水我想是东亚共通的处世态度。前些时候，好像在《朝日新闻》吧，有一则报道说，韩国一对年轻情侣因同姓结婚遭反对而殉情，中国人自古以来也有同姓不婚的铁则，与韩国人相近。这一点日本人好像没有。这是与日本人的姓氏是可变的有关。

披露自身的体验很不好意思。说个小故事。在高二的时候，一直代替母职的姊姊叫我过去，谆谆教诲说，不反对恋爱但有些女生最好不要交往。比如说脚的形状、脸的样子等，具体地说出来恐会因蔑视女性受攻击所以不谈。她的训词多是经验谈，特别强调同姓“戴”的女性是不行的，不管生于北京还是生于南洋都不可以。实际上不止于同姓，就是宋姓、吴姓也不行。理由很模糊，据说很久以前曾有过继的关系。而且令我惊讶的是，不只是台湾，就是新加坡也有同样的说法。

1969 年我因研究华侨赴新加坡时，访问戴姓同姓公会时，招牌竟然写的是戴宋同姓公会。两者到底有什么关联，又被如何流传下来的，真是令我一头雾水。或说不知是从吴家或哪里，嫁到戴家的一个媳妇是非常坏的恶妻，所以敬而远之的情况也有。这是不可查考的，恶妻是站在自己的立场来看是恶妻，从对方的立场来看戴家是一个很坏的对象也说不定。总之，这可说是难以说清楚的问题。这暂且搁下，日本人中常可看到的堂表兄弟姊妹间的结婚，近亲间的通婚，在中国人的情况可说是几乎没有。

日本人的姓，因为有“苗字带刀”（译注：武士执政时代，日本平民有名无姓，立功平民才可特别被允许称姓佩刀）等的历史渊源，又可以比较简单地改姓，也常可看到不雅的姓。像这样并不拘泥于姓氏的日本人，或许应该讲是法务省在外国人要归化日本取得国籍的时候，几乎都会以取日本式的姓，或应说有非取日本式姓名不可的氛围或情势来逼迫申请人，结果是一般的情况下，申请人不得不放弃原来的姓名而改取日本式名字。

虽然没有经过详细的调查，但据我所听到的是好像有各种各样的例子。虽然并没有非改姓名不可的规定，但听说有私下的行政指导。不管如何因属于许可事项，只要有要求改姓名的氛围，申请方要自主规制也是人之常情。

归化现在已不稀奇，美国的日裔人例子是最适切的。以鹰派著名的语言学者早川（雪）教授（加州选出的参议员）、夏威夷州州长有吉（良一）等就是，他们两人都未变更日本名。美国是移民国家，虽有多民族国家的特殊情况，然而在已开发国家之中要求归化者改姓名，或有这种要求的无言社会性压力的存在，除了日本之外应该没有吧。既是主权在民，令之改变作为个人人格外在象征的名字，我认为是不合情理的，不知如何作想？

好像也有连姓名都不愿意改即是没有忠诚心的说法，这才是颠倒是非的想法。如果真的是这样，那么卡特政权的布热津斯基（Zbigniew Brzezinski）、知名的前国务卿基辛格（Heinz Alfred Kissinger）、艾森豪威尔（D. D. Eisenhower）中的任何一位都可能成为问题。怎么讲呢，因为从他们每个人的名字来看，都不是美国白人的主流盎格鲁撒克逊裔，早川、有吉先生就更不必说了。归化也并不是要把自己的人格卖给该国，而是对想要归化的国家难以忘怀，想变成该国的一员参加其社会。绝不是想当该国的奴隶而归化的，这一点在主权在民的立场上是应该确认的。

在旧中国也有问题存在。对周边国家特别是少数民族，常以加上草字头、兽字偏旁的汉字，或乌等动物名为姓称呼的史实。新中国好像已经开始在改正此错误。尽管如此，日本并非从古代就让“归化人”（译注：指近代以前归化日本的外国人，已成为专指这些人的专有名词）像现代这样改成日本式姓名的，可以从大阪或北九州岛常可看到的像是韩国、中国姓名的姓为据。

听起来可能像是反论，在某种意义上可说古代日本人的度量较大，也更富于国际性。是否可以说随着近代化而高扬的国家主义，产生、培育出对中国、韩国的偏见。那阴影现在还在持续着，把韩国裔的艺人、体育选手等赶进匿名的牢笼里，至今未被开放似的。这种悲剧与不幸，即使是为了日本战后民主主义的名誉，以及受到来自国内外对国际化迫切要求的经济大国日本今后的展望，也有尽早消除的必要。在念研究所的时候，去参观丰田汽车工厂，为我们向导的社员名牌是张本的“张”，我感到困扰不知该如何称呼他。恐怕应该不是中国人或韩国人。因为是昭和三十四年的事，按照常识思考也是如此，一流公司等通常是不雇用外国人的。所以我就称呼他“哈里”（译注：张字的日本式训读的发音）桑。然而他说不，我姓“张”，他是归化人的后裔。他告诉我在堺（译注：日本地名，在大阪市南邻，明朝时作为贸易港曾盛极一时）有颇多类似的姓名。还有昭和四十年前后，在我去担任客座讲师而讲学的女子营养短期大学，有一位教德文的郑教授。他自己说是日本人，另一方面他又说是郑成功净琉璃（译注：日本演艺的一种）的国姓爷之一族。我未能问明白，但我想应是义和团事件当时任天津领事的郑永昌后裔。原来长崎是以唐通事等为首，归化为唐人极多的地方。

在国籍未成问题的时代，中国人学者终一生皆用中国名，被立纪念碑纪念的例子也有。东京大学农学部的朱舜水纪念碑就是其中一例。

长崎等地在明末清初积极接纳流亡的明末遗臣，创造了灿烂的文化史实。然而在蔑视中国人与中日战争之中，变得逐渐把自己隐蔽起来。前面提到的郑先生兄弟中，好像也有受不了军部与警察找碴而改姓的。

我梦想着，“国籍”迟早是否会变成如同籍贯一样的存在呢?本来国籍是伴随着近代国家的成立而来的，并非与人类历史俱来的古老东西。尚且地球共同体、人类共同体的意识渐趋明确的话，国籍便会减轻到如同现在的籍贯一般的不那么重要了。真想从容地再观察下去。

期待着每个人都能光明正大地以自己的出生为荣，在此基础上能自由地尝试着去做人之所应为的一天，能早日出现在世界的每个角落。部分外国人或日本的有心人之中，也有谴责日本人排他性的。我常常想，在讲明具有排他性的并非只有日本人的前提下，对于以议会民主主义、高福祉行政为目标的已开发国家日本来说，这样的情况是否妥当呢？

举个例子，我想谈一下有关以结核预防法的第三十五、三十六条的适用问题做过交涉的经验。这是昭和三十年代的事情，我的同伴之中，有个从台湾来的留学生，虽然考取了东京大学，但身体检查时被诊断为肺结核。由于带来的钱不多，十数年前的旅费也不赀，因此开始与大学交涉，和都政府谈判。预防法的第三十五、三十六条并没有不适用于外国人的规定，但官僚社会如果没有前例就不愿意做。在毫无办法下，我只好出面去帮他辩明。我从取得留学签证的手续谈起，我们申请签证时必须提出日本“大使馆”指定医院的X光照片与健康诊断书，如果他在台湾就带有结核菌，那就是说台北的日本“大使馆”指定医院的X光照片有问题。日本驻台机关以此为据给他签证，所以责任本来就不在他，此其一。

第二点是，如果他是在入国之后得到肺结核，他应是被害者。总而言之，结核预防法第三十五、三十六条是适用于改善日本的公众卫生，亦即是为了扑灭结核的目的。不给他治疗而置之不理的话，是想要让一亿的日本人吸入结核菌吗？我如此逼问道。还提示留学法国索邦（La Sorbome）大学[5]的好友罹患肺结核，获得法当局98%的费用支持住进疗养院的实例，终于获得适用预防法的认可。这个问题至少在东京都已经有了前例之后应可以放心了，但其他地

5 目前为巴黎大学之一部分，即巴黎第四大学。

方又会是如何呢?

有关这种迟钝的感觉，并不是说只有日本人是不行的。善意之士非常多，但是此方不提问题对方是不会知道的。但要讲过了头也不行。亲日是很容易的，讲日本人喜欢听的、逢迎的话比较容易被接纳。日本人一般都是怜爱、照顾弱者，如站在对等的立场，据理力争是不受欢迎的。不讨人喜欢的家伙是不可以的、招人讨厌的，最近这种情况似乎好些了，像我就是典型不可爱的外国人。

日本人与亚洲　承认有“他分”的世界

现在《朝日新闻》有题为《日本与我》的连载报道，请大家注意看看。亚洲系的人只会出现几个，占据在日外国人最大部分的韩国人大概也不会被采访吧。出版也是如此，与亚洲有关的书卖得不好。当然亚洲人的日本研究时日尚浅，质量也有待今后的努力，但是理由并不仅止于此才是其根源的问题。大抵如要听取意见的话，总是首先以欧美系、白人为中心。我们留学生的集会也是如此，脸型与日本人相似、日语流利的亚洲系留学生不太可能成为注目的对象，我就常被反问会不会说中文而感到不知所措。总而言之，日语太好是不利的，实际上我的日语过好，总得不到女性的青睐，对方似乎有提防受骗、着魔的感觉，真是吃了大亏（笑）。

并不是意见、谈话的内容等有问题。报纸或电视，简而言之，要制作照片或注销照片时，与日本人相似的脸是没有商品价值的吧，不能当装饰品的则不行。也不是说非洲的黑人不好，而是不知为何只把这些黑人带去拍照，或选择白人。我不是在这里吐苦水，是对于今后日本在考虑与亚洲应有的关系时，该与亚洲人如何交往这一点，提出些许我的诤言而已。

在进入结语之前，希望大家留意 1885 年（明治十八年）。这一年是我非常感兴趣的一年，我认为要思考日本与亚洲的关系时，这是非常重要的一年。这一年正是福泽谕吉发表《脱亚论》之年，也是樽井藤吉写《大东合邦论》、大井宪太郎等自由党大阪事件被揭发的一年。为了慎重起见补充一下，樽井的《大东合邦论》是写于 1885 年没错，但因同年 11 月的大阪事件受牵连入狱，草稿丢失了。因此五年后的 1890 年，即明治二十三年又重新以汉文撰写发表。

我最近发现这脱亚与兴亚的两本名著撰写于同一年，然后注意到典型的对朝鲜的“插手”事件也发生在同一年而重新受到启发。福泽谕吉的《脱亚论》在战后的评价很不好，似乎不是其内容而是“脱亚”之名不好。或许有人会认为我性情乖僻，我完全不以为福泽的《脱亚论》不好。福泽的论点是，我也算是其中之一，总之，中国人、韩国人，都是些怎么也不行的家伙，和这些人打招呼也没用。非把与这些家伙在文化上、精神上的关系切断，去接纳欧美的文明，认真把日本搞好不可。仅只讲了这些。

昨天或前天吧，占据经团连（译注：日本经济团体连合会的简称）的大楼、名叫野村的新右翼人士和《朝日新闻》的记者在电话的对话中，有“看看亚洲的贫穷吧”等部分。这是颇有意思的一段吧。我在大学与学生接触时，第一堂课我会问“对亚洲抱有怎样的印象”，几乎没有肯定的正面印象。负面的印象如脏、穷、落后、是经常发生问题的地方等是其答案。

本来亚洲一词就是非常模糊不明确的概念。然而在日本人的心中，亚洲这个语词带有魔性的回响，像野村先生的发言照样突然就迸出亚洲这个词。1974 年，田中角荣先生访问亚洲时一样发生排日运动，日本因而有“不懂亚洲人的心”之议论盛极一时。一般来说日本人很喜欢“心”字。到底亚洲人的“心”是什么，并不清楚。亚洲的人很多，我是亚洲人，在越战时逃亡到美国的那群人也是亚洲人，胡志明也是亚洲人，究竟是指哪国亚洲人则似乎并不在意似的。可是人人都以感到愧疚似的口吻说，不可不知亚洲的“心”。

听到亚洲这个词，日本人诸位是不是就会感受到有一种魔性的反应呢？所以，福泽谕吉的论文内容是什么并不重要，仅是那脱亚的字眼便足以构成他的罪过了。想从亚洲逃出去真是岂有此理。是背叛所以感到愧疚吧。这与战后一亿总忏悔[6]是同样心情的反应，我这种看法独断吗？我是以福泽《脱亚论》文章逻辑来说，站在被切断方的立场，也是被要求断绝往来的腐败、无可救药中国人后裔。作为被断绝的这方来说，应说那也没有办法吧，那就这么办了。在此之后要断绝，是日本人的自由，福泽家的自由。问题是在这之后又跳回来，附和欧美霸权主义，追随其骥尾，担负其亚洲侵略一部分的任务，限定于中国的情形来说，就是充当列强侵略的马

6　1945 年 8 月 15 日日本宣布战败投降，当时日本首相东久迩宫稔彦王于后提出“一亿总忏悔论”，一方面认为战争是政府政策失败，但是“国民道义”的败坏亦是原因之一，因此要日本国民反省自身。

前卒。这是很糟糕的事情。

但是，从另外的角度更善意地看，当时所谓的亚洲当然只有中国与朝鲜而已。若与那样的亚洲相牵连纠缠而被埋没其中，日本人自己也要完蛋，所以一旦从那里脱身，将汉文化对象化，确立日本自己的自主性并与欧美为伍，也可以看作是这种决意的一个表明。问题是如何与欧美为伍，是否有明确的方向性，如果有的话，有必要问其内容到底是什么。

樽井是以东洋社会党的创立者而名留日本政党史的人物。我对他感兴趣的倒是在于他独特的日本、朝鲜合邦构想。方才我说过他用汉文写《大东合邦论》，理由是他擅长汉文，还有是他企图让朝鲜人、中国人也能读到吧。对付帝制俄罗斯南下的威胁而日、朝合邦，再与清朝合纵以与之对抗的构想是合邦论的基本骨架。他合邦论的独特性我认为在于自主的、对等的合并论。大东国的名称是为了要克服歧视感的考虑而产生。他好像甚至还设想到将来要解放白人统治下的亚洲诸民族，把梦想寄托于黄种人国家联邦的实现。与福泽的脱亚相反，樽井逻辑的原点应可追溯到亚洲一体论，即立足于人种主义观点的日本自立论之上，我这样认为。

福泽与樽井为何有这么大的不同呢？详细情形留待别的机会再说。在此我只想提出一点，即两者之间从洋学派与汉学派的不同而导致的国家观与民族观差异的存在。樽井的情况是，他好像是拥有传统中国人所共有的，即国家是可变、人为的存在，与此相比的民族是更为悠久的自然存在看法，并以此为立论根据。

大井宪太郎等所引起的大阪事件，简单地讲是在民权运动失败、自由党解党的情况下，丧失国内变革希望的大井等自由党左派，企图透过介入朝鲜的内政，尝试找出自己的活路而引起的事件。他们计划船渡朝鲜，打倒亲清朝派的东大党，扶持亲日派来推进朝鲜的内部改革，反过来利用其改革的影响而引起的外患，以谋求日本国内的变革。方便了解大井的构想的，有在裁判该事件时，他自己的辩论，让我来读一下其中一部分：

> 我等非取其国而欲令彼国强之者也。即我等为日本人，却系站在朝鲜人之立场，欲增其国力者也。而我等非如普通战争以对其国。夫对付一部分奸党之说法为稳当，其直接行为非对国。又，非对民……毕竟我等此所为出于善意主义，以朝鲜国之利益为目的，以使用不危害方法手段为念也。(平野义太郎，《马城大井宪太郎伝》)

此三个类型就是之后日本的亚洲观或干预法的原型。其中任何一种类型都深深地与日本“近代”的成立、日本“近代”的扩大相关联而枝生且被利用，可谓是同根生的。特别是在大井的辩论中可看到的“善意主义”或“站在朝鲜人之立场”等想法，至今犹不自觉地、潜在地继续存活在一部分日本人心中，令我感到大为惊讶。

这两个看法与多管闲事的“干预法”，在其后以日朝合并、“满洲国”的建设、“日支（中）提携”、“大东亚共荣圈”等以各种各样的型态被利用而付诸实践，这是各位已经熟知的。

本来这个话题不在预定之内，受经团连大楼事件的野村发言所触发，我觉得讲一下比较好所以提出来。亚洲一词，至今犹带着魔性般的回响存在于日本人的心中，这一点的严重性希望能够得到确认。亚洲人的心抑或站在亚洲人的立场等看法之中，实在是有着很深的陷阱，我很希望各位能了解，也许我过于冒昧。持有永住权的在日亚洲人被课同等的纳税义务，但是在住宅公团、住宅金融公库、育英会的奖学资金等方面的权利，却依然受到限制或完全不被批准。即使是从基于个人的善意主义，进行不可不了解亚洲人的心等议论，亚洲人也只会感到困惑而已。如果没有对日本近代的所作所为究竟该如何去做检讨，从根本上着手改正该改正之处，而仅有情绪性的对应，实际上还不足以成为一时之安慰吧。

日本话有“自分”一词，但没有“他分”这种说法。有“自他共认”的表现。妻子在日本语有“家内”的表现，但没有“家外”的表现。这很有意思。当然不是说因为是中文所以就好，可是我喜欢做比较，为什么是这样，在中国“内人”是指妻子，“外子”则是指丈夫，中文大致上是成对的。

这暂且不谈。日本人太过习惯于纵式社会的规范，对于有“他分”的世界不易认同吧。作为今后日本人的生活态度，我觉得还是必须承认有“他分”的世界存在。这不一定是要拘泥于亚洲，在欧美以外的国家、地域也居住着有血有肉的人。也就是说在经常确认合乎常识的看法同时，对不同文化的容忍度要以人类的普遍价值作为唯一的价值标准来扩大、交往，我想就可以了。日本房间没有锁，终究也只是日本内部的规则。因此，在以日本为名的一个共同体，或说同业公会之内可容纳，但在此以外就拒绝，不让外面的进到里面。如以平等交换来说，对收取一事很贪婪，对给予没兴趣，外面会很容易以这种形式看待日本。从宗教、音乐、运动、道德、语言、住宅、衣着等方面可看到的，说得好是富于变化，仔细观察的话，日本本身与外来的东西之间划上明确的一条线。对于这样做是否正确，目前我还没有判断的能力，与其谈其正确与否，不如说对于日本人的灵巧表示佩服的，是包含我在内的一般外国人感受才对。

因此，有关一开始所讲所谓有巨大的“伟大的胃”，我所期待的是今后一个可能性。可是这个是否能培育出日本人真正开放、富于国际性的性格，从而对国际交流发挥正面功能的形式发展下去，其实还不太知道。

日本人常问外国人：“你认为日本如何？”我想应该不要再这么做了。太在乎外国人的看法是很怪的。特别是以“日本”这个国家为单位的提问可说有其异常的一面，但令我感到意外的是日本人却没有发觉。应当摆开国家，站在个人的立场对话吧。有个性、特色的东西，应也最容易普遍化。现在日本的音乐家、版画家或时装设计师等，因展现日本的优异个性促使其普遍化而在世界上活跃的事例也很多。向白人或欧美人提出诸如“对日本有何感想”“对日本的生活有什么看法”之类的提问，特别是在电视访谈中刻板的询问，在这个国际化的时代是毫无意义的。不以日本国框起来的部分才是人人更感兴趣的，这应是近来的实情。

接着要看日本与亚洲的关系，从我的体验出发，我想提出以下几点。

其一是被侵犯的一方，亦即包含我在内的被侵略方问题。被侵略的一方往往是要把所有责任推给侵犯的一方，即推给日本军国主义，以这样去想、去谴责是比较容易做的。当然军国主义、军国主义者是坏的，侵略不管形式如何都是恶。但是被侵略方如果没有结构上的缺陷，也并非如此容易被侵略，我认为这个部分不能忽略。因为侵略者不是有一天突然像强盗一样从窗口偷偷进来的。如果自己内部没有腐败堕落，又没有引狼入室的坏家伙，一般的情况是没有那么容易地被侵略。就此意义而言，受侵犯的这一方必须持续抱持检讨自身内部责任的姿态，强调这点是绝对必要的。

其二,一部分日本人在提倡“亚洲诸国得以在战后独立是托大东亚战争之福，因此日本人并不坏”的论调。这是极不负责任、只以结果论看事情的恶逻辑。这只不过是不问日本侵略的原动机与经过到底是什么的诡辩。不改变这种看法，绝对创造不出真正的善邻关系。

还有一部分人，特别在东南亚的反日运动兴起时，认为光做经济发展是不行的，应该推行文化交流。我认为文化交流做比不做好；但是以为文化交流是万灵丹的迷信，应该尽早舍弃。当作开导性或赎罪性的文化交流毕竟有其极限。如果经济发展的结构有缺陷，不针对缺陷改正，而企图以文化交流使情势好转，我看是不能奏效的。有一个可以作为依据的例子，这就是日本与中国关系中的文化交流。装饰在日本房子壁龛里的挂轴，日本人爱好中国的书画、山水画、书法等，即使是在战争最激烈的时候，照读《四书》，人们以咏汉诗而陶醉。可是这些并不能阻止战争。我认为要阻止战争，只有双方的有心人共同携手，尽早把侵犯与被侵犯双方的结构性体质摘除才是首要。脱亚、入亚、侵亚，或者樽井的亚洲一体论我将之整理命名为留亚、联亚。脱亚、侵亚很不好，所以要留亚、联亚，但是日本“近代”的结构性体质如不改正、重组，这议论也只能是以议论完结之外而无他。

以这个意义而言，国际交流或文化交流是相互理解不可或缺的重要事项；然而这也是有其极限的，文化交流就可解决问题的神话，我想有把它打碎的必要。做文化交流、国际交流就能阻止战争的想法，只不过是天真的想法与迷信而已——这是我的感受。感谢各位长时间的静听。（拍手）

本文原收录于国立教育会馆编，《教養講座シリーズ31》，
东京：ぎょうせい，1978年5月。

辑三

日本人与台湾

伊泽修二与后藤新平[1]

如果对现在（1972 年）40 岁以上的台湾有识之士发问，问他看到伊泽修二这个名字时会想起什么，大概半数人的回答会是芝山岩；有关后藤新平的问答则会是手段毒辣的民政长官吧。这里所说的芝山岩，是日本在台湾进行殖民教育的创始地，后来因发生六个日本教员在此附近被游击队杀死的“芝山岩事件”而闻名于世。

教育家伊泽修二

伊泽是 1851 年（嘉永四年）出生于信州高远藩（译注：今长野县），经由藩校后于 1873 年（明治六年）毕业于大学南校，与

1 伊泽修二（1851—1917），日本教育家，致力于推动口吃矫正教育、国家教育等工作；后藤新平（1857—1929），日据时期台湾总督府民政长官，历任日本政、学界要职。

许多明治时代的知识分子一样，年纪轻轻（24 岁）地于 1874 年就任爱知县师范学校校长。1875 至 1878 年以师范学科调查员身份被派遣赴美国，入学马萨诸塞州立布里奇沃特州立学院（Bridgewater State College），该校全科毕业。之后，继续在哈佛大学修习理学诸科。在此期间，于大学之外兼研究读唇法与音乐等。

归国后，作为文部省官吏（1878—1891 年），伊泽成为建设期明治教育的推动者，除了在建立师范教育、音乐教育、体操教育、聋哑教育的基础等方面发挥才能之外，而且在森有礼文部大臣之下担任编辑局长，致力于确立国定教科书以及其他的编纂与出版体制。

辞去文部省职位之后，伊泽在民间创立了国家教育社（后来的帝国教育会），试图从事国家教育的推展。在此之后（1895—1898 年）置籍于台湾总督府学务部，致力于创始所谓的台湾殖民教育制度。被免去台湾学务部职（1898 年）后，虽是间接地对台湾教育担负起监护角色，同时以贵族院议员以及乐石社为中心，直至 1917 年逝世为止，实际上有二十年左右时间，致力于口吃矫正运动之展开。

另一方面，明治政府的基础得以稳固后、琉球处分以降的征韩论、台湾远征等对外扩张的动静，其矛头实系指向中国大陆，已充满浓厚的国家主义教育实践家色彩的伊泽，当然能够预见到。伊泽早已向中国人张滋昉学习中文。热衷研究，创新精神旺盛的他没有错过机会。为方便中文学习，开始编纂《日清字音鉴》（应用读唇法原理的中文发音法课本），理所当然地将中文音韵研究当成一环来进行。

他把在台湾以台湾人为对象的日本语教育，作为其实验的场所进行实践经验的累积（绝不能谈得上是充足的），以及当时的研究成果基础上，伊泽发表了《读唇应用清朝官话韵镜》（1904 年）、1915 年发行了《支那语正音练习书》《支那语正音发微》。

在死去的前一年（1916）还去到东北（旧满洲大连），尝试在中国大陆实践口吃矫正运动。1916 与 1917 年相继出版的《读唇应用支那语正音韵镜》与《读唇应用支那语正音法》，是为在中国的口吃矫正运动所做的准备，也是为此所做的研究成果吧。不只是音韵的比较研究，中日两种语言音韵的相互关联，当然也在伊泽的研究视角之内。

从以上看到的多彩活动，使得伊泽被当作一位开拓的教育家、实践的教育家，或者是教育行政家来记忆。因其在启蒙期特别活跃之故，至今犹以日本近代史、日本教育史或教育思想史的研究对象而继续存活着。

在这里，要对伊泽和以台湾人所记忆的芝山岩为开端的台湾殖民地教育之间关联的过程，做一介绍。

学医出身的后藤新平

以“吹牛”著称的后藤新平晚伊泽六年，1857 年（安政四年）出生于水泽藩。经由藩校在福岛须贺川医学校毕业后，与伊泽同样，以 24 岁的年轻之龄，于 1880 年被任命为公立爱知病院长兼医学校长代理之职。1883 年进入内务省卫生局，随后立刻向局长提出卫生局内部改革意见书，并于1887年撰著了《普通生理卫生学》。1888年发表了《职业卫生法》。1889年会见福泽谕吉，私下谈及就任庆应义塾校长的话题，同年刊行了《国家卫生原理》一书。1890年辞谢乡里劝说他竞选国会议员的邀请，带职留学德国（自费之外，内务大臣赐予一次性补助金1000日元）。1892年通过博士考试，出席在罗马举行的第五届万国红十字会议之后，从马赛踏上回国之途。归国后就任卫生局长。同年12月驳回并否决了皇汉医团结起来，于第五届帝国议会上所提出的"医师执照规则改正法律案"。1893年就任医术开业考试委员长，翻译并发行了《万国卫生年鉴》。1895年任临时检疫部（部长儿玉源太郎）事务官长，同年9月再度就任卫生局长，并于11月向内务大臣以及台湾事务局总裁伊藤博文提出有关台湾鸦片政策的意见书。

1896年，后藤针对有关台湾鸦片制度施行方法的征询做出答复。同年4月任台湾总督府卫生顾问，5月向桦山台湾总督提出设立台湾卫生会议的建议书。同年6月，第二任台湾总督桂（太郎）赴任时伴随其赴台湾，6月20日由台湾基隆踏上华南视察之途。1898年作为台湾总督府民政局长（后改制为长官），与儿玉第四任总督同时赴任，至1906年11月为止，近十年间作为民政长官在台湾大显身手。

辞去民政长官后，后藤就任南满洲铁道株式会社第一任总裁，并同时被台湾总督府聘为顾问。1908年被免去递信大臣（译注：相当于今日之邮政大臣）兼铁道院总裁、满铁总裁以及台湾总督府顾问等职。尔后历任外相、东京市长等，在此期间曾图谋恢复日、苏国交。晚年从政界隐退，从事青年团、广播、政治伦理化运动等事业，于 1929 年亦即张作霖被暗杀的次年，结束了其多彩的一生。

众所周知，使后藤从医学转向卫生行政，再自卫生行政投身于一般殖民地行政以及政治世界的契机，便是以就任台湾民政局长为开端。作为民政长官，其手腕受到明治政府的赏识，在台湾人记忆中，为手腕毒辣能干的民政长官后藤，与伊泽相较，在活动范围上虽有量多与寡的差异，但皆有与中国的关联，而都是以东北为其人生舞台的收场，这种偶然的一致，也算是一奇吧。

伊泽与后藤都出身于小藩、下层武士阶层，并且均富于创造性（有发明癖并善于动脑筋），都是粗野奔放的行动者，这一点勾起了我们的兴趣。

中国有“时代创造英雄”“英雄创造时代”的说法。鸡生蛋、蛋生鸡的议论，很难立刻得出结论，但如果非下论断不可，笔者愿意取“时代创造英雄”一说。伊泽、后藤正是近代日本黎明启蒙期的摇篮时代中所产生的英雄。

两人都曾在藩校学习，以汉学为基础再进入洋学，虽是沿着寻常的路线走，但是与当时主流藩阀出身的青年所抱持的成为大政治家、大外交官、大军人，气宇壮大之康庄大道不同，他们选择教育实践家及医事、卫生行政家之路，亦即走向有志于成为有才能的青年士族的曲折之路。不，应该说是他们被迫选择了这一条路。

行动敏捷而精力充沛的两个年轻俊彦，选择成为新时代的精英不屑一顾的工学、理学等方面的技术者，即投身于自然科学之范畴，究竟也只能是曲折而已。只因为是曲折，所以就要试着走回到原来的地方。

在由藩阀所巩固、绝对主义的官僚体制中，伊泽与后藤分别任职可说只能算是旁流的文部省编辑局长、内务省卫生局长等职，致力于引进欧美的技术，倾注精力于创始相关的行政方面工作，笔者认为这是其回归大志的部分显现。然而也只不过是趁主流藩阀滴水不漏的绝对主义官僚体制人才短缺之机，才被选上的，也可说是次善的显示之道。

伊泽透过留美而引进欧洲近代合理主义与教育技术；后藤只是透过留学德国，同样引进西欧的近代合理主义、实证主义与社会政策的卫生思想。两者对西欧思想日本化的迷恋，使他们奔放自在的活动变得更加多彩，来自西欧的实证主义精神又使他们变得善于分析，尊重以调查研究为基础的行政执行。

伊泽、后藤所共有的科学性系统可以这样回溯。他们因为掌握了科学性，所以也就带有一贯性。

与台湾的关系

伊泽到台湾发展的动机，当然不是以向台湾输出他的教育技术为主要目的。正如上沼八郎所写的，其表面的理由是为了国家教育的输出与发展；真正的理由，一半是由于伊泽个人在国内事业上所遭受的挫折，渡台也是其为扭转这种不顺的一个表现（《伊泽修二》吉川弘文馆）。我持稍微善意的看法，在前面笔者所介绍的伊泽简历中也可看出，伊泽有把台湾作为其中国音韵论研究的实验之地想法，我愿意把这一项也加入他的渡台理由中。

与后藤不同的是，伊泽的渡台不是受当局之邀，而是自我推销而成行的。早在决定“割让”台湾的《马关条约》缔结（1895年4月17日）前约两个月，他像个精力充沛的行动者，早早便前往广岛大本营，拜访已内定为第一任总督的桦山资纪。那是透过牧野伸显文部次官的介绍而实现的会见，会见之际秀出自著的《日清字音鉴》（前引）草稿，谈其对台湾教育的抱负，尝试推销自己。

不得不做推销的最大理由，不外乎是他在文部省最有力庇护者森有礼文部大臣横死而失去依靠之故。结果是从文部省被免职，接着是为对抗文部省的主流派而创设的国家教育社，以及他强烈主张的对国民教育国家保障要求运动，也经过几多曲折而处于转折点，乃至遭受挫折等因素。

推销轻易地成功了。第一，愿意跳进未知的新领地、充满热情的教育专家除了伊泽之外别无他人。加上正值甲午战争之际，因翻译者的不足，而姑且以荒尾精所率领之日清贸易研究所的同仁及门生百余名以做敷衍的苦涩经验的桦山来说，虽然是被免职、超一流教育行政家的伊泽自动找上门来这件事本身，就是意外的收获，望外之喜是可想而知的。

作为军人的桦山对伊泽的激烈脾气并不是太在意，何况伊泽曾经主倡“战时誓约”（保证出征军人子弟的教育等）的规定，并把他一贯的主张教育费国家补助的要求暂时束诸高阁，更为鼓舞军心，搜集出征军人之忠勇美谈，出版《征清余谭义勇之鉴》散发全国等，为进行甲午战争给予侧面援助的所作所为，对桦山海军军令部长而言更是难忘之事。我想这些也是和他被起用有所关联。此事暂且不说。让我们来看看即将渡台之前的伊泽对台湾是如何认识，又披沥了何种抱负。

终于成为大本营的随员，忙于准备渡台的伊泽，于即将渡台之前的1895年5月25日，在《广岛新闻》上，发表了如下的台湾教育谈：

本来台湾地接支那本部，因此支那教育自古既已施行，虽非无文字之蛮族，但由今日之教育观之，无非沉居于蠢愚之一动物境界者也。皇天何之恩惠驱此可怜蛮民投我大帝国之治下。彼等未能享受高等人生幸福而渐营几近动物界之生计者，为无教育人类正应受之罪孽也。伟哉吾圣天子之凌威光被八纮，台湾五百万之蛮族亦将拜天日之时近也。若立于圣化之庇荫，以计策台湾教育为帝国臣民者当然之义务，开拓事业中愈益居其先登。今日自教育施行上看台湾时，须将其分为东部台湾与西部台湾以观察之。西部台湾大多系由福建州之移民组成，如其中有些许土民亦已受福建风习之感化，如言语亦为福州语即支那南边语言，如同西部台湾殆为福州移民所占有之也。故到处咿唔之声（读汉书之声）非不闻亦不过《千字文》《文选》《四书》《五经》之背诵，因此二十岁尚无一已能写书信者也。彼等之教育系唯一之仪式即仅止于装饰而非实用。岂能得以启发天授之才能，以使其人性之品位高尚耶。

东部台湾即生番地方，于教化上却有优于西部者也。彼等先前虽曾一度立于荷兰之治下，但彼等迟钝脑里之日用文字有用罗马字者也，此完全出自耶稣新教派宣教师之熏陶之故。今日彼等之教育者犹依然以宣教师充当之也。是故欲扶植台湾之教育，首先应输入日本语以片假名替代繁杂之汉文字为第一，尽早致力于语言融通而后渐次着手彼等智慧之增进外，别无他途。至于其他教育施行之琐事虽无谈论之必要，然而意欲教育台湾者非具有非常之勇气与忍耐不可也。忠勇之帝国军人既已完成其本分以发挥国威，欲扶植国家百年大计之教育者，焉可不励精从之者也。（信浓教育会编，《伊沢修二选集》）

“沉居于蠢愚之一动物境界者”“可怜蛮民”“台湾五百万之蛮族”等言，是傲慢者之粗暴言语之外无他。尊重科学认识的伊泽，居然如此这般吐露其无定见，也是日后如其所自白一般，直至基隆登陆为止，尚未想出任何有关台湾方策之故吧。或许善于把握时代潮流的国士伊泽，乘街头巷尾陶醉于胜战之气势，而讲一些迎合好听的话而已，也未可知。

当过随军记者和《国民新闻》的文艺部长、博文馆《女学世界》编辑者的松原岩五郎，曾以笔名“乾坤一布衣”把当时台北之情况写成《台湾风土记》一文留传下来：

台湾百物茂生，植物、动物之产，多种多样，非高丽、辽东所能相比。然而其土地不只天赋之大宝库……台北府城……簇集一万余户人家……市街之房屋大抵为两层建筑，无如辽东、北支那地方之平屋者。市内人力车犹多，其数不下二千……此边多有名制茶所，一所拥有七八十名到二三千名的捡茶妇。此处盛行精心建造可谓半支那半洋式的大厦高楼，又此边犹多……市中一般系富庶之模样，比之其他北清地方生活程度颇高。市中到处皆有如酒店、饭馆之处，也有如青楼之处，百货之丰富比辽宁之营口更显富庶，而其富美之豪华更使之有数层之盛观。货财金银洋溢，人民之意气高昂，且其人民不如辽东地方，无随便向日本军队奉呈“彰德表”者，每人之傲慢自显于鼻端，视日本军队如其他旅行者一般，一副汝等以战争夺取国家，我等以金钱与物产过自己活之神情，完全是妄自尊大，横行阔步于市中，无些许忌惮神色。

乾坤一布衣接着又描写了艋舺（万华）的繁华，物质的丰富，劳动者的勤勉，穿丝、麻等布料做成的艳丽衣裳的庶民风采之后，更加上“又至于其身上的修饰，则巧以金银珠玉装饰，极为华美鲜丽”。再把贫民穷人所住街巷之污秽也一并记录（民友社发行，《社会百面》，明治三十年5月2日。本稿所引用者皆引自风间书房，《明治文化资料丛书第11卷世相篇》，1960年10月30日版）。此外以台湾为富庶之地、是宝岛这点，客观地做了报道的日本方面文献，在日本占领台湾之前与之后，例如于《太阳》的第一卷第五至八号（明治二十八年5—8月）等内文中，也频频出现，在此就不提了。

话虽如此，那又是在何处如何乱了章节的呢？如今却只是把旧时的台湾作为瘴疠之地、化外之地来记忆。实情是因为台湾是富庶之地，日本帝国多年来一直垂涎欲滴。《马关条约》交涉之际，即使李鸿章为免于割让不得不要文弄字，将其说成是“化外之地”“瘴疠之地”，伊藤博文还是不理会，不肯退让一步。恕笔者画蛇添足地说，除伊泽之外，连后世的社会科学者也以“万里瘴疠之地”等依样画葫芦来承袭（如前引的上沼八郎等），真不能不说是遗憾。

这暂且搁下。有关伊泽对台湾实际状况认识之不足，把台湾机械性地分为东部与西部，以前者为生番之地，认为系布教的结果使得罗马字被使用，将西部住民认为仅有福建移民（不知有客家人的存在），更把福建移民所用语言称为福州语，是完全的错误（正确为漳州语与泉州语，一般也谓之厦门语），简直是粗糙得太不像话。与其粗糙的台湾认识相比，伊泽拥有壮大抱负的忠良臣民面目、国士之风格跃然纸上。也许是因其遭遇不佳而所做的虚张声势吧。

伊泽的抱负第一次被印成铅字当然不是“台湾教育谈”。他口述有关战后教育的展望与希望内容，以“明治28年的教育社会”为题，发表于《国家杂志》的33号（1月28日）。此口述论文是思考伊泽的甲午战争观和他所主张的作为“国家主义教育”发展的“国家教育”论，是珍贵的资料，在此暂且割爱。

他对于新领土的看法是：

> 置兵镇压反叛，此系由外形上威服民心、维持新领土秩序必要之事，唯只令之威服而不谋令之怀念之道不可也。故以威力征服其外形之同时，另应征服其精神，不令其去旧国之梦发挥新国民之精神不可。即不将其日本化不可，改造彼等之思想，同化为日本人之思想，成完全同一之国民不可。而如此征服彼等之精神即普通教育之任务也。故有果得新领土施行普通教育必要之同时，应由我国政治家感悟之。而精神之征压比威力之征压更加复杂，因之至于其施设方案实需深奥之思想不可。绝非普通教育政务官能胜任者。一方面依历史上之观察其遗传之倾向，仔细考虑以之导至新方向同时，另一方面依心理学上生理学之观察，重新创造精神界方案不可。以最广泛的观察力与学识所立之方案、以最坚定之意志与最熟练之政略实行不可。（中略）担当此困难局面之教育家人数应非少数即足。然教育家中之人才于现时尚不足，何况一时须增加此需要，绝不认为能有十分应付之准备。

虽为敌人也不能不称许其分析与前瞻之高明。此“科学”性分析与梗概的开陈，可想象是在桦山面前做的。有意思的是访问桦山后，他好像还去访问了山县有朋的大本营，展开了同样的论述。也曾有山县期望在新领土上“无陷入教育过度之弊”的一幕。伊泽答曰：“依孔孟主义，应采取尊敬四书五经之方针，故无斯虞。”（伊泽修二君还历祝贺会《乐石自传教界周游前记》，明治四十五年五月九日）担心“教育过度”之帝国臣民化，即台湾人之日本人化教育，是在台湾的殖民地教育创始伊始的精髓。以欧美合理主义与儒教伦理巧妙结合以奉献明治体制之强化，担当起促进“帝国教育的输出”的角色，为宣扬渐趋成形的日本帝国主义的国威在教育面的使命感，使伊泽自告奋勇地想担负起这个使命。

被极力宣传的后藤新平的生物学殖民统治策与对旧惯的尊重，并非后藤的专利，伊泽也持同样的观点，透过前述加了重点部分之发言，就可明白那是理所当然的。他从美国留学归国后，马上翻译了哈克斯列（T. H. Hakes）在美国进化论讲义的一部分，以“物种原始论”为名于1879年（明治十二年）发表，又于十年后翻译了全文，于1889年以“进化原论”为名发表。诚如伊泽之自负，仅以他是将进化论作为著述介绍给日本的第一个日本人而言，此间情事也没有什么可奇怪的，后藤从伊泽之译著中学习到进化论的可能性，也是可以想象的。

伊泽渡台之前，在前引《国家教育》（第38号）上，以“帝国教育之输出”为题的论说中，对明治政府提出要求的要点为：（1）为对邻邦朝鲜民族的帝国教育渗透；（2）为将新领土台湾土民教化成帝国臣民。此要求一语道破了甲午战争日本真正的企图何在。在这个意义上，可以说台湾教育是被视为进入中国大陆后勤基地教育的实验地。

伊泽怀抱以上的认识与抱负，于同年5月17日从京都出发前往台湾。时值45岁，正当年富力强。

从前面提示的后藤简历中可知，后藤与台湾开始发生关系并非担任民政局长之后。从德国留学后将所学的医事行政、卫生制度、社会政策、细菌学等导入处女地日本，努力耕耘的后藤道路与伊泽同样，系小藩出身佼佼者，并朝向“远大志愿”的回归之道。然而“好景不长”，因卷入相马事件（后藤因被卷入有关相马子爵家争夺财产的家庭纠纷而坐牢，后来被判无罪）丢掉卫生局长之职。是时正当甲午战争剧烈之际。

1895年以无罪雪冤后，后藤犹豫再度仕官。无论怎么说，能处理复员军人检疫大事业的人才，除后藤之外别无他人。以此之幸，后藤令其接纳自己的条件，受邀就任改制后临时陆军检疫部事务长官。在儿玉源太郎部长之下，短短三个月期间，运用当时而言可谓巨款的108万日元，完成了大任。日后，透过儿玉获得伊藤博文信任，被推荐为民政局长之机缘，即孕育于此。

台湾的占领统治对日本而言，在卫生方面首要的问题是如何防止鸦片毒害向日本蔓延。因此，直到占领台湾之前，舆论与当局的方针均以禁断为主流。然而，台湾占领军所面临的鸦片问题不仅止卫生问题，更不是如同蔓延日本内地一般“悠长”的问题。反对“割让”的台湾民主国抗日军（当初系官、民的统一战线军），以“日本要禁止鸦片！”为抗日标语之一，开始煽动寄生地主阶层为首的有产吸食者阶层参加抗日战线。本来已遭受游击队顽强抵抗，很难制压台湾的占领军当局，陷入对断禁鸦片所带来军事、政治的反弹而不得不苦思的难局。

第一代民政局长水野遵，考虑当地情势而从台湾带回的渐禁论，遭到了日本国内的舆论、议会、台湾事务局的全面反击。反击的理由当然与其说是为台湾人的卫生考虑，还不如说是恐惧蔓延到日本以及违反国法，再者对国际舆论的顾虑也是主要理由。对于尚未有结论的鸦片议论，且必须尽早做出论断的内相芳川显正而言，向刚恢复卫生局长一职的后藤征求意见，也不是没有原因的。

撰写这份意见书，是促使后藤与台湾挂钩的端绪。

意见书首先严厉驳斥了鸦片禁止反对说，力陈严禁的必要，然后以“对应时宜之禁止制度”提倡渐禁。到此为止与水野等的主张无大差别。后藤之“见识”，倒是在其渐禁的手法，以及由渐进所获得财源的运用中可看出。

禁止鸦片的自由贸易通商“归入卫生警察施行之内，在于显示政府之威信，应是第一占有地位之事”，倡导施行夹带政治效果的专卖制度。这是深知自鸦片战争以来，在清朝鸦片之祸蔓延的主要原因，系清之威信衰微而无力取缔一事的基础上所做的发言。由于专卖所获得的利益：

> 鸦片输入税据说达80万日元……以此作为政府之专卖，以禁止税之意，于此输入税额之基础上，将其价格增加为原来的三倍……对带有

政府发行折子（即后来的执照）者，给以吸烟用贩卖。如是则……国库更可以增加 160 万日元收入。

——预计可增加至 240 万日元以上。

以此费额，充当在台湾地方殖民卫生之费用时，即根据所谓生存竞争之原因，践履以毒制毒之自然定则者也。在此情况下，即可改变危害健康之祸源，而得增加国民福祉之利益。

这可说是显现了其生物学殖民地统治的一个片段。基于财源还原之运用，不用说是从德国社会政策的卫生行政中学来的。后来，后藤在台湾执行的“胡萝卜加大棒”构想之一端，在意见书的前文，即针对反对禁止说的驳斥之中也可见到。后藤说道：

如对台湾鸦片之制流于姑息时，将遗留千载之悔，故在戡定土寇之同时，与内地同样鸦片吃烟不可不严禁。即使万一多少不平之徒因之企图行暴举，则以兵力镇压之，如税关收入一般，即使出现几十万损失毫不应有反顾者。此时断然适用鸦片吃烟严禁之制为最良。然据近来渡台人之说，多以此断行策为不可，以为定人心之后再制定方法之外无他。否则兵乱连年相继，沐浴王化无期。传朝廷之说亦多倾于此。果真信乎，呜呼危矣。不得已则取第二策（渐禁策），然此际失去断然发布禁令之勇，号称待人心安定之日，胜于徒然忽视唯一之好机乎。

此气魄被与心狠手辣相连结是理所当然的，这也是第一代长官水野所欠缺之处。后世之人举出后藤系站在长期展望上订定方案，为其特点之一。然而水野虽无夸大调查研究计划那种程度的“夸口”（与其说其个人资质之欠缺，不如说水野所拥有的政治社会地位与政治力量不容许其有此举动），但对于台湾统治的长期展望，水野也是有的。

从水野即将渡台之前的5月7日，于爱知社主办的送别会上所述即可窥知。他说道：

> 今后于该地（指台湾）应做之事业，应取之方针为，输入科学、因其力而亲切诱导，徐徐以图富源之增殖……然观顷日报纸等所笔，闻政客所论，御用商人等所言，概皆非徐徐扶植其富源，却是诸如一时吸取彼地之富源之类。如所谓的制砂糖即可博大利、若生产樟脑则可获益多、应发掘矿山、输出红茶以获取遗利等等，仅是一些话柄而已，彼等生番之人种如何，是否应将之导引为文明之民，然其方法又如何。若到底无法教育，又该将其如何处置。或做地质调查，农业适合种植何种植物等，踏实立论者极为稀少，唯多投机之论，至为可叹。
>
> （《台湾赴任の辞》,《太阳》1卷7号，明治二十八年七月一日）

日本国内有关鸦片渐禁论、非禁论的犹豫，是如前所述，除考虑对吸食者阶层主流的寄生地主阶层和商人阶层的人心向背外，鸦片输入税收益也缠杂在一起，这是矢内原忠雄所说，早熟的帝国主义日本的垫脚，伸腰逞强去统治殖民地台湾的一个犹豫表现。水野所感叹的露骨掠夺性、投机性资本家的台湾倾向，也是未成熟资本主义行动的一个真实反映。

这暂且不管，后藤的意见被采用，经过阁议的决定确立了台湾的鸦片制度（次年2月15日）。接着3月22日，再度被征询有关台湾鸦片制度施行方法的具体意见并做答询。4月24日，后藤任局长之同时，为了鸦片令的调查与确立其他卫生行政，接受台湾总督府的嘱托，当了总督府卫生顾问。

顾问就任后立刻行动的实务家后藤，向桦山总督提出设立台湾卫生会议的建议书。桦山不久被更换，将就任新总督的桂太郎在同年6月1日，和以视察为目的的伊藤首相、西乡海相一起伴着后藤渡台。这是后藤第一次踏上台湾土地。

可说是爱提建议又进取的他，在视察后立即提出题为《有关台湾岛全部酒类的酿造、烟草的制造应予免税》的意见书。其宗旨为：

> 一、采取使其从“毒害最多的嗜好”鸦片，转到相比而言“毒害比较少的嗜好”政策。
>
> 二、“此免税之酒类及烟草之贩卖营业者，许可只限给予完全没有吸食鸦片之瘾者，以此营业者为工具，暗中探知走私及犯规之鸦片吸烟者。在禁止鸦片上可收事半功倍之效。”
>
> 三、“台湾产烟草叶，其品种优良，据说可充分满足各人之嗜好。（中略）今其制造倘若无税，相信这另一方面将可成为奖励其生产的有益方法”等等。

从以上简单的三个宗旨中，足以表明后藤脑筋之敏锐。所谓的嗜好转换诱导、利诱方式（这点后来被发展应用在对游击队的诱杀与各个击破政策上）、产业振兴之企图，而且此三者是被有机地连结在一起进行考虑，对此感到惊叹的应非仅止笔者一人吧。

甲午战争后，由于频频发生政变，与难以镇压的游击队，曾使舆论纷纷，连以1亿日元将台湾卖给法国的卖却论也迸出。在此状况下，第三次组阁完后的伊藤博文，也因桂陆军大臣的推荐，想使儿玉与后藤的治台搭档能实现。但是让一个卫生技官承担台湾的难局，认为有困难之点的高官也不是没有，最甚者为井上馨大藏大臣其人。井上首先兼有考验他的意图，委嘱后藤起草台湾统治急救案。

我们再稍微从渡台前的后藤，由鸦片问题到卫生行政建议，更将其范围扩大到整个行政过程，来看他是如何提出治台急救案。"台湾统治急救案"是窥知此点的方便资料，此案的基础是放在反映台湾统治的难局，应该如何图谋"开源节流"（开发财源、节约开支）、如何维系台湾民心、如何缓和外国人的抱怨与批评，以及关于政治上的人与学问（科学）应该如何有效利用等问题。

非常有趣的是，以往盛传后藤把尊重旧惯作为治台基本，其原来的提议是：

> 破坏其自治的良习，取而代之的新政不能获得效果。虽可施行文明法令，人民尚未脱离旧惯，所谓具有《水浒传》遗风要如何。面临此人民，欲施之以母国亦难行之繁杂新政，愈益过分。堡庄自治破坏之同时，堡庄自治费亦不得不以国库费用开支。其经费不堪其多，其事务不堪其繁，固是理之当然也。

不用说，尊重旧惯的另一个主要意图，在于旧秩序的急遽破坏所引起的民心叛离这点。堡庄（町村）自治的旧惯恢复即是之后《保甲条例》的发布（1898年8月31日律令第21号），在连带责任下颁布连坐制，与其说变更旧惯，不如说是透过再编强化旧保甲制度以资确保地方治安是广为周知之事，也是心狠手辣的行政表现之一。

后藤还拒绝从法学或制度上急遽地施压以及形式主义的政治。后藤说：

> 夫台湾人民为由清朝政府以化外之民长久放任，比之其文化程度，其自治之制反而有惊人之发达。即于堡庄街社等，可视之自治、自卫之旧惯者确实存在。于此等各自治团体，其方法适合今日之学理与否暂且不管。至于警察、裁判、士兵，直至收税之方法，无一不具备。此自治制之习惯正可说是台湾岛之一种民法也无不可。然而当局者不察之，仓促草率破坏此制度，漫无道理发布新法令，急于徒装外观，不深顾民性之特征，立即施以急进的文明之政，为施政方针之过失不言自明。

虽然后藤未能注意到倘若未达到一定程度的生产力阶段，是不能构筑在台湾所能看到的自治制度逻辑，对其“比之其文化程度，反而其自治之制有惊人之发达”这点不可认同，至于其他的看法都可谓明晰的见解。

后藤在“案”中，虽然使用了前面引用过的“化外之民”，以及在别处他主张官制的合理化过程中，使用过“蛮烟瘴雾之间”之类的语言，但从文章的整体脉络来看，并未把台湾看作未开化之地。

与伊泽的“壮士”之言不同，而是有如自然科学者一般的客观分析，也未见有如同口舌之辈一般，耍弄文字游戏之处。

正因有此科学精神之故，在“案”中也进行了必然会引起总督府在任者不悦的积极批判。特别是道破总督府官吏：“然而其官吏为无经验之书生、非新闻记者，则是被母国政府排斥者占多数。其如此招致土匪反抗、外国人抱怨、土人蔑视，亦系易懂之理也。”这一段，可说是栩栩如生描绘其面目。到任台湾后，以行政改革之名裁汰冗员 1800 人，整顿八成被乱发布的日本内地式法律等，大刀阔斧之作为是其很有名的事迹。

特别是用现在的话来说，如同基础设施或社会资本投资首先予以明示建设顺序之意的，是以下的“案”：

> 拓殖之要领，虽说主要应斟酌民情以定其方针不可，至于拓殖事业，则要采取最近之科学政策。即第一要以铁道、邮政、电信、汽船等为开始，讲求设置道路、治水、水道、下水道、医院及学校等方法。次之应着手改良殖产工业之税收等也。

比伊泽的赴台仅晚不到三年，却有很大的差距，此“案”系循着何种手续起草的呢？从“案”中也可见到研究英国殖民政策的痕迹，所以虽有“说大话”的绰号，却不能不说是内容极为充实的“大话”。大概也是此“大话”使井上不得不折服吧。后藤于 3 月 2 日获得民政局长的聘书，3 月 20 日开始向台湾出发。时年仅 42 岁。

舞台终于转移了。伊泽因与水野发生意见冲突，在乃木总督时的 1897 年 7 月被免职，在任期间仅短短两年。但国士伊泽为“国家教育之输出”与“皇民化教育”而奔走；作为读唇法研究者的伊泽将精力倾注于对台湾人的日语教育、日本人教员的厦门语（即所谓的“台湾话”）习得法的设计之中。此间之经过与“成果”有待伊泽修二研究家研究。

芝山岩事件真相

伊泽被免职归国后告白道，在基隆上岸之前谁也没有治台的方策。与西欧所进行的殖民地化过程——经过长期间的布教、贸易、调查活动、对当地语的学习才下手的殖民地化——相比，完全可说是“瞬间”领有，通晓台湾普通话者无一人，据说主要依靠经由北京话而进行的双重翻译。

伊泽说道，随着施政的开展而形成的台湾统治大方针，其结果是“恩威并行，即一方面以兵马之威加以征服，另一方面又布施善政以收揽民心”。此收揽民心手段是让彼此语言互通，“因此在彼此思想可相通之同时，必须令其知道我日本帝国之善政所据之处，只有以教育去开发人民的心情之外无他”。

然而，伊泽还继续指出“虽说是生番，虽说是土匪，也还是具有人心这是没错的”来论说“生番”教育之可能性。土匪虽逞凶暴，袭击办务署、警察署，但还没有过袭击学校的例子，他还同时也一起报告了台湾人对教育的热心。对在芝山岩遭游击队攻击而殉难的六人真相，也做了与以往所传不同的报告。伊泽继续说：

> 方才所说六人之死完全可说是一时的战乱之事，其时此六人也不是在自己的学校内被屠杀，而是在离开学校后前进的途中终于战死的。此

时也绝未袭击学校。我们回去看到学校依然存在，没被烧也没变化确实存在着。(《台湾协会会报》第 2 号，明治三十一年 11 月)

关于芝山岩事件，继任的总督乃木希典在写给吉田库三的书信中，向我们展示了更大的真实：

拜启：

顷接厚情之图书等相送致谢，立即配与生番童等。上次台北土匪起义之际，楫取道明君遭难之仪，一时疑惑终成事实，何其怜哀之至！恐察之台湾施政亦诚皆不痛快之事而已。人民谋反亦不无理，如乞丐得马，不能饲养、不能乘骑，终致被咬被踢，令人恼怒之结果，贻笑世间，深感惭愧。今后混乱越发相加间消磨日子，可曰意外之幸福。

右致谢

顺此顿首

1 月 30 日（明治二十九年）

希典拜

吉田贤吉　尊下

没有比木讷朴实的武人乃木之言，更能把芝山岩事件的本质，以至日本所谓领台的本质“一针见血”道破。“乞丐得马，不能饲养、不能乘骑，终致被咬被踢，令人恼怒之结果，贻笑世间”等等精彩的好比喻，不是绝妙的讽刺又是什么呢。(书信出处：尾崎秀真《台湾四十年史话(四)》,《台湾时报》昭和九年4月号。附带说明一下，楫取道明为芝山岩事件受难者之一，与吉田松阴家为亲戚关系)

作为日本的台湾“教化”标志，芝山岩被奉祀，神话就被创造出来了。此事件发生之后，对游击队的起义做了报复，与遇害日本人同样数量的台湾人在芝山岩附近被杀（这其中也包括日本方面所拥立的士林街保良局长潘光松也被拷问、凌迟至死的惨事。杨卻俗《记芝山岩事件——一桩反奴化教育史》，参照《台湾风物》第 4 卷第 5 期，1954 年 5 月 31 日）。

后藤神话解密

后藤应该说是来自“被马咬、被马踢而恼怒之结果贻笑世间”受困扰的暴发户之国——且不以乃木所比喻的乞丐来说——的所谓最后王牌陆军的头号才人，作为长州出身但也得到萨阀厚实信任的（《后藤新平子（爵）座谈会》，《文艺春秋》昭和二年 4 月号上的后藤发言）儿玉源太郎的搭档，提着“台湾统治救急案”，把伊泽所说的“恩威兼施”转换成“胡萝卜加大棒”政策，直至其 1906 年 11 月 13 日转任满铁总裁为止，实际上在台湾施行了将近十年的心狠手辣的统治。

他的施政与“成功”，已有很多日本人称赞、谈论过，在此就不赘述了。

可是这种谈法，当然并未反映出台湾民众如何被后藤的心狠手辣政治所挫败并呻吟的事实。战前因社会情势不许可的理由或许能容许，但是对在战后民主主义下“享受”研究自由的社会科学界而言，缺漏有关后藤的治台研究，并不是件太名誉的事。

有关后藤“成功”的神话现在还在继续存活着。

在后藤的“成功”之背后有“儿玉为总督，百姓苦难当；害人无米煮，父子分西东”的流行歌，普遍流传于台湾民间的史实也应记起（春晖，《儿玉总督之苛政》，见《台北文物》第8卷第4期，1960年2月15日）。歌里虽然指的是儿玉，事实上的指挥者却是后藤，这一点是众所周知的。

为了分化台湾人之抗日战线，后藤不惜施以甜头展开怀柔政策。鸦片政策即为其一环，一方面分工让儿玉发起“飨老典”（邀集耆老举办酒宴赏以果钱以表敬老之活动）、创办“扬文会”（招待士绅儒者共吟汉诗）、颁发绅章（列富农、寄生地主、商人阶层的有力者为士绅，声称为赞扬其荣誉而赐与勋章之类）令之佩戴等，虽是敌人也不得不赞其手段巧妙。另一方面，后藤亲自不客气不手软地挥起鞭子，将造反者全视为土匪加以取缔。

> 回顾起来，政府于明治三十至三十四年之间，所捕拿土匪之数为8,030人，杀戮者达3,473人之多。更于明治三十五年大讨伐中，成为俘虏经审判被判死刑者539名，附之临机处分而杀戮者数为4,043名之多。（鹤见佑辅，《后藤新平》第2卷，页149，劲草书房）

完全与“武士道”无关的，把俘虏加以审判并处以死刑，或以临机处分之名的诱杀等恶毒方法敲下其铁锤。就连硕学矢野仁一也毫不置疑地把当时的抗日游击队单纯地当作土匪，把诱杀事件看成是：

> 据说儿玉总督是这样的……在给全岛匪贼的“到何月何日洗面革心

改匪贼行业为顺民出面投诚。这是给你们的最后机会（中略）”的布告中附上“勿忘此期日”以催促投诚。然后在嘉义稍北、名为斗六之处，设一广大的归顺仪式会场，将来投诚归顺的全岛匪贼集中，以武装警察包围，一起射击将之屠杀。（见《中国人民革命史论》，页16—17）

有关在台湾的殖民地经济发展，如笔者在其他刊物所发表（《晚清期台湾的社会经济》，《日本法与亚洲》，劲草书房，1970年刊〔参见《全集》6〕）的，由刘铭传的洋务运动所象征的发展阶段，在日本占领前就有，特别是其寄生地主阶层很多，商品经济已相当程度渗透到农村。在已有走向资本主义、强烈胎动的台湾经济“台木”上，后藤在镇压游击队之后，基于科学的手法将其进行接枝结果的一个显现而已。

台湾如果真系其极力宣传的瘴疠之地、化外之地，就应该不需要儿玉与后藤给的甜头才对。因为从瘴疠之地、化外之地，理应不会产出人数如此多的士绅。关于后藤的神话不外乎后藤的孙悟空化、猿飞佐助（译注：日本漫画中的一个角色，是功夫高强的“忍者”）化。所谓后藤拥有使瘴疠万里之地、化外之民从无到有，而且是产生出大量财宝的神通力说法，只不过是后藤神话而已。

后世善意的人们说，伊泽的台湾教育成为使台湾文盲率降低的契机，并与普通教育的普及相连结。然而被剥夺了语言的民众不能因为已不是文盲而这样想吧。

想想，继台湾之后，一连串的日本帝国主义的对外扩张根源，是与在台湾的“成功”相关联的。把一时的成功错认为永远的成功，妄信可征服、驯化他民族而使其猛冲突进的吧。

在某种意义上，或可说我们台湾人先进之懦弱，对日本人给的甜头，先是不情愿，后来却高兴舔食的罪孽结果，让日本人全盘的对台湾认识，进而是对亚洲的认识产生错误，从而导致吃下两颗原子弹的后果。也可说是令日本人尝了50年相反的甜头。真是罪过之深！

在这个意义上或许可说伊泽、后藤并非其中的英雄，而是给日本人带来苦头的"罪人"也未可知。名为台湾的陷阱是很可怕的。不要再多管闲事吧，亲爱的邻人们！

补记：字下黑圆点点全为笔者所加，有关后藤新平的引用，如无特别注明，全部引自鹤见（佑辅）之《后藤新平》。

本文原刊于《朝日ジャーナル》，1972年5月12日。

细川嘉六与矢内原忠雄[1]

在此要提起的细川嘉六、矢内原忠雄，都是在战时因与中日关系相关的言论活动之故，受狂暴的日本法西斯主义毒牙咬伤的斗士，此事牢牢地铭记在我们的脑海。

不用说细川被逮捕入狱（1942 年 9 月至 1945 年 9 月），矢内原被赶出东大（1937 年 12 月至 1945 年 11 月），两人又都是日本名副其实的科学亚洲研究草创者。

细川主要在在野的大原社会问题研究所（1920 至 1936 年）与满铁调查部（嘱托），而矢内原如同众所周知的，在象牙之塔东大经济学部，两人分别拥有其研究场所。

骤然见之，两者似乎同是自“殖民地问题”进入亚洲研究领域的，然而不仅其内容极为不同，从当初他们所根据立场的基本观点

---

1 细川嘉六（1888—1962），日本社会评论家、政治学者；矢内原忠雄（1893—1961），日本经济学者、教育家。

来看，从起点开始就是背道而驰。

在中日两民族的新关系将要开始的今天，日本与亚洲关系应有的状态又开始变成热门话题的近来，思考曾是大正民主主义时代之子的细川与矢内原，背对背所描绘出的对中国、亚洲认识的轨迹是什么样的，未必是徒劳之事。

野武士与洋绅士

从许多传闻与他本人的杂文中可知，细川是粗野的野武士，在我的脑海里是具有正面意义的堂吉诃德（Don Quixote）。我与矢内原有过得以拜谒尊颜之机会，那是与细川完全不同的潇洒洋绅士，正如许多门生所说的那样，他是被当作神映入我眼里的。

细川嘉六于1888年（明治二十一年）9月27日出生于明治维新以降，三次大规模米骚动发生地富山县新川郡朝日町泊，父亲既为渔夫也是鱼贩。

细川如他自己所说，是出自劳动者的生活环境，经由故乡前辈（当时快要毕业的大学生）介绍，去当后来也是其师的小野冢喜平次（东大政治学教授并担任过二届该校校长）的书童。

后来因不习惯小野冢家的礼节规矩而离开，一边当报童一边经由锦城中学而入学于第一高等学校的英法科。有趣的是，英法科的同班同学里居然就有矢内原忠雄其人。

细川不只是苦学生，进入锦城中学之前的学历是仅读过非正规的正则预备学校（补习学校）而已。

与此相比，矢内原忠雄是在晚细川五年的1893年（明治二十六年）出生于爱媛县今治的富裕医生之家。

优秀会念书的矢内原，由其父谦一寄养于神户亲戚家，就读于誉满天下之名校神户一中。当时神户一中的校长是与内村鉴三、新渡户稻造等一同受教于札幌农学校的克拉克，和以禁欲克己教育而闻名于世的鹤崎久米一。

细川与矢内原于1910年入学于第一高等学校。细川当时年龄22岁，矢内原17岁。

靠工读出身，依赖他人的钱（加贺藩的加越能奖助学金等）上学，可以说在某种程度上尝到了生活辛酸经验的老高中生细川，与顺着秀才路线一路走来，未受过学资、生活困扰才气焕发的单纯未来精英矢内原之间，从起跑线到思考方式、行动模式都有不同之处也并不奇怪。

不曾当第一，对学资供与者也不表顾虑的野武士细川，从头到尾即和舞出长五郎（后来的东大经济学部教授）竞争首席，很早就去叩内村鉴三之门，愿做神之使徒的精神家，又以人格受同辈敬重、也是雄辩会领袖的矢内原，想来是如同水与油一般，不能兼容的。

在此可记起的是，于新渡户稻造一高校长的排斥问题发生时，两者是站在对立的两极立场。细川做弹劾演说，矢内原是作为至今犹传为美谈的留任运动领袖。据说他走在数百位同学之前头，从本乡走路把新渡户校长送到小石川的台町自宅，还在美国人的新渡户夫人面前，做了有生以来第一次的英语演说。

这个矢内原的所作所为是在装腔作势……也许是孤陋寡闻，我还没有听到过这种说法。此外，先是有末弘严太郎（后来的东大法学部教授，有名的中国农村惯行调查指导者），后又有细川发表的对新渡户稻造的弹劾演说，但我至今未听到有人对其在日本近代思想史上有何意义这一点有所言及。只听到过日俄战争后的一高风潮下，日本第一时髦——西洋的文化主义——校长新渡户代表进步的、而对其排斥弹劾是保守论调的传闻，果真只是那样吗？

正当西洋文明的停滞被开始意识到，新的“思潮”逐渐推进到远东的日本之时，在被称为保守的这一部分里，是否有对近代化被洋化所默默取代而感到不屑，立足于日本的优良传统上为民众利益的近代化、也就是说是否没有真正民族主义形成之萌芽呢？作为关心日本近代思想的一名中国人学者因为有疑念，所以请求有识者不吝赐教。总之，野武士细川与洋绅士矢内原均可说大致定型于此一时期。

人道主义者与神的使者

细川与矢内原在此之后，同时升学进入日本东京帝国大学法科大学政治学科。当时的教授之一，是刚从欧洲学成归国、初崭露头角、朝气蓬勃的吉野作造。不用说，吉野也是辛亥革命前，从日本被派遣到中国的“教习”之一，在天津的北洋法政专门学堂执教鞭之外，同时兼当时清朝第一权力者袁世凯的家庭教师，在 1906 至 1909 年间，体验到中国的新气息。在此之后，以透过欧洲留学把第一次世界大战即将发生之前的欧洲，特别是德国社会民主党等的动向传回日本，因“论民本主义之发达及于我国宪政的将来之影响”而成为大正民主主义的意见领袖。在讲坛上谈民主主义，对中国问题，则在自身体验的基础上，谈孙文思想在中国革命的意义，剖析出浑沌的中国根底本质，而披沥其见解。

矢内原虽然从吉野之处有所收获，但据说细川对吉野的讲义未得感应，而师事以往在公私两面都曾得到照顾的小野冢教授之外，也去听《周公之研究》著者林泰辅教授所讲“中国古典尚书”之课。细川日后在谈自己的回忆时，说《尚书》的学习，表示对他寻求自己的民主主义发展志向，这一点是值得注意的。《尚书》是《书经》的别名。此外与矢内原倾倒于信仰之师内村鉴三相比，细川更被日本古代法制史的宫崎道三郎教授“和平温情之人，有古武士之风格，安于贫乏，不为名利所惑，过着学究生活”的人品所吸引、所感化，这作为两者气质的写照是很有趣的。

细川于俄罗斯二月革命发生的1917年春，与矢内原一起大学毕业，因小野冢教授的缘故，与所谓“帝大银表组秀才”（译注：成绩优异者毕业时获赐银表之谓）同格，被住友银行总行采用。此“银表组秀才”很明显是对矢内原有所意识情况下的细川之言吧。因为矢内原在毕业前，曾拜访小野冢教授，表达他要“去朝鲜填平日本人与朝鲜人之间鸿沟”决心，后因考虑到对家庭应尽的义务更为重要而放弃，与细川不同的是，他经过入社考试而就职于住友总行（但在故乡附近的别子矿业所上班）。

在两人就职后没多久的同年11月，俄罗斯的十月革命发生，成立了苏维埃政府。次年1月主张民族自决原则的美国威尔逊（T. W. Wilson）总统发表十四条和平原则，同年8月于细川的故乡富山县渔津村发生的米骚动，发展成规模空前的大众运动，并拓展到全国的主要都市。

血气方刚的渔民之子细川，对盛开的民主主义论共鸣，不是以脑子而是以身体领悟俄罗斯革命的世界史意义，从以往一直被压抑的勤劳大众在米骚动中发挥出来的激烈能量之中，感知到新历史气息而向住友提出辞职，亦属理所当然之事。

细川在此之后，经由读卖新闻社而回到东大经济学部，作为助手参加了高野岩三郎主宰的月岛劳动者街的劳动者生计调查。在月岛的同一办事处里一方面和劳动者交往，另一方面受吉野作造之托，也去横须贺的劳动组合演说会进行演讲等。

此时，矢内原又在追求什么、做什么呢？依“年谱”之记载，他在别子矿业所上班之同时，住在同所的社宅，参加当地的基督教集会，在同年5月迎娶信仰上的兄长藤井武夫人乔子的妹妹爱子为妻。最能看出这时矢内原心境的，是其母校第一神户中学校校友会《会志》第39号上所登，他的《寄自新居滨》一文吧。同文先报告了长男伊作诞生之消息后，写道：

鄙人踏入所谓“世间”所感之一为在此世界形而上之问题不流行。进入社会后要再把头钻进形而上之问题属于极难之事。我感觉学生时代最应重视的在于此点，我要说的就是：“在你年轻之日记住那造物主吧！”

在这里他诉说了神的使徒与“俗世”矛盾的存在，更于末尾提到同校之前辈在采矿课勤务的鹫尾某的消息，他写道：

> 鹫尾因病休职中。诸君如游别子，请一定入矿井内看看，如入矿井内务必与矿工交谈。于地下数百尺黑暗之中，在煤油提灯旁坐下“谈有关鹫尾”之事，他们的热心一定会令诸君吃惊。挺着并不强健之身在切矿石、推矿车，组构支柱示范矿井内之劳动，以提高劳动效率。在矿井外则设塾与矿工起居与共尽其教养以应商量。人各有其天职，然小生以为鹫尾之精神伟哉。于今鹫尾养病九州岛，奉献其身而罹病，远胜于为瓦全食高薪万万，小生愿为其祈祷天帝之保佑。

中学同窗会志也是有其局限的吧。同时也可以认为因为是同窗会志，故介绍前辈的消息，赞赏其奉献精神。但是，根据后述中年以降的矢内原想法，与其说对矿工劳动之苦寄予关心，还不如说是以神之使徒的奉献精神，更使他感到美这一点是其信仰之显现，也可由此窥知其人格。

舍弃赤门（译注：东大）秀才最寻常之路，即走向官僚、财阀的管家之路，而选择火车尚未通行的乡下小镇别子就职，“然而都会与乡下亦是随各人之喜好。只是无书店与接触之人有限是为遗憾。”（《寄自新居滨》）的心情，倘若没有信仰之心、使徒的奉献精神，是难以想象的。在乡下小地方担任会计科调查员的同时，一味地迈向思索信仰之路的矢内原于1920年3月辞去住友之职，作为调任国际联盟事务局次长新渡户稻造的接任者，就任东大经济学部副教授，担当“殖民政策讲座”。

在矢内原即将回归东大之前的一个月，发生了震撼日本思想界、大学人的森户辰男笔祸事件。其结果是细川与矢内原一出一进，细川与栉田民藏等一起为了抗议官宪的镇压，而辞去东大之职，转而任职于甫创设不久的大原社会问题研究所。

在民间做研究、从言论活动以至于挺身实践的细川，与神之使徒而后走上大学学术人之途的矢内原，两人在此明确地开始背道而驰。

细川并不单纯是学究，他之所以辞去读卖新闻社（现在的读卖新闻社的前身，据说同一时期的记者有市川正一、青野季吉等，曾给人道主义者、民族主义者细川以“好的影响”〔细川自己的话〕）说起来是因为围绕着同社的转让而曾进行罢工等。再说要再度深造而回去的东大，参加了高野岩三郎为领导人的同人社——实质上后来发展成大原社研，该社研长期以同人社名义做出版事业——研究报告选择了“英国的煤矿罢工问题”。到大原社研任职之后，当初的研究题目也是前面报告的继续。研究煤矿劳动组合运动，而写成《国中之国》，又研究矿工的工资制度写成《工资制度的展开》作为该研究所的小册子丛书出版发表。另一方面，出身之血的蠢动还在持续着，他自己也亲身加入劳农党运动，跳入反对言论镇压运动之漩涡中，一而再、再而三地遭受检举之祸。

驱使细川参加实践运动的，当然不单只是出身之血的蠢动。与曾是读卖新闻社的同僚、更加倾注热情于劳动者运动的市川正一，以及进出大原社研的劳动运动、农民运动的实践家们的交友所受的影响，也是不能忽略的要素。

这暂且不谈。在劳动组合运动的研究与实践之中，细川找到、并且可说为之着迷的不是别的，正是列宁的帝国主义论。以帝国主义论为基础，他整理写成《帝国主义与无产阶级独裁》一文，与之相关的，他又将列宁的《中国战争》(《列宁全集》第 4 卷）以“支那侵略”为题翻译出来做了介绍。这是 1924 年末之事。

列宁的论文，不用说是尖锐地挖掘出 1900 年发生的中国人民反帝主义运动——义和团（拳匪）事件——的本质，激烈地数落俄罗斯、日本伊始的帝国主义列强的武力干涉。

日本初译时，细川是出于何种意图将其翻译登载的，到现在我也搞不清楚。但是如果将附在译文后面的译注与译语的表现，再把列宁对中国问题的见解与逻辑有机地结合起来思考，就可明确地看出译者是假托列宁的论文，试图批评日本帝国主义吧。细川在注里写道：

1900 年这一年，是早在 19 世纪中叶以来由于英、法的侵略政策而被唤起的支那民众的排外感情，再经 1894 至 1895 年的甲午战争，以及继之发生的以俄罗斯为急先锋的法、德、英诸国的帝国主义侵略政策所激化，这种局势最终引起拳匪事件之年。(中略）今天虽未发生拳匪事件，而发生张、吴、冯诸将军间的战争，不管怎样都是止于表面上的波澜而已。资本主义列强在支那的帝国主义的斗争，与在此斗争过程中被遂行的支那资本主义的发展相互作用的运动，是出现在表面波澜的原动力，写此文章的二十几年前与现在没有任何不同。因为对支那起伏的帝国主义争斗的各国无产阶级的立场上，也不能有所不同。不，毋宁说是此文章之所叙述，是对帝国主义的斗争无产阶级的立场一般不能不说是妥当的。

被甲午、日俄、第一次世界大战、二十一条条约等，一路在顺风里不停地持续向大陆伸张的新兴帝国主义日本，破竹之势冲昏头的日本人知识分子中，细川尽管受到列宁的影响，把义和团事件定位为反帝运动，这虽然有点含混不清，但把军阀抗争的本质也在某种程度上看破是可给予充分评价的。细川把“中国战争”看成是侵略而非战争。此外，本来应可译为掠夺政策，却用“小偷政策”这个用词进行翻译。“此小偷政策，是欧洲诸国政府长年以来对支那所行使的，今天俄罗斯君主独裁政府加入了其行列。一般所谓殖民政策就是此小偷政策”——这段译文应可说是既“巧”又“妙”。

我之所以解读细川有假托的意图，除了以上的事例以外，还因为如果把译文中的俄罗斯换成日本，完全可以适用于当时的日本帝国对中国的态度。

即使如此，同班同学细川与矢内原之缘也可算奇特吧。前者将义和团事件作为反帝运动来把握，透过翻译列宁数落帝制俄罗斯在“满洲”的暴虐之罪行的《中国战争》，从而开始进行中国研究。与之相对的矢内原，在从东大被放逐之后，受人推荐而翻译了苏格兰人传教医师克里斯蒂（Dugald Christie）所撰写的《奉天三十年》（岩波新书）。如矢内原所说的，克里斯蒂是过完了他“无私纯爱的奉献生涯”的人，同时也是对中国人充满善意之人吧。但是，这位克里斯蒂在亲眼目击俄罗斯军在“满洲”罪行的同时，却与列宁不同，对俄罗斯军没有批评的语言，对义和团的本质，也最终只能把握到以“狂暴的拳匪”来形容的地步，其眼睛如同被云雾所遮蔽。

那也是不无理由的。因为义和团当前的敌人是基督教徒，对于传教医师来讲，义和团确实只能是“拳匪”而已。

与此基督教徒在中国的所作所为有关的，列宁在前述论文中有过叙述——

> 我们的政府，还硬说没有和中国打仗。政府只是镇压叛乱，镇定暴徒，只是在帮助中国合法的政府回复法的秩序而已。（中略）那么，中国人对欧洲人的袭击，英国人、法国人、德国人、俄罗斯人、日本人，以及其他如此拼命镇压的这个暴动，是因何而起的呢？“黄色人种对白色人种之敌意”“对欧洲文化与文明的中国人憎恶”所引起的，主战论者硬是这样主张。对，正如所言，中国人的确憎恶欧洲人，但是他们到底憎恶何种欧洲人，又是为何而憎恶呢？中国人对欧洲诸国的人民——中国人与他们之间没有任何冲突——没有憎恨，而是憎恨欧洲的资本家，以及听从资本家的欧洲政府。只是为了赚钱来到中国，将其引为自豪的文明仅利用于欺骗、掠夺与暴行，为了获得贩卖麻醉人民的鸦片的权利而与中国打仗（1856 年英、法与中国的战争），伪善地以传播基督教遮掩掠夺政策的人们，对这样的人，中国人能不憎恨吗？

当时的中国大众看基督教徒，正如同列宁描写的那样。然而，不只是克里斯蒂，一部分中国的近代主义者，不管是神的使徒与否，充其量也仅把义和团看成单单是受囿于迷信的野蛮农民暴动而已。

拜倒于无产阶级使徒列宁的细川，与称赞神的使徒克里斯蒂“无私纯爱的奉献生涯”的矢内原之间，当然有相当大的距离。不是晚年，而是在研究的起跑线上所存在的这种不同，在以后的中国认识上也展现出差距来。

留学之路

把话题拉回。身材高大、皮肤白皙的矢内原副教授，在回东大“娘家”不到半年，便因“殖民政策研究”之课题而受命留学美、英、德整整两年。矢内原于1920年10月从东京出发。经由上海、苏州、新加坡、科伦坡、苏伊士运河，抵赛得港，再经马赛、巴黎、加来（Calais），渡过多佛海峡，于同年12月2日抵达伦敦。

在英国期间，矢内原主要在大英博物馆做研究，此间除撰写了题为《关于英国殖民省》的论文，寄送拓殖局调查课之外，还到北威尔士、爱尔兰、苏格兰等地访问，做研究旅行。在爱丁堡悼访亚当·史密斯（Adam Smith）的坟墓等，过着一种殖民政策研究者般的留学生活。

结束了约九个月的英国留学，矢内原9月13日转到柏林。在柏林大学除听保罗·Reusch（Paul Reusch, 1868—1956）博士讲授的“Nationalökonomie auf Marxischen Grundlage”（马克思主义的国民经济）之外，“并没有像普通的留学生那样辛辛苦苦地听德国大学的课，而是去看下层的社会，读读《圣经》或到处看画（大内兵卫）”。在此特别要记下的是，与正在德国的石川铁雄（一高时代与前田多门、鹤见佑辅等被列为新渡户稻造门下的十哲之一，由四高的德语教授再经东亚经济调查局，而就职于满铁本社调查课长一职）一起去威廉柏克普拉兹看德国革命三周年纪念日的示威运动。可想此体验是日后矢内原吐露自己读罗莎·卢森堡（L. Rosenberg）的书信时“处处不得无泪读而过之”心情一端之契机。

然后矢内原的留学之国又加上法国。从 1922 年 4 月开始，到布拉格、维也纳、罗马、开罗、耶路撒冷等地，特别是拨出长达两周时间去巴勒斯坦旅行。这虽然与信仰应有关系，但对他而言，因为他认为要深入认识民族问题上，这是必不可少的，此点值得注目。根据这次旅行所写的《关于 Zionism 犹太人之复国运动（犹太民族乡土建设运动）》，作为他订出殖民政策新基调的第一篇论文而结了果。

矢内原此后绕道美国，于翌年 1923 年 2 月初旬归国，同年 8 月 30 日升格为教授。归国不到一年的翌年 1924 年 1 月末日，出版了《殖民政策讲义案》全三册。如众所周知，《殖民与殖民政策》（1926 年 6 月）是以此三册讲义案为骨架而完成的。

《殖民与殖民政策》不仅是要知道矢内原学问所不可或缺的著作，也是成为其日后有关台湾与中国问题发言原点的书，因此有必要一提。

在这之前，再介绍一下同班同学细川留学的动静。

细川在战后曾做过如下的记述：

> 1925 年夏我去外游参观学习。在此次海外旅游中，概观了从中国开始的殖民地、半殖民地各国，也看到先进国如何掉入进化的死胡同实际情况。由此我实际体验到所谓的读书学习是不会使我受欺骗迷惑的宝贵东西。因此，在欧洲我想已无须访问学者研究家做问答与求教，所以谁都未做访问就结束了。只是一意寻求搜集的，主要是列宁在帝国主义论中所引用的书籍与资料。

或者有人会付诸一笑，以为我所附着重点标记的引用文部分，是多么笨拙的述怀啊。但是，如果不是我的误会，此部分是细川直爽的人格表现，也可说是以自己的实践与列宁的帝国主义论作为主要理论根据而达到的认识，披露其透过实地见闻而得到验证的自信。事实上，大内兵卫在追悼辞《再见细川嘉六君》时，评论大原社研初期的细川时曾追忆到，“君（细川）之政治论，特别是殖民政策论的自信是相当大的”。

继续细川留学的回顾：

在此外游中我深深感受到的是这一点：老实地透过文字研究的话，未知的外国实际情况可照样被理解；另外一点是，不论人处于任何社会，如果没有隔阂与无视他人的利欲，在中产阶级以下特别是勤劳者的社会阶层里，情意是可相通的、具有国际性的。

在这一段可充分感受到好的意义上的细川＝堂吉诃德的面目栩栩如生，因此细川受喜爱，又因此被摩登的洋绅士看作“小笨蛋”的吧。不管这些，细川在德国祭悼了罗莎·卢森堡、李布库涅菲德等殉难者的坟墓，在伦敦与汤姆·曼（Tom Mann, 1856—1941，曾领导伦敦船坞劳动者的大罢工，是片山潜知己）交谈，在过了年的1926 年 3 月，为访片山潜而赴莫斯科。他除了访问莫斯科的马克思、恩格斯研究所之外，也去跪拜长年崇拜的列宁之庙，沉浸于感激的思念之中。

细川在与片山潜会谈中受到启发归国后，开始研究以故里富山县为发生地的米骚动。先别说细川自身的研究成果，以此为契机，他花了数年时间在全国范围内搜集得到的资料，在战后，井上清教授等加以整理利用，结果完成了《米骚动的研究》五大册，这是众所周知之事。

我想细川除了在米骚动以外，特别是关于中国问题上也受片山很多启发吧。片山在细川将造访之前的1925年5月，实地视察了可说是中国大革命前哨战的五卅事件（以上海日本纺织工厂的罢工为发端的大规模反帝爱国运动），并留下如下的感想：

中国的劳动运动虽落后，但其知识阶级出身的首领全都是主义之人。都是彻底的……中国的劳动运动比之日本，有其踏实的地方。在团结力上，的确中国劳动者比日本劳动者要强。……中国劳动者是，一般人民更是，没有半点官尊民卑的感情。特别是对官宪恐惧的观念更是没有。……如果这时，他们帝国主义还冥顽不灵，违背中国四亿之民意，继续榨取的话，那么，结果中国只有仿效劳农俄罗斯之外别无他途……中国革命之势，有如不能阻挡的长江流水一样，以特别的气势持续进行着。这是我到中国后所感受到的真实感想。（片山的《中国旅行杂感》）

把细川很早就对中国革命表示关心，以及他的莫斯科访问是在五卅事件的余烬犹存之时，且在片山刚归任不久之际这些相关联起来思考的话，二人之间中国革命曾成为话题的看法是很自然的。细川的归国是在1926年4月8日，矢内原的《殖民及殖民政策》刊行两个多月前。

殖民地研究

矢内原在《殖民及殖民政策》的序文里，将其研究的意义与自己的振奋心情做了如下记述：

> 如果本书能得到与同类的书为伍的一个地位，我希望那是在殖民及殖民政策的实质研究，至少是对其努力之点上。即我是要把作为一种社会事实的殖民及殖民政策的意义、殖民对人类、特别是利害关系者的殖民国对殖民地、殖民者对原住民的影响、殖民的社会诸关系的特色搞清楚。在如此意义下的殖民研究，对殖民国国民与对殖民地人，对资本家阶级与对劳动者阶级，又对帝国主义者与对非帝国主义者，应该不带任何偏见地接近。因为基于客观分析把握事实关系，可作为所有实际政策的基础。

以列宁的帝国主义论为主要根据的细川，认为矢内原的壮志凌云，在日本的殖民政策学者未曾顾及的列宁、罗莎·卢森堡等的著作方面，矢内原也给予不少注意，因此认为这位教授系日本殖民政策学者中之一异才。但是，批评矢内原的立论，认为其基本上与其他的学者没有什么不同的地方。

细川的矢内原批评留待后面再提，从当时台湾的地主阶级等来看，以矢内原是东京帝国大学担任“殖民政策讲座”教授来看，是具有特色意图与问题意识的人物。事实上，矢内原也确实对以往传统的殖民政策论——大部分是拥护现实的殖民地统治，以“学问”上的根据为殖民地体制的强化做贡献——有独特的严厉批评。至少他对在殖民地体制中受苦的被统治者人权附加部分的保留，这点是留下问题的，但对他欲以与其信仰之心相结合的形式，来对其进行认可这一点上，则受到热烈欢迎。

特别是在该书最后一章《殖民政策的理想》中有：

> 受虐待者的解放，沉沦者的提升，然后是自主独立者的和平结合，是人类在过去希望、现在希望、将来也希望的吧，希望！然后是信仰！我相信，和平的保障存在于"坚强的神之子不朽的爱"之中。

强有力记述的结语，是信仰者矢内原信仰的告白，与精神主义者矢内原理念的提示，是通血脉温暖的，足以打动被殖民者的上层、知识分子，特别是基督徒的心。这一点是值得记忆的。对于早就表明"把学问看成是人生的一部分，人生一切都是建立在对神的信仰之上"（1925 年 3 月《学问与信仰》）的矢内原来说，是极为自然的表现。然而这些理念的开陈，对于濒临深渊的多数台湾人上层资产阶级是如同一线救生索，吸引了他们的心（朝鲜的情况也差不多吧）。因此之故，带有实地验证在本书所展开立论之一个侧面、为了执笔《日本帝国主义下之台湾》而做的现地调查、搜集资料时，获得台湾文化协会的中道左派以至右派人士的积极支持。

但是，此矢内原的信仰告白、理念的提示自身，并不能成为震撼殖民地体制现状，以及转化成打破这种现状的思想力量这点，台湾人中的急进主义者也看穿了。虽然晚了些，但将之明记于此。

本来，被殖民统治者是绝对不能容许殖民地体制的。所以，矢内原在《殖民地价值》一章展开的"殖民不只增加地球对人口之支持率，又使人类经济生活之内容丰富。即殖民是扩大人类能利用的天然资源、地域，增大劳动及资本的生产力，使国际的分工发达，以之使人类的经济在其生产及消费的种类，以及数量上复杂化进步”之论，或者将殖民的利益分成影响到一般的人类、影响到相关殖民国的，以及影响到殖民地原住民的等加以区别议论的逻辑，是无论如何也不能被接受。然而可以分到殖民地统治利润一杯羹的买办资本家或买办地主阶层，则在此议论范围之外。特别是买办阶级发现，作为增大自己权利与增大殖民地利润可分得部分的理论根据，矢内原理论有利用的可能，自己也作为担任矢内原神格化的抬轿者而出现的事例，台湾也存在过。

想来作为“殖民地价值”理论展开的前提，不外是对万民的和平共存因“坚强的神之子不朽的爱”而有可能得到保障的坚定信心吧！

前面提到的矢内原的最后一章《殖民政策的理想》中“希望！然后是信仰！我相信，和平的保障存在于‘坚强的神之子不朽的爱’之中”的讲法，唯物论者细川在明显是以批判矢内原为主要目的而写成的《现代殖民运动中阶级利害的对立》最初登载于《大原社会问题研究所杂志》第 5 卷第 1 号，后来改题为《殖民政策批判》刊行于 1927 年 5 月）之中，猛烈地嘲讽其是“从科学世界升天到空空漠漠的神的世界”。

细川在同一论文中，将所谓的殖民政策学定义为“替资本家阶级做钻研集中资本所必要的海外发展利与害的科学”。而带着此“从事所谓殖民政策学研究的代言人，没有一个不主张殖民是为了一国全体民众的生活。然而真正科学的现代殖民分析，果真对此所谓社会的共同利害会给予首肯吗？”的疑念，将矢内原给“殖民”的本质所下的定义作为问题提出。

矢内原对研究对象之“殖民”本质做了如下的定义：

殖民是一种社会现象。因此要研究殖民的本质就应搞清楚那是具有何种特色的社会现象。然而一社会现象本质的研究，与其将之制约于形式条件之下，我想不如探讨附着于此现象本身实质的特殊性为正当的态度。但是，人类社会是由种族、民族、国民等社会群或是社会集团的交错并列所形成。各社会群虽然各自占居于一定的区域，但不必受此束缚，依其必要而做地域性的移动。其新的居住地域有无住地，或已有其他社会群占据的地域。总之，由于供给新的、自然的社会环境而移住的社会群集团生活便会产生特殊的情形。我把这种社会群移住于新地域从事社会经济活动的现象解释为殖民。在此可看到殖民的社会现象特殊的、本质的东西。

细川对此提出强烈的批判：

矢内原教授好像主张，作为殖民的本质，如果没有母国民转住于新的国外地域的事实就没有殖民的样子。科学研究的价值是关乎于其研究是否正当地说明事实。果如上所述，那么该教授的主张就最近的历史事实来看，特别是19世纪70年代至20世纪初，强弱各国不惜战争，骤然大体上把美洲、波里尼西亚分割殆尽的分割史，而且在继此分割而来的各强国在资本主义开发中国家斗争史——其结果导致了1914年的世界大战斗争史——的说明又具有多少价值呢？依我所见，现代的事实一看似乎是该教授主张似的，以母国民转住为基础条件的殖民说，夺去了科学的价值。

细川要说的是，矢内原批评以往有关殖民定义的形式说而建立实质说，却未能贯彻，甚至还指责其“与其说不能彻底否定在殖民上的阶级利害的对立，毋宁说结果是与其他的殖民政策学者同样是止于资本家的阶级利害的代言人地位。”

详细检讨细川的矢内原批判有其相应的意义，希望他日有此机会，现在还是赶紧往下说吧。

正如到此为止所论述的，两者都是从正面研究殖民地问题。但是，细川是从殖民地解放运动开始着手，而矢内原是从独自的殖民政策论开始研究，在其关联之下也把帝国主义论作为问题提出。与前者把列宁的帝国主义论进行全面掌握，作为立论的根据相比，后者则是不只利用列宁，也零零散散地把罗莎·卢森堡、马克思（Karl Marx）等的见解加以利用作为分析的手段，活用于建构自己的理论。两人更以这些为基础做有关中国问题的发言。

中国问题研究

细川不是透过翻译而是以自己的手写成有关中国关系的论文，《支那革命与世界的明日》大概就是第一次的吧。这篇论文是细川于1927年之秋，与来到大阪工作的尾崎秀实等同好，商量在大原社研内开办的中国革命研究会的成果，1928年3月由同人社刊行。

该研究会因尾崎的上海赴任与1928年春的三一五事件的发生

而自然消失。

细川这篇论文，与伊藤武雄的《支那无产阶级政党》（收录于社会思想丛书第 1 卷《各国无产阶级政党史》，同人社版，1928 年）并列，被记录为最早介绍中国共产党到日本的论文。正如细川自己所讲，自身的精心著作有负于伊藤著《现代支那社会研究》（1927 年 3 月）很多，但是细川以往所受的列宁研究与片山潜的影响，和尾崎秀实等的讨论成果都被编织进去，这是不难想象的。该论文发表之后紧接着便被翻译成中文，由《朝日新闻》上海支局的尾崎寄来。

细川在此论文中以：

> 我（细川）在此当作问题的是，支那现代革命到底仅止于资本阶级民主主义革命，或者换言之共产派运动是应先混入资产阶级民主主义革命，待资产阶级民主主义革命成功以后再达成其目的与否。

上述问题设定作为开始，从中国社会经济关系的分析而就“支那的资产阶级民主主义革命在其进行过程中，应扬弃其自身而跃进为共产革命”这点做了实证的论证。

在“支那通”所带来的“支那混迷论”蔓延、大革命失败后的挫折感与法西斯镇压下，东跑西窜的左翼知识分子弥漫的 1928 年状况下，有细川论文的发表是可以受肯定的。

细川在此后的 1932 年，以尾崎的《大阪朝日新闻》归任与水野成（在上海因反战运动而被强制送返，后因佐尔格〔Richard Sorge〕苏联间谍事件受牵连，于 1945 年 3 月狱死仙台）在大原社研就任细川助手为契机，再度开始中国革命研究。

在这期间，1933 年 3 月因受共产党支持者事件的连坐（拘禁半年后被保释，于翌年受到禁锢两年、缓刑四年的判决），在判决后约两年时间里，隐身于米骚动研究，之后于 1935 年又重出展开其论阵。

其一连串的成果被集结在《亚洲民族政策论》，于 1940 年由东洋经济新报社刊行。其表现虽改口成奴隶的语言，但细川始终一贯不改变其从无产阶级的立场出发主张民族自决。特别是 1942 年 7 月寄稿于《大陆新报》（详见吴浊流著《黎明前的台湾》，社会思想社版）的《日支和平的根本之道》，在重庆、延安都被提出来报道，是值得记录的。

细川在佐尔格事件中虽免于被检举，但 1942 年 9 月，因作为《改造》卷首论文的《世界史的动向与日本》（同年 8 至 9 月号）触到军部的忌讳而被逮捕。此笔祸事件后来又被扩大为泊事件或横滨事件是众所周知的。

矢内原有关中国的发言，在一高生时代写有《一高健儿的满洲观》《满洲之旅》等，在此就不提了。又论述殖民地台湾的《日本帝国主义下之台湾》以名著著称，但并不是所有台湾人都做如是想，特明记于此。

的确《日本帝国主义下之台湾》出版后不久的 1931 年 10 月，由上海神州国光社（十九路军陈铭枢后援的出版社，社会民主主义者王礼锡为总编辑）出版了中文译本（译者杨开渠）。又战后的台湾，有由其信仰上的门徒陈茂源与曾留学过同文书院、京都大学的周宪文（1930年代担任中华书局《新中华》编辑，战后来台后曾任〔台湾省立〕法商学院＝旧台北高商院长，后出任台湾银行经济研究室主任）翻译的两种中译本出版。然而，翻译本的存在，并不意味着中国人（包含台湾人在内）全体无条件地接受该书的观点，这是当然的常识吧。特别是神州国光社版本是出于以1930年发生的抗日运动・雾社事件为契机的认识“台湾问题”启蒙的必要，以及张作霖被炸死事件以来，紧迫的“满洲”被侵略危机状况下，作为暴露日本帝国主义“真面目”的手段，假托日本人，尤其是有“权威”的东京帝国大学教授著作出版刊行，其意义是不能忽略的。日本与台湾的矢内原信仰者，以该译本的存在为理由，把矢内原“神格”化的风潮还很盛行的此时，特别在此做以上发言。

然而，话虽如此，在疯狂的法西斯威胁下，左翼知识分子如雪崩般倒塌的严峻状况下，矢内原站在信仰的基础上，刻意尝试着将其学问进行有良心的发言态度，是我们所敬畏之处。看出继“满洲事变”“满洲国”之后的局势，是拥护日本帝国主义在“满洲”的特殊权益政策之外无他，此行径结果妨碍中国统一的话，他认为“日支冲突”是无可避免的。他更叙述自己反战和平的逻辑，并且强烈主张：

> 日本对支政策的根底应存在于促成支那的近代统一国家化不可。没有支那的统一即没有日本的繁荣，有支那的排日即无日本的幸福。唯有亲邻才是真正合理的、具有永久意义的对支政策。（见《满洲问题》，1934年刊）

至今其真理之光还未消灭，是有识者所认同的。

作为上述逻辑的归结，矢内原在其著名论文《支那问题之所在》（1937 年 2 月）中说道：

> 支那问题（中略）其中心点是认识作为民族国家正在统一建设途上迈进的支那。只有符合此认识的对支政策才是科学、正确的，在结果上能获得成功的实际政策亦舍此无他。只有基于此认识肯定支那民族国家的统一并提供援助的政策，才能帮助支那，帮助日本，帮助东洋的和平。如违背此科学的认识，强行独断的政策，其灾祸将远及于后代，使支那受苦，使日本的国民受苦，使东洋的和平受苦。我国的对支政策应复归如上，基于科学认识的正常之道。日、支国交调整的一大铁则即此，又，除此之外不得有他。

从而对中日关系敲响了警钟。时值“七七事变”将发生之前，紧张度更加高升的时期。不待说，“清国奴观”“无民族、国家意识的支那人”“无可救药的劣等民族支那人观”横行，在冀望“满洲建国”风潮澎湃的日本，矢内原的正论具有动人的力量，在 1960 年代的状况下——看看越战吧——犹强有力地逼近我们。

然而，自《殖民与殖民政策》以来所持续抱持认识的局限，又全部遗留到《支那问题之所在》，因此也带来把中国统一运动的承担者，错误地归咎于南京政府＝浙江财阀的结果。

造成对中国新兴资产阶级过高评价之因，除上述的逻辑缺陷以外，《日本帝国主义下之台湾》逻辑的展开——极少触及殖民地化以前的台湾社会经济结构，而立即以殖民地化＝资本主义化来掌握——等，或者也可以认为与台湾出身的资产阶级，特别是蔡培火、林献堂、杨肇嘉等人的亲密交往体验，曾多多少少对他产生一定的影响。还有，据说矢内原战后曾对其亲信讲，对有关在《支那问题之所在》中，对于自己导致对资产阶级过高评价的方法论不能不重新再做思考（参照《朝日ジャーナル》，1970年12月6日号《从矢内原到茅〔译注：继矢内原之后当东大校长的茅诚司〕》、藤田若雄的发言）。

矢内原是神的使徒，除了基于信仰的基督教运动之外，与政治性的实践运动完全没有瓜葛。对那样的他比较宽大（？）的法西斯主义，也于“七七事变”后终于盯上他的论文《国家的理想》《神之国》（1937年9月与10月），把矢内原从东大赶了出去。

战后的细川，出狱之后立即加入共产党，1947年当选为参议院议员，1950年再当选（日本共产党国会议员团长），1951年9月因散布反占领文书“马克书信”而被迫放弃政治活动，之后除了主宰亚洲问题研究所之外，也致力于促进中日友好运动。

1958年3月，在以长崎发生国旗事件（于长崎的中国展览会场发生的暴徒对中国国旗的侮辱事件，因日本政府的处理不当而发展成中日关系全面中断的局面）为契机的贸易中断事态之际，与伊藤武雄等发表了“反省声明”。后于1962年12月2日因脑出血并发急性肺炎而辞世，享年74岁。

免于狱囚之祸的矢内原，于战后不久便复归东大，在败战后的混乱期，对东大民主化重建运动发挥了一定的作用。

与细川同样，世间不容许矢内原有待在书斋的充裕时间，但他自己担任的讲座，改组为国际经济论——开发中国家问题，让弟子杨井克己继承，又传给川田侃，但因1972年川田氏转职上智大学，在形式上矢内原强烈的气味，已从东大经济学部的讲座中消失了。

年龄比细川年轻五岁的矢内原，却比细川早一年于1961年12月25日因胃癌辞世。偶然之一致也令人感到奇异，细川因脑溢血而病倒，其实是在矢内原辞世后第二天发生之事。

不和的同班同学、专攻相同学科却常以背相向的竞争者，之后又同受祸于法西斯主义，坚持己见终不变节，奋斗到底的勇士二人，现在到了传说是平等的彼世，或许正携手对着我们苦笑呢。“所谓的人啊，所谓的知识分子啊，毕竟，没什么大不了的。在重蹈我们论争的覆辙而并未察觉，至今还不厌其烦地围绕着中日应有的关系啊、开发中国家的开发问题啊、有关开发中国家‘自助’或‘援助’的问题啊等在相互争论。真没办法。”……啊啊！感到惭愧的难道就只有我一人吗？

补记：资料参用《细川嘉六著作集》（理论社）、《矢内原忠雄全集》（岩波书店）等。

本文原刊于《朝日ジャーナル》，1972年12月15日。

辑四

台湾支配与少数民族

一对门扉的往事

送往“故国”的门扉

震灾纪念日（9 月 1 日）的这天，我为了往访一直让我挂意的一对门扉，而赴靖国神社。

穿过两座大鸟居，再经过用台湾桧木做成的神门到达宝物遗品馆。

> 这一对门扉是率领近卫师团征讨台湾的北白川宫能久亲王于明治二十八年（1895）7 月 30 日，于台北西南方约四十公里之中坜所在的妈祖庙仁海宫扎营之际，用来当床以便其病体横卧一夜的。于昭和三十六年春，为搜查搜集亲王有关物品之奉还而渡台之末延渡、早田繁一两氏之热诚努力与当地陈长顺、吴鸿麟、刘家兴、陈贵邦等的热心协力下于 3 月 30 日平安带回故国，交给北白川家，再由北白川家奉献至本神社。（字下黑点系引用者所加）

我目的的门扉附有以上的说明文，与妈祖庙仁海宫的近照竖立在通往宝物遗品馆楼梯的平台上。

与我同行的T记者边读说明边说：“嘿……居然做到这样……”一副惊愕之状观览着。

现在有一事还清楚地留在我的记忆中。大约十年前的某一日，与笔者同是中坜出身、共同拥有每当仁海宫庙会搭戏棚要演戏（三国演义等）时便会心跳期待的少年时代朋友H君，急急忙忙地赶到敝宅。

他说着：“真不可思议……”而悲愤慷慨得接不下去。

喝了水、把呼吸调整好之后，他接着说了因打工之故带欧洲学者去参观而发现一对门扉的经过。我们故乡的权势者真是岂有此理，把可说是自己守护神的妈祖庙门扉，以“热心协力”送去“故国”“征讨台湾的北白川宫能久亲王”家，这像什么话，他激动地说。

H君知道其中协助者之一是我的亲戚之后，稍微客气地继续说道：“做日本的买办，而在八一五之后又一转成为国民党的御用绅士，现在又再去对有钱的日本人献媚吗？”

我感到惭愧，但因未确认，而只能叹气，无言以对。当时情景至今仍历历在目。

在“大东亚战争”中，叔父被征用为海军军医，外甥当军属，均不幸逝于南方作战中，但不知何故我对靖国神社没有关心，即使走过九段大街也从不踏进神社境内。

给我制造了居留日本第21年初，访靖国神社宝物遗品馆——

戴国煇摄于日本靖国神社“宝物遗品馆”，来自台湾中坜仁海宫妈祖庙的“一对门扉”前，1976 年 9 月（林彩美提供）

不是参拜——这个契机的非他，而是铃木明的《献给高砂族》（中央公论社，1976 年 8 月刊）。

铃木氏不待说是写《“南京大屠杀”的幻影》《谁也未写过的台湾》《听过莉莉·玛莲吗》等抛出话题的随笔家，也是以美文著名的采访记者。

我是铃木氏一系列著作的购买者，但不是读者。阅读《献给高砂族》是因为我恰好在编纂《雾社事件研究》（译注：后定名为《台湾雾社蜂起事件——研究与资料》，1981 年 6 月 30 日，社会思想社出版）中，觉得有一读的必要。

为什么要“献给”高砂族？

看到《献给高砂族》的书名会联想到什么？我问了几位年轻的日本人朋友。半数的人会反问“高砂族”指的是谁，剩下的友人在回答因为中村辉夫的生还事件后才开始知道“高砂族”存在的同时，又以诧异的表情问道，为什么要“献给”呢？

正如著者所说的，本书是因受中村辉夫生还事件的冲击，又偶然在台湾人的熟人家发现杉崎英信的《高砂义勇队》，受其触发而写成的采访报道。

就因为是透过涉猎文献以及用脚赚来的采访，因而具有扣人心弦的感染力。

先有最古老的吴凤传说，再有令旧台湾关系者或是老男孩们心潮起伏的甲子园嘉义农林英雄们佳话，以及在台湾风靡一时的李香兰（山口淑子）主演的电影《莎韵之钟》的故事。再就是将有关记述高砂义勇队形成过程，与生存者的访谈巧妙地编织在一起的写法，令人产生仿佛是在读“高砂族古今物语”一般的感受。

如限定在其华丽的词藻与巧妙的行文来说，本书作为消遣性读物确实是成功的。

然而，著者所谓的“作为生活在昭和五十一年的日本人之一，如要对他们说一句，又该说什么呢？那‘一句’怎么也写不出来……”的不安，对于我这个有“高砂族”朋友，有山地生活的体验，而现在把他们的历史当作研究对象之一的人而言，反而变成“不满”而向我逼近。

如果说只是采访所以著者的民族历史立场不必要的话，那就无话可说，但是著者所说的“一句”究竟是什么使我挂心。

著者自己明明知道“人要发言的时候，一定有其相应的背景”，然而在别的地方又写道“我不善于分析社会与心理”来逃避，其不知是如何设想的。

如果把采访报道当成是本来的“把社会的现实，不加报告者的作为，据实叙述的东西”解释的话，铃木的报道在某种意义上是晚生的报道同时，在别的意义上也可说是早产的纪录作品。

八一五之后“高砂族”所受的文化冲击与成功的经济高度成

长的“旧主人”日本之华丽姿态，更有一夜之间变成有钱人的“中村辉夫”故事等复杂地交织在一起，“所谓的‘日本’对‘高砂族’究竟做了什么”（著者采访的基础）的提问，是不是早已拿不出本来意义上的“回答”了呢？在此意义上我要说这是晚生的报道。

因继续当山地的囚人而无止境地承受文化冲击的波涛，因此他们处于不容易抓住从正面对自己深深的伤痕做检讨的内在契机窘境。早产就是在这个意思上讲的。

话虽然这么说，在此入山不容易的现况下，因受到特别待遇而变成可能的本书实可说难能可贵（译注：照惯例，进入高山族居住区域必须有许可证，该时期正值“戒严”时期，限制格外严格）。

要“献给”的是谁的伤口？

冥想片刻之后，在我脑海里浮现的是儿时在野地或河边一起游玩的水牛，用它长长的舌头舔着前脚的伤口而做出诧异的可爱表情姿态。

虽然把未曾面识的铃木氏比喻为水牛甚感失礼，虽感疼痛，但作为连到底是谁的伤口也未确切明示的书，这是在所献给的人们身边度过少年时代的一个读者坦率的读后感，敬请谅解。

我又沉浸于胡思乱想之中。水牛或许不仅仅是铃木氏这样的日本人吧，在战后 30 年的岁月里连舔伤口的气力也丧失，一直当着可说是山地“宿命”生活场所的囚人，无论如何不能由内面抓住对伤痕检讨的契机而任时间流逝，我的邻人“高山族”或许也是水牛。

他们对铃木氏"'日本'对'高砂族'做了什么"为基础的各种质询做出以下的回答：

（高砂族义勇队）不是被抓去的，是自己去的。因为是照自己的意志去的，所以不想埋怨谁。

（头目的话）他们不是被日本人拉去的。我作为领导者，说，去吧！大家就勇敢地去了。然而，没有人能回来。

战争真是苦极了，但我自己也没有特别埋怨日本。我们的确挨打，也曾遭遇痛苦，但是日本兵也同样，不只是我们受苦。日本军队只让我们去困苦的战场是绝对没有的事。日本兵到最后都是公平的，我们死的时候，日本兵也一起死。

总之，雾社事件也好，义勇队也好，都是往事了。

翻开战史，先前一对门扉的出处中坜一带，曾是让近卫师团尝到客家游击队带来苦头的地方。

协助门扉回归"故国"的客家出身的陈某某等，也会若无其事地说："日本侵台军的杀戮及抗日游击队的检举，都已成为往事了"吧。

热心协助的协力者

将北白川宫能久亲王用来当床的门扉由来说明做了笔记之后，为了搜集更为详细的资料，我便走进靖国神社的宝物遗品馆事务所。

我表明身份，并告知门扉送回的协力者中有我的亲戚一事，该馆的铃木部长便亲切地接待我，铃木先生又告诉我，如果给北白川家的太太打电话告知此事，她一定会很高兴的。内心感到疼痛而困惑的我只能回答道：“哦，是吗？”

自问我的亲戚、也是我父兄知己的协力者们，真的是站在自己的立场进行深思熟虑“征讨台湾的北白川宫”的床所拥有的历史意义之后，对其回归“故国”给予“热心协力”的吗？我至今还在辗转揣摩。

庙在改修之前，对那古旧的一对门扉，是日本人，而且听说是与有身份地位、被称为宫家的皇族相关人士想要的，所以也可能是极为单纯地未加思索就给了。

给得到门扉而欣喜的日本人寄上妈祖庙仁海宫的近影，也是居于好客的中国庶民属性，可谓只是常见行为的一个表现，做如此善意的解释，当时情形也可能是这样。

协力者们至今恐怕也没有机会阅读前文所录的“说明”，而且做梦也不会想到年轻的同乡人 H 君会对此感到愤慨等。

我在这里丝毫没有要为协力者辩护之意。如果把门扉当成只是在板上漆上油漆而已的东西来看，将几近废弃之物让渡给从远方来的客人，不过是芝麻小事而已。

但问题是在受让渡之方，去观览的日本人一方的感受里，有并不单单是接受让渡之“物”就结束的意义存在，对此我感到无限的“恐惧”。

被侵犯者的儿子，年轻的也只能算是孙子辈的世代，对侵犯者的师团长在侵略过程中任意地把我们“守护神”的门扉拆下来当床用，“热心协力”将其送至——绝非送还——故国，门扉是彻头彻尾台湾的、我们村镇的东西。所以，对“台湾征讨”和台湾的殖民地化，台湾人没有怨言地接受了，甚至让日本人觉得自己在台湾行了善政也说不定。

铃木部长“北白川家的太太一定会很高兴”的善意说词，与铃木明的《献给高砂族》中的舔伤口之举，却对于伤口产生的结构极少切入解剖，结果是把殖民地统治关系、侵犯者与被侵犯者之间的民族间的历史关系以“少数民族与文明冲突的潮流”的问题取代，无止境地把问题冲进潮流中的笔法，也可说是善意的日本人一种“腼腆”的表现。

如果不坚持民族所据而立的历史立场看，那些表现，也可解释为把过去放诸流水，“恩仇置之彼方”以追求新生活的日本独特美学意识之表现。

但是日本与亚洲的恩仇之伤口还滴着血未愈合，一起走向“彼方”还需要很长时间的冲刷，而今后日本所走的方向也可决定其可否。

亚洲这边的有心人，知道伙伴中的“民草”有民族的历史立场不明确，而以“献给”之书去求自慰之人的存在感到痛心，但以“献给”之书去寻求自救之道的，恐怕没有吧。

可是为了日本人的名誉，在此必须提到，虽然只是少数，但也有对自己所属民族的战争责任从其根源上去究明的慈善家存在。

这个国家的所有人，应该在自己的责任之下，作为“人”应专心致志的战后处理的课题，被GNP遮住仿佛如幻影般地消失了似的。

我，讨厌日本这个国家与日本人这个人种。曾经在战时，我属于大学剑道部的正式成员，而没有将预备军学生及特别甲种干部候补生当作志愿，因此有好几个人骂我“国贼”。又因无足轻重的小事逮捕我的特务警察，给我贴上“非国民”的标签。然而仔细想想，我的确是非日本人的日本人吧。我所看到的日本与日本人，在战中与战后完全没有改变。……这个国家的战后太过于不负责任，太过于不检点。……说不定那十五年战争其实是百年战争，只是指导者换了，形式变了，现在还在继续也说不定。……不是说这个国家对亚洲诸国的经济侵略还在继续，所以战争还在继续；而是国家权力的本质未变革，这个国家的人们的意识也些许未改变之故，所以我认为战争是在继续进行着。

曾经出版了《战争文学通信》（风媒社），如前所述一般强烈地追究自己的责任，不仅对伙伴的文学者、指导者、知识分子，更是对一直容许侵略实情，或者现在还在容许的民众与诸状况，做无忌惮的批判与谴责的高崎隆治，即为其中一人。

他最近还将他长年搜集与保存的极秘资料以《十五年战争极秘数据集第一集》（龙溪书舍刊）出版。

该书第一集所收的（I）陆军省兵备课“伴随大东亚战争我人的国力之检讨”与（II）大本营陆军部研究班“由海外的邦人（译注：日本人）之言动所观国民教育资料（案）”，可说是写了“大东亚战争”时期军方当局的真心话之书。

依照（I）军方当局在很早的时候，昭和十七年1月20日即已断言：“由兵力保持之困难与随此（日本）民族所必须付出牺牲等作考察时，用外地民族做兵力现已非议论之时而是燃眉之急务也。”

铃木明写明第一回义勇队是在昭和十七年 2 月被动员，并下评断“可以说是军部一时想起的”。但从前面的极秘资料来看，军方当局岂是一时随便之想，而是在加以极为科学的统计处理之后，企图活用外地民族才是史实。

“高砂族”与至今还不知骨头被埋在何处的我的叔父与外甥同样，绝不是志愿，而是被强迫志愿的。

我虽不想对人的“过去”问罪，但我憎恨侵略战争的机制，我怜悯建构此机制，在操作的过程中自己也变成囚人而无自觉的人们，给予怜悯的难道只有我一人吗？

本文原刊于《东京新闻》夕刊，1976 年 9 月 16、17 日，后改稿并刊载于《信浓每日》，1976 年 9 月 20 日。原题《鈴木明著：高砂族に捧げる——不鮮明な歴史的立場——貴重な記録ではあるが》。

廖惟诚致戴国煇函

戴教授大鉴：

经常于报章上拜读教授的文章，觉得在日本的台湾人士中，教授对一些问题的看法，比较切乎实际，今日又见《东京新闻》夕刊大作有关铃木明近著《献给高砂族》之谠论，深有同感，特送上家父生前写下日本时代受教育的片段回想，以供教授参考。

台湾人的感情是复杂的：有回味日据时代治安良好、人性忠厚，不见得倾日，却也以曾受日本教育有“日本仔精神”而自豪的是一派。有经历过“二二八”对国民政府的憎恨，尤甚于“日制”的“台湾独立派”，林景明是一个很典型的代表，（他的书以写台湾人反抗日本人统治的历史为起始，在后篇“大村收容所”里却充分显示他的感情是日本人的感情）。

另外像家父，受日本教育、吃日本头路、做日本生意，但年轻时却以“被异民族统治而感到痛苦”“仰慕北京的风景、思念江南之春”大概也算一派，我看这一派是很稀有的。还有现在年轻的一辈如我，完全在“国民政府”的教育下长大，也许如以我至初中为止的生活经验而言，我这一辈的“本省人”不少由于家长，或日本歌、日本电影等的影响，对日本是相当崇拜、向往的，甚至土流氓都津津乐道于小林旭、石原裕次郎的“兄贵派头”。说个笑话，连“角头”厮杀拿的都是日本武士刀，但基本上现在都认为是中国人了。如此简单的一分台湾人的感情都如此复杂，无怪不少人自叹，台湾人命苦，是“童养媳”，从某个角度来看也许不错，你说哪一个错、哪一个对，依我看统统没错，这是近百年来，受尽屈辱的中国悲剧的产物，时间将会治愈一切吧！

素昧平生写这么一封信，只是拜读大作后有感而发，望勿见怪。

敬祝

安好

廖惟诚敬上　九、十六

本文为读者来函，系读戴国煇《一对门扉的往事》之感想，内容并涉及对日据时期之观感等。特收录于此，以供参照。

从原日军补助兵中村辉夫的生还谈起

战争与殖民地统治还未终了
——“中村辉夫”先生的悲剧

暌违三十一年，从印度尼西亚的摩洛泰岛（Morotai）被救出的原日军补助兵中村辉夫先生，在 1975 年 1 月 8 日傍晚，空路抵达中国台湾省台北松山机场，翌日上午再搭飞机，终于降落在日夜思念的出生地台东县的乡土上。

终于，他要从原日军补助兵的中村辉夫，返回到台湾少数民族之一阿美人的一员，更以构成中国民族的一员开始复归社会。

所以目前的他可说处于面对要回到本来的史尼育唔（Suni-on，阿美本名），与作为李光辉（1946 年，在他不在时，因日本的败战与台湾回归祖国，家族及其关系者代之申报给当局的中文户籍名）的新生活让自己顺应的状况。

他所拥有的三个名字，本名的史尼育唔，以“高砂族陆军特别

中村辉夫（右一）于 1975 年 1 月 8 日傍晚飞抵台北松山机场，与妻子李兰英（中）、儿子李弘（左一）相见

志愿兵”被无可置否地征召去当炮灰之前，由当局强加、可说是“皇民”名字的中村辉夫，他在热带密林过着逃亡生活中，未受商量而新取的中国名李光辉——真是象征性地显示了包含他在内的台湾少数民族，向来被迫所走（绝不是依自己的意志）的命运轨迹。

殖民地统治与侵略战争最底层的牺牲者身影，在昭和五十年——正可预期是战后日本一大转换期的这年鲜明地浮上水面，两者间是否有什么因缘？

有心的日本人早以中村辉夫的生还事件为契机，把帝国日本曾经在台湾干过什么，作为自己的问题准备开始质询。笔者不仅期待其成果，并希望乘此机会，日本的友人们从自己意识的内部去推倒帝国日本在台湾施行善政的种种神话。在殖民地体制下的善政毕竟只是殖民者一方的幻想而已，敬请好好确认。

把中村辉夫先生仅以“战争”，又以“在无情的国际政治下，无计可施被冲着走的少数民族的身影，冲破三十余年的历史之壁，鲜明地浮出”（《朝日新闻》，1974 年 12 月 30 日）等的说词，好像说成与日本人无关、仅止于美丽辞句而使问题“风化”掉的报道，我以为是毫无结果。这看法是冒昧吗?

不必我来指出，夺去中村先生宝贵青春的战争，并不是抽象地作为一般名词的战争，他被送上战场的经过在严密的意义上与日本人有根本上的不同。又他被迫在热带密林中无可奈何所过 30 余年的逃亡生活是昭和五十年的一部分，其意义是重大的。

中村先生因有内、外舆论的“日本当局的处理太过于冷酷”的批评，而从日本人手中获得约 600 万日元，在故乡踏出回归社会的第一步。

这笔金额显然是厚生省关系者一再强调“特别待遇”所支付的“归还补贴”“未支付薪水”合计不到 7 万日元的将近 100 倍。

他的确如《产经新闻》的报道，回到台湾立即在一夜之间变成阿美人数一数二的有钱人（1 月 10 日）。

当然他回归到金钱横行的社会，必须活用这些“净财”与援助资金在生理的层面上活下去吧。

若单单是生理意义的生命力维持，那问题已然解决。因为他在密林中孤独奋斗时，自己亲身体验且过得还可以。

问题是他受到很深的精神上的创痕，若要将现在可能犹如咒语般束缚着他的“皇民”意识与日军的亡灵从他脑中驱逐，前面所讲的金钱我想是对此没有用的。

那悲剧的第一个征兆早在回家的途中，也就是踏上乡土的第一天就出现了。

在台东市公所前举办完欢迎会，回山村的家（阿美传统是女系继承，中村辉夫先生是入赘到妻子正子〔中国名为李兰英〕的家）

的途中，他因邻座的妻子直接告知已于20年前再婚，受此冲击而剧怒。他没有回家，而是到自己诞生的家过了一夜。妻子兰英不知如何是好，站在紧闭的丈夫出生处家门外哭泣着，等着史尼育唔出来。

这个战争所带来的人间悲剧有第一幕与第二幕。中村先生被送去南方战线被强迫拆离是第一幕，第二幕是一心等着丈夫归还几十年，没有心爱丈夫的任何消息，在一切不清楚之中，要养育幼小的儿子，正子也需要一位丈夫。

因中村先生的生还，20年间相随的第二任丈夫黄金木先生（当时73岁）准备退让，他说："我没有怨叹，这是战争造成的。光复以来，由于政府的照顾，每一位山胞都生活得很好，苦的是李光辉，三十年来，却一口米饭都没有吃过，现在他回来了，从任何一个角度，都应该把这个家还给他。"（《联合报》，1975年1月5日，3版）。为补救被生剥的树的"接枝"，又被至今未终了的战争罪恶将之一刀两断。

第三幕才刚刚开始。此人间戏剧就是圆满收场，那挥不去的阴霾应是一直缠绕着李氏一家吧。我所担心的是连这个扫兴的好收场都不成立，而演成凄惨的悲剧。他，中村辉夫先生此时还逗留在时间隧道中所以无法释怀。

本文原刊于《中日新闻》，1975年1月13日，第5页。

什么原因使他不回答“本名”？
——原日军的“亡灵”

原日军补助兵中村辉夫于 1975 年 1 月 8 日傍晚，在台北松山机场，与其妻李兰英（阿美名珊匹，日本名正子）和中村先生作为一名日军补助兵被送往南方战线时还未出生的独生子李弘先生，进行了戏剧性的会面。

与妻儿再会的照片，强烈地向我们控诉着侵略战争是如何的徒然，剥夺有为青年的青春，强使夫妻分离，破坏庶民的生活。

单单是从被夺去无可替换的青春这一点上来谈，横井（庄一）先生、小野田先生（译注：同是二次大战从军的南洋日本士兵，于日本败战后数十年才生还）的情况是同样的。但与横井先生、小野先生不同的是，中村辉夫有妻子，而其妻曾独守空闺等夫归还达十年之久。后因杳无音信，为了孩子的养育和自己的生活，招了年长自己 17 岁的黄金木先生为夫婿。侵略战争不只强使夫妻拆散，更使弥补被拆散伤痕的“接枝”，也因中村先生的归还而残酷地被一刀两断。

前述照片中的独生儿李弘先生充满苦涩的表情，恰恰是得到不幸中之大幸的喜悦，与带来家庭生活再破坏的悲伤与复杂交叉的阴影交织其中，使人感到痛楚。此情景或可谓百感交集。

由日本名到中国名

但在中村辉夫先生降落于松山机场，完成入境手续的那一刻起，他已不再是奉天皇为正统象征的日本国“皇民”，日军补助兵的地位也在法律的形式上消失。从而，他在被改造成日军补助要员的过程中，由日本当局者强加的、作为“皇民”象征的中村辉夫的日本名，也在法律上被放弃了。

他重新以他不在的时候，正确来说是1945年8月15日，伴随日本帝国的败战、台湾回归祖国的机会，由其家族与关系者向当局所申报的新中国名字李光辉为名。

想来在雅加达佩尔尼医院静养中，对台湾当局透过驻在雅加达的中华商会会长蒋贻曾发放、贴有自己照片的“护照”上相关栏所记载的李光辉这个名字，中村先生即使在归乡的机上，抑或在回到乡里几个月之间也不能理解其意义而感到困惑也说不定。不，或许因竭尽一切在抚慰其望乡之念而无暇顾及也有可能。

从台北的共同通信电“穿着深蓝色西装的中村先生，看来健康的模样，在与谢（省）主席的会见席上始终不发一言，显出有些紧张”(《东京新闻》，1975年1月9日)的报道中也可看出，中村先生，不，李光辉先生还停留在时间的隧道中，还没有从日军亡灵的立场完全获得自由，这是可以想象的。

他本来有阿美名字“史尼育唔”（采录自台湾的报纸）。

在被护送到雅加达之后与日本记者团的会见中（1974年12月29日）被问及原来的名字之时，只能以中村辉夫作答，应不是如记者诸公所说的大概忘了的“误解”那么简单。又何况如某报纸记者团那样“中文的名字是？”的询问，那真是夫复何言了，是对日本的台湾殖民统治史何等无知的自我告白吧。

殖民地时代的高山族——顺便说一下，这是大陆与台湾官方目前对台湾少数民族的总称。又日本当局正式的称呼高砂族是1935年6月以降之事，对民间人的普及到败战之前犹未彻底，“番人”的蔑称照样横溢于巷间——当然是不被允许使用汉人式姓名的。日本式姓名也只是在对“理番政策”（对高山族的镇压与怀柔的政策）上对利用价值比较高的少数人，当局者出面为之命名，但殖民地统治当局台湾总督府以“法律的许可”之名，向被统治者强加日本式改姓名政策之正式推行，是在所谓的皇纪2600年（1940）的纪元节为开端。

因高砂族之故

此时的总务长官森冈非常确切地说道：“内地人（日本人）式的变更姓名认可方针之第一理由是顺应本岛（台湾）统治的方针。即与本岛土地为帝国完全领土同样的本岛人，也作为日本臣民，在实质上、形式上都必须与内地人无丝毫之不同，这才合乎本岛统治的方针。……本岛人要与内地人无丝毫之不同就必须领会皇道精神，对事物的想法必须与内地人相同。又形式上从语言开始，姓名、风俗、习惯等的外形上也变成与内地人没有差异者方为理想。”(《台湾日日新报》，1940年2月11日)正如其所强调的目的是在“皇民”的育成，在被统治者之中确保战争协力者的“人的资源”。

因此史尼育唔变成中村辉夫是在1940年2月以降，而以“高砂族陆军特别志愿兵”入营是在1943年以前的事。

如果那样对自己入营的年月日、长官以及战友的名字，还有在热带丛林中度过的年月都能大致正确地记忆着的中村先生，不可能忘记一直使用到成年的阿美本名，这样想未必是笔者的独断。只回答中村辉夫其理由无他，在“志愿兵”的训练期间被以斯巴达式打进的“皇民”意识与日军的亡灵，使中村先生不讲自己的本名，应这样想才合理。

没有体验过殖民地权力的恐怖政治，或者未沐浴过被囚于日军亡灵的“光荣”幸福，是无法解读史尼育唔先生的深层心理的，即使要理解也难。

中村先生记忆的正确也可见于下面的回答：

——什么时候入军队的。答：昭和十八年10月15日入队前往菲律宾，再去更南方。——多少人一起去的。答：入队时高砂族500人，在印度尼西亚东北部的摩洛泰岛上时有205人。(《每日新闻》)

但愿再出发的他能幸福

台湾的陆军特别志愿兵制度在1942年4月1日开始施行。韩国的同一制度却比台湾先行四年，即于1938年公布实施，将两者做比较是非常有趣的。

恐怕日本当局对正式把汉族系台湾人当作军人投入中日战争中还有一定的畏惧。尽管如此，当时的日本当局已经驱使汉族系台湾人的农村青年在第一线做军夫、当搬送弹丸与行李的苦力工作。于华中组织了农业义勇团，让他们从事农业，以给日本军提供新鲜蔬菜。还有一部分的知识分子因熟悉闽南语、客家语和中文，所以被利用为从事翻译、调查、宣抚、联络等职。

然而，扩大为太平洋战争之后，一方面由于战线已不限定于台湾人的祖国中国大陆，军部的顾虑变小，另一方面是受人力资源绝对不足所迫，终于继志愿兵制度（翌年 1943 年 8 月 1 日海军特别志愿兵制度也起步）之后于 1945 年 1 月实施征兵制度。

高山族系台湾青年在中日战争期间也有少数当军夫或护士送赴战场的，进入太平洋战争后，以“高砂义勇队”“高砂挺身报国队”之名的军夫分别投入南方作战中。因其实效与一直扩大的战线之强大需求而被组织起来的，就是中村先生所属的第一期“高砂族陆军特别志愿兵”五百余人（1943 年度）。翌年 1944 年度又利用种种手段凑集了八百余人。

中村先生从日本关系者处获得 600 万日元，现在作为李光辉重新出发。他到底能否将此日元化为自己的能量，穿过时光的隧道，把曾经由统治者强加于他的“皇民”与日军的亡灵从自己脑子的角落里驱赶出去呢？他的怨愤无处发泄，今后的劳苦可想而知。但愿既是史尼育唔又是李光辉的他能够幸福。

本文原刊于《アサヒグラフ》，东京：朝日新闻社，1975 年 1 月 24 日。

关于台湾“皇民化”运动的展开

——从原日军补助兵中村辉夫的生还谈起

作为原型的台湾

以往人们意识到“岁月川流不息”，是因有此意识之故而成为常用语吧。然而伴随着“开发”，河川不再无休止地流动，澄澈的流水也变得混浊，淤塞不流的情况渐渐增多。

那么岁月又如何？去年底在印度尼西亚的摩洛泰岛被发现，于 1975 年 1 月 8 日傍晚，踏上相隔 31 年故土台湾之地的原日军补助兵中村辉夫的逃亡生活岁月，令我们想起很多事情。

单单是作为时间的岁月，的确是看不到它流逝的痕迹。但是热带丛林中的孤独而充满痛苦的岁月，在那里存在着作为人而求生存的斗争之故，他，史尼育唔，是以麻编绳打结为岁月做“节”的吧。此麻绳节的本身可看作是史尼育唔刻意对“无常”流逝的岁月，所尝试的小小抵抗吧。

不管这些，中村辉夫断然不是单纯的原日本兵，他在热带丛林中度过的30年也不是寻常的岁月。

如果过去的日本帝国不把台湾殖民地化，史尼育唔也就不会变成中村辉夫。再者，日本帝国主义在侵略战争时不给他日军补助兵虚有其表的“荣誉”，将之赶去南方作战，也就应该不会有史尼育唔在摩洛泰岛热带丛林中的逃亡生活。

他把月亮的圆与缺一一计算，在麻绳上打结，节的总数可换算的30年岁月，相当于昭和五十年之五分之三历史重量的年月，这是我们不可忽略的事实。

中村辉夫的生还，恕我用很不好的词句，可说是作为“殖民地士兵”的亡魂突如其来的现身。因为他既是殖民地统治的最底层牺牲者，另一方面也是侵略战争的虚拟加害者，原本就只不过是“圣战”挡弹的存在而已。也就是说，是任何一个日本人都将忘却的“殖民地士兵”。亡灵的现身刺痛了有良知的日本人的心。

但是，只限于从阅读有关中村事件的新闻报道来讲，就是那还拥有能感觉疼痛的温心日本人，大部分也仅仅是把战争的噩梦，透过并肩作战的“勇敢”高砂义勇队兵士的姿态，加以回想起来而已。

请容许我冒昧地说，可看到即使是那些有良知的人，也一如既往地置身于“放诸流水，重归于好”的“美学”之中，最好是不声不响地让事情完了的心情似的。

当然也有记者写道“中村先生的出现的的确确可说是在重新追究日本的战争责任”（《东京新闻》，1974年12月27日），但遗憾的是想追究“殖民地统治的责任”的新闻与评论几乎没有，不，在我目所能及之报章杂志上始终未曾出现。

日本人如果没有重新追究把台湾当作殖民地进行统治的历史意义之问题意识和态度，对于中村辉夫＝史尼育唔＝李光辉这三个名字所含的悲剧意义是不能了解、也不会去写任何解说的吧。更离谱的是，有以“无国籍处理”等毫无置疑便全盘接受、送外电回日的粗心而不高明的一幕。如果有将从《开罗宣言》到《雅尔塔密约》，再回到《波茨坦宣言》的经过，与接受《波茨坦宣言》后，重光葵（译注：日本在二战结束时的外务大臣）以“依大日本帝国天皇陛下及日本国政府之命且于其名”署名的投降文书放在心上的话，就应该会知道，史尼育唔绝不会因日本帝国与国民党当局的外交关系断绝为理由变成无国籍的。

再举一个浅显的例子吧。笔者在 1955 年秋，因留学持国民党当局发行的证照来日以来，被规定必须携带的外国人登录证明书中国籍栏是中国，从未有过“中华民国”抑或“台湾”。据我所知——至少在中、日恢复邦交之前——相关栏目根据有关人员的意志，记入中国以外的写法是不被允许的才是实情。

姑且不谈此事，更让人痛心且不了解事实的报道之一是因中村辉夫是高砂族特别志愿兵，就将其当作“自己志愿去”的无反省、不加分析的部分。

因为对志愿兵制度也不假疑念，所以对为何冠以“特别”二字于其上，这到底是怎么一回事等等，到底乐天派居多的记者诸公与有关人员都未能注意到吧。

请让我敢于不怕误会地讲，仅限于从有关中村事件的新闻与评论来看，很多日本人至今还不承认台湾是中国的一部分这个严肃的事实。又对围绕着殖民地统治关系的压制者与被压制者的关系，以及这种压制的机制是无止境地拨弄人的“装置”这一点，几乎毫无察觉。言仅于此。

这十年来作为构筑与摸索日本与亚洲应有的亲善关系的一个方法，笔者一直提案应以台湾为原点，重新追究近代日本与亚洲的关系。又藉研究的现场也做这般强调，且陆续在发表论文。

我主张应从台湾研究开始，这并不是以我是出身于台湾的中国人与亚洲人做根据的。

正如史实向我们明示的，台湾既是近代日本最初的海外派兵地（1874 年的台湾出兵），也是日本帝国开始施行殖民地统治的最初土地，亦是其实验之“场所”。在这个意义上来说，近代日本的对外膨胀、侵略的所有原型均可从台湾与日本的过去，不，到现在的关系之中可以看出。在这种思考的基础之上，我固执于把原点放在台湾，一方面把与其相关的史实作正确的定位，另一方面重新追究近代日本的殖民统治历史意义作为相互的历史教训，也将此作为“食粮”来活用是我的愿望。本稿也可说是被“中村辉夫”的生还所触发，而对前记作业所做的一小部分尝试，希望大家能这样解读。

“满洲事变”与台湾人

在此所讲的台湾人，是指在殖民地统治末期的殖民地当局者所称呼的“本岛人”“高砂族”，亦即包含汉族系台湾人与高山族系台湾人在内的人们。

昭和十五年战争始于“满洲事变”，但世界史的史实通常是在演变成大事件前，有其相应的前史与小事件的累积。

从“九一八事变”（“满洲事变”）到“七七事变”（“卢沟桥事变”），再一直扩展到“大东亚战争”的昭和十五年战争，与各阶段相对应都有台湾人被卷入其中。

现在暂且让我们来回溯“九一八事变”前后台湾内部的动静。

那真是既短又长的一个世代。台湾被殖民地化最初的 30 年即将告终的 1925、1926 年时，辛亥革命、第一次大战后的民族自决主义、俄罗斯革命、五四运动等四场暴风骤雨也波及台湾。可以看到抗日运动由以往以农民为中心的武装起义，转向开展近代合法边缘的台湾议会设置请愿运动与民族主义的启蒙运动。

又，受当时新思潮的洗礼与影响更深的年轻台湾人激进主义者，开始大幅度地倾向社会主义，以斗争取代请愿来面对当局。

不久，以张作霖炸死事件（1928 年）所象征的日本当局之意图，与因世界恐慌所引起的社会不安而心慌的日本官宪，开始设法促进抗日运动阵营的离间与分化。首先他们给大、中地主阶层的抗日右派以地方自治等甜头，以镇压的铁锤对付左翼诸派与受中国国民党影响下尝试民族解放运动的中间左派。

在此当中，爆发了世界恐慌时的少数民族基于民族自觉的组织性起义，发生了未曾有过的日本人的大量死伤，当局因使用毒瓦斯作为镇压手段而震撼世界的雾社蜂起事件（1930 年 10 月 27 日）。

韩国一直有浓厚的不稳征兆，日本当局恐怕雾社的烽火延烧，所以大肆动员军警，用以飞机为首的近代武器，更以毒瓦斯对蜂起进行大镇压。炸死张作霖的罪魁河本大作大佐曾亲自对此大镇压作战做了实地调查，从一连的举动来推论，大镇压作战也可说是在假想“满洲事变”的基础上，所进行的实验战争。

在“满洲事变”中，台湾的地位是从地理上不能成为兵站基地，也没有把台湾人直接动员于“满洲事变”的迹象。台湾人的活用与其说对事变，不如说是止于在其捏造的“满洲国”与关联的“国策会社”的要员中，启用台湾人而已。

被启用的代表性人物有就任伪满洲国“外交部总长”“协和会事务局长”“驻日大使”的谢介石、伪满洲国军的干部郑某（译注：苗栗通霄人）、伪满洲电信电话会社社长秘书彭华英等人。

谢就任前的经历是当局的翻译，也曾任当时对台派遣殖民地下层官僚培训班的东京“台湾协会学校”（拓殖大学的前身）之台湾语讲师，后转任张勋的秘书长而参与策划清朝的复辟，说起来既是对日协力者，也是辛亥革命的否定论者，因此受知情者瞧不起也就不令人觉得意外了。

对那样“时运亨通”的人物，当局在宣传上是不可能忽略的。因是殖民地被统治者之故，就算是从大学毕业就职之门也很窄，又受世界经济恐慌的余波，对谋生之道更受堵塞的台湾青年，当局仿佛是说“想要获得‘光荣’就赶快向谢学习”似的，努力大肆宣传。乘着潮流记述“满洲国”与台湾关系的记者、作家，可说一定都会引谢作为例证。

已经让人感受到日本军国主义正在逐渐修筑“满洲”、华北、华中、华南，再向南洋之路的1935年，台湾总督府有关当局，因恰逢“台湾始政40周年”，于同年的10月10日到11月28日止举办了盛大的、前后长达50天的“始政四十周年记念台湾博览会”。

基于对当时围绕着“满洲国”问题的世界舆论、处于胶着状态下的中、日间的外交关系，还有对外宾的政治考虑吧，以平冢广义（总督府总务长官）会长之名发表的举办宗旨书，是差不多没有火药味、强加自我抑制的。

但是详述此宗旨书的协赞会宗旨说明里有如下的叙述：

（前略）素来我台湾以扼帝国之南门近接南支南洋的关系，经济上处于极紧要的地点自不待言，伴随帝国国威之显扬，本岛作为国防上的据点又将是国力南进之础石，其重要性愈益加深全国各层之认识，际此官民戮力督促岛民之自觉以资跃进于明日的台湾之秋，而有开设大博览会之迫切期望。(《始政四十周年记念台湾博览会协赞会志》1939年)

不待指出，此会的真正目的是在鼓舞、要求日本人对南进基地台湾再认识的同时，向台湾岛内民众显示在台“善政”的足迹，并让台湾人更深一层地认识当局所主张的“内台一如”，以此为迈进“台湾的真使命”的方法，更将其信念注入。

为了考究对应中国大陆局势的方策，台湾总督府的关系者已在埋头工作是不难想象的。事实上，其措施已一个一个地陆续放出来。

作为给台湾本地资产阶级上层的甜头，首先对曾是长年悬案的台湾人经营日刊报纸《台湾新民报》的发刊给予许可（1932年1月9日）。条件是多方面的，将该报周刊时期的中坚记者、也是抗日运动理论家谢春木（南光）革职便是其中之一。甜头第二是新地方自治制的实施。“新”只是令人发笑的，将以往所有官选的州、市会议员以及街庄协议会员的半数引入选举制度，仅止于此的改正之“新”而已。

真不得不说是做得太漂亮，依新地方自治制的第一届台湾地方选举，就在此博览会期最后一周的第一天11月22日施行，使极力宣传的“一视同仁”“内台融合”的气氛更加高涨，当局的精明强悍可见一斑。

此精明强悍也伸向时任伪满洲国“驻日大使”的“大人物”谢介石身上。台湾总督府并没有放过借此独一无二的实物，大做宣传的好机会。

谢以外宾的身份受邀请在博览会上宣读祝贺文，在其故乡新竹，则为其举行了与欢迎衣锦还乡的名士完全相称的大规模官办欢迎仪式。

然而令人感到奇怪的是，他的祝辞并未被登载在博览会的官方纪录，即前面提过的《台湾博览会协赞会志》上。理由并不清楚，或许是在台湾出身的“大人物”要与日本政府高官并排的时机尚未成熟的考虑下而将之割爱。当时的状况是徐徐地、一步一步地为今后布局才是最必要的，但正如后述一般，当局对台湾人还未放心。事实上当局者还未产生直接要求台湾人协助战争的紧迫感。

言归正传，前面曾提及的郑某，在台湾就学中即对日本政治感到愤怒而赴大陆“曲线救台”（先成就中国大陆的革命，建立富强的中国之后再进行台湾解放）为目标的台湾青年之一。改名之后，以广东出身者身份入学日本陆军士官学校（台湾人一直到战争末期为止均不被允许进入军事相关学校）学习，据其本人说是想透过军事参加祖国的重建。

至于彭华英，是1920年代在日台湾抗日团体的著名指导者。不仅如此，也是最早与中日两国社会主义者有过接触的马克思主义小伙子的先驱者之一。不待指出，他们两人所走的路并非他们独自的路。后来成立的冀东政权、汪精卫伪政权、“蒙古联合自治政府”中，也有和他们走几乎同样道路的台湾青年，数量虽不多，但有此史实是应该记住的。

当然，他们的友人或过去的同志之中，有不少人为贯彻“曲线救台”的初衷而选择重庆、延安之路也是史实之一。

在台湾岛内为侵略中国的目的而要求间接协力与收揽民心的布局正继续着。

前面提到的博览会还在准备中的1934年7月，被台湾民众骂为“臭狗”、汉奸的辜显荣被选为敕选的贵族院议员。

辜于1895年担任日本侵台军的先导，侵台之后立刻出任台北保良局（维持治安机构）局长，积极协助镇压抗日游击队。辜因无数的对日协助获得勋章，又获得巨大的特权与财富，是岛内头号的“成功者”。

对于这样的辜，当局给以“镀金”，计划派遣既是台湾的有钱人与成功者，又是中国人“自己人”的他到中国，为打开障碍重重的一连串日“支”问题交涉，从旁进行说服。

从1934年12月11日到1935年1月上旬期间曾访问大陆的辜，首先于上海访问了国府秘书长杨永泰，接着在南京访问了汪精卫以及直接担任对日交涉的外交部次长唐有壬等，并与之恳谈。其结果详尽地向有吉日本驻华公使（当时还未交换大使）报告。1935年1月1日对蒋介石军事委员会委员长做了表敬访问。

辜在出发之前，很明显的是得到像松冈洋右般的日本大官授策，并接受其恳请的迹象。

依他与国府方面要人的恳谈纪录来想象，辜被授与，不，更可认为是其自告奋勇自动承担的使命，第一是为日、中交涉通通风；第二是把在台湾的日本政治成果以同一民族出身者——事实上在恳谈中，辜再三地强调自己出身于中国民族来进行对话——的“成功者”立场大肆宣传，把经济开发上久仰的日本人与日本政府的才干，以台湾为实例，边提出边企图使国府大官动心的模样。他日后在《昭和十二年渡华纪录》的绪言中有如下记述：

余三十而成帝国之臣民，尔后四十余年作为新附之民蒙受过分之恩宠者，其间常尽力以示报效之一端。幸与民国要人于种种机会交际过来，前后十年乘船渡海到民国与蒋、汪及其他政府要人浙江财阀等无隔阂地交换意见。那时游说他们的第一点是膨胀的日本并非侵略国；第二是两国国民把满洲问题看得过大而忘了兄弟之义，有违东洋道德，故宜放大眼界，以共产俄罗斯为共同的目标，应离开对立关系转向同一方向；第三是促进经济合作，共同维持东洋和平等。（辜显荣翁传记编纂会，《辜显荣翁传》）

此文大概是借秘书之手撰成的吧。即使是对当局有所顾虑的当然表现，道理上也正是如此，可见是符合日本要人之要求的。

想起来以蒋介石委员长为首的国府要人对辜尽到了礼节，并试着与其畅谈，是有他们各自的意图使然吧。

对于从带使命来访的“自己人”口中获得日本方面的感觉当然是其目的之一，但是还有其他更为迫切的具体目的。

为了将由继“满洲事变”之后而发生的“上海事变”之余波所引起的“闽变”（指 1933 年 11 月 20 日，标榜反日反蒋，在“上海事变”中激烈地打了抗日战的第十九路军与社会民主党、第三党、生产党等在福州树立福建人民政府的政变）完全镇压，就必须不刺激日本，特别是台湾的日本军。还有镇压后不久的国府，作为防共、扫共的一环，想以日本的台湾治政为模型，而且如果得到机会的话，谋求引进因受压制而停滞不前的台湾本地资本与之合办开发福建，并与此并行试行福建新政，也是其意图之一部分，这是可以推测的。为出席议会，辜曾一度回到东京，但于同年四月又再访大陆，直接去福州见福建省主席陈仪。又，在同年十月前面所提的博览会上，陈仪作为外宾被招待访台。在这期间，闽、台间的往来曾经极其频繁的事实，可从旁证实这一点。

当局把台湾出身的“大人物”粉饰成“外交总长”“驻日大使”或是敕选的贵族院议员，夸示其一视同仁的台湾人优遇政策，可以说是以对台湾人中成人的宣传效果为主要目的。但是作为对将要来华南、南方作战的台湾人动员的部署，只对成人是不够的，对青少年，以及高山族系台湾人精神面的炼成，就成为一个重要的课题。

总督府的文教当局常常把“上海事变”中的炸弹三勇士神话拿出来当“修身”的教材，对天真无邪、感受性很强的小学生鼓吹军国精神，相关人士像是不将之刻进骨髓誓不罢休般地努力。

炸弹三勇士对日本人少年可能会有效。但是对于在特殊的风土中长大，内心不怀有“大和魂”与天皇制思想的台湾人少年而言，是过于血腥而不容易渗透的。文教当局是看破了这一点吧，开始尝试在台湾本地创作美谈与神话，以准备好注入军国主义精神的基础。

美谈、神话之类似乎常常在紧急状态下被产生、创作的。

1935 年 4 月 21 日凌晨，台湾的中部（新竹、台中两州）遭受突如其来、未曾有过的大地震袭击，使得民间“流言蜚语”横行，给当局制造了一个创作美谈、神话的绝好机会。

神话的典型可以在“君之代（译注：日本国歌）少年”与“万岁少女”之中看到。当时是公馆公学校三年级学生（12 岁）的少年詹德坤被压在因受激震而倒塌的房屋底下，受到濒死的重伤。彷徨于生死之境的他，至死不使用闽南语，自始至终使用“国语”（日语）叫着恩师之名，临终之际还谨唱《君之代》，宛如日本精神之花散落。

有关当局事后将其命名为“君之代少年”，在公馆公学校校园建立了詹姓少年的铜像以示彰显。

据说还不止于此，更用心将其收录于教科书之中。忘了是在教科书或是在副读本上，记忆不是很确切，笔者也在公学校时代（从“七七事变”到太平洋战争勃发的翌年）读过“君之代少年”

的美谈，也有过受到日本人老师以此为例训育的经历。

说其是神话，是因光复后经相关人士的证言，这原本是一位日本人教师邀功的创作，因符合当局的意图而被增幅变成“美谈”的事实最终被澄清了。

笔者友人的父亲，曾于同一时期在公馆公学校当过老师的台湾故老曾告诉我：“原本詹姓少年的父母是不会讲日语的，为何他可以始终一贯地使用国语，也就是以日语坚持到底呢？还有年纪虽稍大，但三年级的他，国语能力的程度凭想象也是可知的。至于谨唱《君之代》除殊属可疑之外，夫复何言。”

神话是会生枝生叶的。德坤少年：

> 在学校是不讲“台湾语”的。偶尔朋友之间迸出“台湾语”的话，德坤少年一定会给予提醒，自己偶尔也有不留神溜出“台湾语”的时候，如果这样他就会马上跑到班导师那里去赔罪。更有趣的是，还写道“由于德坤的发起提倡，神宫大麻（译注：神符）被奉祀，早上洗完手就向大麻做礼拜是他每天的习惯。他一定说早安，用餐时一定说我要吃了、吃好了等日本人的习惯他也学到了”（摘录）。

如此详述、夸张的当年文教局社会课嘱托柴山武矩，更以“年仅 12 岁，就会以国语而活，以国民精神而活，从心底里以日本人而活的詹德坤”（中山馨编著，《台湾善行美谈》，1935 年）加以赞扬。柴山的发言可说是在言外告诉了我们当局的目的何在。“君之代少年”在日后被当作“皇民化”运动最大的榜样而活用，就是一个很好的证据。

因为少年死了所以被增幅而成为“神话”。与之相比“万岁少女”则虽然被创造了美谈，但因又活过来，所以不便增幅。故事虽登载在震灾纪录里，但并未积极地向当时的台湾少年少女宣传。

这个故事的大致情节是：“卓兰公学校四年级学生廖氏秋志小姐好像被……倒塌的土块所埋，渐感呼吸困难，知道临近死亡时，竭尽全力痛苦地大声谨喊‘天皇陛下万岁’，喊完便窒息了。从土角（黏土做的砖样建筑用材）上担心其安危而着急在挖掘的父母，凭此突如其来的声音而继续挖掘，终于把秋志小姐抱起，急救的结果使其恢复呼吸而得以生还。”但仔细想起来还是巧妙地埋了伏线。一个是台湾人少女濒死之际不喊父母而喊“天皇陛下万岁”，其次是在找少女的父母听到她所喊的“天皇陛下万岁”才能把她救出来。因此“美谈”是对父母（即全台湾的成人）暗示天皇陛下的“灵验”，暗地里也主张要信仰天皇以获得其保佑。

美谈的记述者又以“愿获得九死一生的秋志小姐，能成为本岛妇人之龟鉴，期待她能为国尽力之日的到来”（《昭和十年新竹州震灾志》，1938 年）作为结语，不忘提示少女为推行“皇民化”运动的榜样。虽稚拙但是很用心。

以上是到 1935 年的时候为止，当局对汉族系台湾人的各种动向与措施。

关于高山族系台湾人，当局可能是因为对雾社起义事件的善后处理，与看起来由于对同事件的反省而制定的《理番政策大纲》，以及为确立所谓的以教化善导为主的新“理番”体制而忙得焦头烂额了吧。以美谈为开始，对军国精神的鼓吹还未出现，被作为日后的课题而留下来了。

然而，雾社事件后被拔擢为新“理番”课长、以开明官僚出名的铃木秀夫（内村鉴三门下的基督教徒）曾说：“以前的理番政策虽然以恩威并行、抚育为主，但实际在局的主事者，虽也有所为但好像对此欠缺彻底精神，各种抚育设施被作为怀柔狞猛慓悍者之手段而利用。总之，看来流于形式，欠缺真正教化善导彼等为忠良的皇国之民之热情。”（《理番政策的变迁与番人的生活》，载于《东洋》第 38 卷第 9 号，1935 年 9 月）从他反省的叙述中似乎也可以看出，所谓理番的终极目的，是“教化善导彼等成为忠良之皇国之民”，除此之外无他。当局为了达成此终极目的，在砸下铁锤（在雾社事件中灭绝种族的大屠杀）之后再给予甜头，尝试着对其加以教化善导。

作为甜头的一部分，当局还发布了第 34 号训令（1935 年 6 月 4 日），将曾是蔑称的“生番”“熟番”的官方称呼改为高砂族、平埔族，继而在博览会举办之际由理番课（“理番”的总管）主办治政以来首次的“高砂族青年干部座谈会”（同年 10 月 29 日，于台北警察会馆），在怀柔政策上下功夫。

建设南进基地与“皇民化”运动

敲锣打鼓大肆宣传而举办的博览会共吸引了 2759000 人次（内买票入场者 1040300 人）的入场者而闭幕。1935 年的台湾总人口约为 531 万，集合将近 300 万的入场者，无须赘言，单从量方面来看可说是收到相当大的成果。

中日关系的展开使得军国日本逐渐从“南守北进”回归到“北守南进”的情况，正在渐趋显著。

为了呼应新的侵略体制，台湾的总督也将从第八任总督田健次郎（1919 年 10 月就任）到第 16 任总督中川健藏（1936 年 9 月离任），期间持续了约十七年的文官总督制取消，再次被改换为武官总督。虽说同是武官总督制，但第二至第七任的总督是陆军（第一任总督桦山资纪就任时是属于海军，但原本是从陆军转入的），现在为了重新强化南进政策，并确保其机动性，海军大将小林跻造被任命为第 17 任总督。

1936 年 9 月响应非常时期日本的请求就任的小林，把主要施政目标放在对台湾人的“皇民化”、以南进兵站基地为目的的台湾工业化与要塞化，以及以台湾为中心的南进政策之制定与推行。

有关军事、经济上的直接措施留待别的机会再写，本稿姑且试做介绍关于“皇民化”运动与对台湾人的战争协助动员策略。

首先来听听“皇民化”运动的首倡者小林总督的主张。他给我们留下极秘密的誊写本《支那事变与台湾》（1939 年 12 月）。

因为是在内部讲演纪录上再加修改的极密本之故吧，他坦率地承认说：“台湾人再怎么说也是成长于拥有四五千年历史的支那文化之中，所以一般大众之间祖国支那之概念附着于心中，也有憧憬所谓中华民国的人（摘录）。”接着他从军人的观点出发做出判断：

从军事的角度观察台湾地位的话，其是我国防上真正重要的据点……我感到绝对有必要使之具备与内地同样的神经感觉，变成所谓被同化的天地……在亚欧美殖民地的向背对其母国的政治、经济有相当的影响，但至少使其国防陷于危险之事尚无。然而台湾对我国的政治、经济自不待言，对国防也拥有重大的关系。如果住在此地的日本人，抱有不像日本人的精神思想，而只不过单单是吝惜力量，或者又为私利私欲戴着日本人假面具的话，那么政治、经济姑且不说，国防上的设施便有如坐在喷火口上。假如台湾人如一部分论客所言无法解救，将近五百万大众如何移送海外而毫不触法将之处分也无从考虑，终究将生存于此重要之土地上，所以其结果，除了排除万难不断的努力将之教化成如同真正的一般日本人之外，别无他法。

据说他更为顺应新局势，将台湾人“尝试着从内外表里各方面着手进行同化，但是对于终究无法解救者，于法律所许可之限度内，处以严罚以除百年之祸根不可”，而对“皇民化”运动下了很大的功夫。小林又继续说明：“皇民化”运动“总之是以皇国民精神强化运动之策略来了解就对了。具体地说是要在大大地扩充教育教化设施上着力，而且内容要比以往更明确地证明我国体之本意，增加足以涵养国民精神之内容与科目，一般的是普及国语，奖励敬神崇祖之美风、对国土有益的共同奉献作业，另一方面将以往的习惯中不适于作为日本人的陋习打破”等。

小林就任之后，立即把“皇民化”运动当作首要的重大施政方针来推进，然而局势的发展之快却令人感到意外，七个月之后便爆发了“七七事变”。

站在当局的立场，“皇民化”运动在台湾遇到了令人感到有点太晚或者是总算赶上了似的情况。

以“九一八”为契机，朝鲜的“皇民化”运动开始急遽地推进，对中国和朝鲜两民族的挑拨离间也从“万宝山事件”（1931 年 7 月）以来巧妙而执拗地进行着。强行要求朝鲜人齐唱皇国臣民誓词是从 1937 年 10 月开始的，而陆军特别志愿兵令在朝鲜的公布实施是在翌年二月（台湾是晚四年的 1942 年 4 月 1 日），仅从这些来看的确台湾对于当局而言可说是“出发晚了”。

但是较早从朝鲜着手，也不是日本当局特别厚遇重视朝鲜人。因朝鲜从“九一八事变”以前就是日本北进的兵站基地，从客观上来说，与被作为新侵略对象而浮出台面的中国民族，身为异民族的朝鲜民族用之作为挡弹的“人力资源”有比较容易动员的条件，更为重要的是，日本当局已被逼到不得不动员朝鲜人的紧迫情况下，有的只是以上诸原因所造成的“差别”而已。

“七七事变”的爆发驱使当局在台湾发出追上、超过朝鲜人的口号，更加强化了对运动的推进。

原警察官而留下现已为数不多的一本“皇民化”运动关系资料《台湾保甲皇民化读本》（1941 年 6 月）的鹫巢敦哉在自著中写道：

朝鲜是在明治四十二年（按：应是明治四十三年）因日、韩合并而变成日本领土的，晚了台湾 15 年之久，不少人说其人民乐于被日本政府统治，台湾不能与之相比。昭和十三年 1 月，听了容许朝鲜人服兵役的制度施行的消息的澎湖厅长林田说：“朝鲜连乡下的角落都可通用国语，但在台湾却不易通用……朝鲜之所以能克服自身的困难，舍弃以往的朝鲜语，尽量常用日本的国语，直率地说我认为这可说是朝鲜人的爱国心结果。即他们是对曾经是祖国的朝鲜的压政暴政之后产生的日本仁政表示感谢的至念，认为正是这个国家才是自己所信赖、要终归于一之国家。确信我们要奉献生命的国家，除了此国之外别无其他。……若有此确信则国语常用便不再会是痛苦，反而认为是荣誉与光荣的。……相反的，已改隶43年、与朝鲜相比年长十余年的大哥台湾如何，不幸尚未沐浴此恩典（指特别志愿兵制度未施行于台湾）。被相差十余年的小弟领先该做如何感想。

以如此激昂的调子“鼓舞激励”台湾人。

对朝鲜人来讲完全是令人为难的无稽之谈，但台湾的官员真的是很着急。是为了“至今犹以支那为祖国”的不顺从之辈仍存留在台湾而感到焦躁吧。

大概即使在朝鲜“不顺从之辈”也有很多，虽然我不太清楚，但在朝鲜相反的是赞许台湾而叱责朝鲜人也说不定。

不管怎样，鹫巢曾经是警察官，他是如何地长年不把台湾人看成日本人而加以歧视、镇压都好像被忘得一干二净，还装出一副威胁人的架式说：“（‘皇民化’运动就是）把本岛新附之民在名实、精神、外形上，都使之成为堂堂的日本人而为天皇陛下尽忠的极为严肃的精神运动。”（前引书）

有趣的是，他不轻易地说让台湾青年当日军兵。他又装模作样说教道：

随着日、支事变的爆发，在比台湾晚十数年被合并的朝鲜，志愿兵制度已经实施了，已经奔赴战场立功受赐金鵄勋章，或者也有一亿同心变成靖国神社祭神的。想到这些，我认为本岛青年应该好好反省。

观之这次事变中，以军夫、军属等身份应召出征、有辉煌表现的事例，也不是没有听见立即施行本岛人的志愿兵制度的意见，但将其与纯粹当军人等同而视是一种短见。……将在战场负责日本军辅助任务的军夫、军属的任务等同而视，认为若能胜任当军夫者，就立即可成为出色的军人，我想不能简单地下结论。当然虽是本岛人也要积极服军务，充分地完成任务，这是应祝福、应抱的希望没错；但在是否让其当军人的问题上必须进行更慎重的考虑是当然的。(同前引书)

正如他所说的，当局认为在中国的战场还不能让中国民族之一员的台湾人也持枪。理由无他，只是抱有不知什么时候枪口会相反地向着自己的畏惧，所以不让台湾人当日军兵而已。

“皇民化”运动最大的目的，是让台湾人舍弃作为中国人的民族意识，最终从台湾人之中制造出能成为在将要到来的南方作战中的作战要员、抵挡子弹的畸形日本人。

但是从被“皇民化”一方的台湾人来看，在这个时候展开的又是何等自私的逻辑。任何个人，只要是正常人，对自己民族的矜持都是不容易舍弃的。将此主论暂时搁置一边，让我们来听听当局的主张吧。他们的逻辑是支离破碎的。如果像日本人以前的主张，台湾是“皇国”国土的一部分，台湾岛民也是天皇陛下不变的关怀对象、陛下的赤子，那么本来就是生长于台湾、台湾人一生下来就不能不是“皇国”之民。亦即说是把生下来就是“皇民”的台湾人统治了40年以上，如今还要特别进行“皇民化”，有这样荒唐的事吗？有这样的反驳也不足为怪。

当局嘴里说着要一视同仁，却从来也未曾给过台湾人一视同仁之事实，这是历史的事实。让台湾人当陛下不变的赤子，沐浴圣朝之恩泽，只不过是好听的漂亮话而已，以暴力相对才是家常便饭，汉族系台湾人被当成“土人”“支那人”“清国奴”，高山族系台湾人则被视为是“生番”“熟番”加以蔑视。参政权暂且不说，教育、就职、企业活动的所有门户都加以歧视而关闭，这又是哪里的谁干的呢？硬将那温和且只能说是温和地以改善台湾人地位为目的的板垣退助首倡的台湾同化会（1915 年 2 月），强加摧毁的不是别人，正是总督府当局，不是这样的吗？

局势现在已经到“本岛人（台湾人）作为日本国民之一人，最需要为日本帝国尽其忠诚之时机”（鹫巢前引书），所以没有捏造理由的闲暇吧。

对于军国主义者、殖民主义者而言，逻辑的整合性等根本不是问题。本来那样的东西是不必要的存在。因为不得不做所以彻底地做，仅仅是这个理由而已。他们首先透过在公共场所禁止使用台湾方言、废止新闻杂志的汉文栏，剥夺台湾人的语言，又透过对“国语”常用家庭的认定和对其施行优遇政策以策动“国语”的普及与扎根。

与此并行的是对台湾人的信仰，即以带泥的脏脚踩进台湾人的“心灵”，举办所谓的寺庙的整理与“升天”的仪式，将由此获得的寺庙财产作为财源建立以郡（介于乡镇与县之间的行政单位）为单位的神社，并强要台湾人参拜与对宫城（译注：皇宫）遥拜。又为了要把台湾人的祖先崇拜转换成尊皇，把台湾人祖先的牌位与传统神的神位撤换以奉祀天照大神、北白川宫能久亲王等的大麻。

说要打破台湾人传统的生活习惯而以日本式的浴盆、厕所、榻榻米等硬塞给台湾人，试着在外观上使之确立日本式生活型态。遂与朝鲜的创氏改名同样，以“先有形，精神即寓之”的口号，推行以许可制为原则，实则是半强制式的“内地式改姓名”。

据我的调查，无论是寺庙的整理还是改姓名，到最后都没有全面且彻底的强制实施。不，或许可说是做不到比较正确。大概最大的理由是日本当局比谁都惧怕“不沉的航空母舰”台湾从内部开始动摇、崩溃，这是我的想法。

日军补助兵的登场

前面已经稍微提到过一些，日本当局因惧怕倒戈，所以避免让台湾人拿枪作为正规兵投入大陆。但是他们把台湾人当作非武装要员，即搬运子弹与物资的苦力的军夫、军属（从军翻译、调查、宣抚、联络等的要员），以及动员从军护士去大陆作战，更有以“锄头的战士”之名被送往上海及南京郊外的“台湾农业义勇团”团员，在该地栽培蔬菜，负责供给战地军队的任务。

被动员去的地点特别集中在华南一带。盖因华南在语言、气候风土等方面与汉族系台湾人（其大多数人在福建、广东拥有父祖之故乡）有共通的关系，所以当局想加以活用。

当时的“南支派遣军”司令官安藤利吉（后为台湾最后的总督及台湾军司令官）曾说：“台湾人通福建语（正确的说法应该是闽南语）、广东语（正确的说法应该是客家话），知道汉文，也习惯气候风土，又勤奋。”这方面非常有价值，又强调道：“但是只有语言与气候风土的特征是不够的，真正是日本人的资格才是根本的。”（竹内清，《事变与台湾人》1940 年 3 月）可以看出其言外之意是他惧怕台湾人“真正”的日本精神不够。

当局不只在前面所提之美谈与神话之外，也在漫画、青少年读物上，描写蒋介石的中国军是如何的懦弱、卑怯、寒酸得可怜的军队，以嘲讽与漫骂来描写，喧嚣地煽动青少年的军国主义与对中国人的蔑视感。

又似乎是对以前的“皇民化”运动感到不足吧，于 1940 年，也就是所谓的“皇纪 2600 年”，又设立了一连串训练所、炼成道场等，期以达到“皇民炼成”之目的。

同机关被定义为“以皇民炼成为目的的社会教育设施之一，收容地方中坚青年于营舍，一面使之以二三个月的勤劳来奉献于国家的重要事业，一面使之体会灭私奉公的日本精神，将其身心以修行方式炼成皇民化运动的推进团体。”（朝日新闻社编，《南方的据点台湾》1944 年 2 月）

事实上，直到 1944 年已有合计一万多名汉族系、高山族系台湾人经过训练归乡后，被组织为“勤行报国在乡青年队”，使其挺身于“皇民化”运动。

当局以所谓一石三鸟，即以炼成道场利用无偿劳力扩充军事设施、注入灭私奉公的日本精神育成畸形的日本人、制造出“皇民化”运动的旗手为目的。

1940 年 11 月 27 日，于皇宫举办了第 18 任台湾总督长谷川清海军大将的亲任仪式。与上一任的退役海军大将小林不同的是，长谷川是以现役的身份被天皇亲自签名任命，与之相搭配的是原警视总监斋藤树被起用为总务长官。

进入1940年，3月伪汪精卫政权成立，9月，日、德、意三国同盟成立之后，随着紧迫局势的展开，终于以确立“大东亚共荣圈”为目的的南方开展进入倒数计秒的阶段。此人事不待说是与此紧急状况相对应的。

众所周知，在日本国内于1940年10月组织了大政翼赞会，所谓举国一致的新体制运动开始活动。与之相呼应，刚刚就任的长谷川，在1941年4月创立了“皇民奉公会”并亲自兼总裁之任。加上以往的“皇民化”运动，“灭私奉公”也作为强加于全体台湾人的“国民运动”而展开了。

长谷川也拍拍右派抗日运动的大人物林献堂的肩膀，与之打招呼，想将之抬出充当“皇民奉公会”的干部以增加影响力，把台湾人的知识阶层紧紧地束缚起来以尝试令之协助战争。

林献堂、罗万俥等右派的大人物（左派、民族派不是在牢里就是已逃出岛外）是消息灵通而且具有洞察力吧，或是应说是通达人情世故吧，他们其中一部分人回到田园，当上一名无关紧要的乡里“皇民奉公会”的干部，以躲避法西斯的暴风雨。但是被抓到弱点的，或是认为当走卒爪牙可借以显示自己的“可怜”而“慌张”的一部分文人，以为“最后的堡垒到底是这留在我血管里的鲜红鲜血，重要的是血，外形无所谓”，从而将自己的改姓名行为正当化，甚至也出现了少数只顾努力当走卒的帮办。

子弟被接纳为共学生得到日本人小学校的入学许可，伴随着“国语常用家庭”的认定而得到砂糖、肉等特别配给、子弟的中等学校等优先入学许可等优越待遇，也被作为走卒们的报偿。

但是对于协助战争的象征性最高报偿，从小矶内阁敕选出的固定员额贵族院议员中，对台湾三个名额的分配上可看出。派令却延迟到日本败战之年，即 1945 年 4 月。与前面所提的辜同为侵台军合作者的另一人简朗山（日本名绿野竹次郎）、许丙（台湾最大的本地资本林本源家的大掌柜）与林献堂三人入选。前二者姑且不论，长谷川硬举林，而后任的安藤利吉总督与当时的内阁不表异议而支持，当然是有其深谋远虑之故吧。即拉拢合法的著名抗日领袖来封所有“不安定分子”的口，而其真正的目标是对“皇民奉公运动”效果的全面提升。但为时已晚，还未来得及出席过一次议会，他们三人即作为“虚幻”的贵族院议员而在台湾迎来了“光复”。

1941 年 12 月 8 日，由于中日战争发展成为“大东亚战争”而情况一变。终于开辟了可让台湾人作为兵士投入战斗的战场了。

在“大东亚战争”爆发之前，军当局已注意到高山族的特性。所以战争一爆发，先前提到的“勤行报国在乡青年队”与训练中的高山族青年被紧急召集起来，组织了约五百名“南方派遣高砂族挺身报国队”，首先投入巴丹作战。这就是那著名的“高砂义勇队”的嚆矢。

分配给他们的主要任务，当初是道路建设与开拓人迹未至的热带丛林、在险峻的山顶迅速而巧妙地建造炮兵观察所与战斗司令所等。

继巴丹作战之后投入克里矶多岛（Corregidor）攻略作战中的，业已不仅止于前面所谓的作为利用于“建设”的劳动力，军事当局把高山族青年充当突击队推到第一线。

报纸、杂志连日赞扬“高砂义勇队”的“武功”，为迫使他们更加奔赴战场而鼓吹煽动军国主义思想内容写道：

> 高砂青年最大至高的荣誉只有一个，就是当帝国军人，被选拔为义勇队，能与日军将兵一起站立在战场，是他们无上的光荣、欣喜，最大的感激莫过于此。……高砂族看不出丝毫的利己与算计。是厚义理、感恩谊，为了祖国、为了恩人，任何小事都可舍命的民族，感激涌现之时，能发挥超人的伟大力量。
>
> （宫村坚弥，《高砂义勇队记》，1943 年 9 月）

他们甚至还提到：“高砂族的血液中有不逊于大和魂的高砂魂在搏动着。”（同上）。

被吹捧到如此地步，正是由于高山族青年未曾受过商品经济的洗礼，也少受“文明”的毒害之故，心情天真而无垢、素朴而纯情，因而有容易受到日本军国主义煽动的素质。他们以志愿之名而被动员。不只这样，“高砂义勇队”直接的指挥官不是别人，正是在“番社”（他们的村庄）直至出阵之前都对他们握有生杀予夺绝对权限的“熟人”“理番”警察官们（宫村前引书）。他们可说处于为了表示自己的忠诚心而被迫不得不“勇敢”打仗的状况之下。

陆军特别志愿兵制度的施行是在 1942 年 4 月 1 日之事。翌年 1943 年度，先是在对巴丹、克里矶多作战中完全出人意料地尝到

“起了很大作用”的“高砂族挺身报国队”“高砂义勇队”的甜头。当局将高山族系台湾人青年也装扮成“只有高砂族的陆军特别志愿兵”，动员他们到一直在扩大的南方战线。本章开头提到的“中村辉夫”，就是这第一期中的一员。

同年8月1日连海军也实施特别志愿兵制度。未过多久因事态紧迫之故吧，被征募采用的人也不经过训练所就直接送到高雄的海兵团。

又，在日本留学中的台湾青年，在1943年1月的所谓“学徒出阵”中，也强制入营。

翌年1944年10月23日，随着太平洋战争进展的战线扩大与接二连三的败战，使得兵力耗损加剧，估计仅靠志愿兵制度终将不够用，日本政府在阁议上做出从1945年度起对台湾人也施行征兵制度的决定。

除正规的兵士以外，台湾人因同系中国出身，语言也可相通之故，也被动员于担任南洋华侨的对策要员或俘虏的监督。加之台湾人医师被认为通晓热带医学，所以得获有军属的待遇，也被投入南方作战中。其中有人未到战地之前就当了美国潜水艇的牺牲品，化作海里的一团碎藻，此事也是应该被记忆的。

意外地被人遗忘的是1944年春，为了补填日本国内劳动力的不足，有相当多数的台湾少年被带到日本当海军少年工，从事飞机零件的制造。据说其中因原子弹等爆炸而死亡者也不少。

战局趋于不利，这一点也明确地反映到台湾的1944年初夏以降。当局愈益走向疯狂，在“全岛总崛起”“全岛要塞化”的口号下，不分男女，彻底地进行勤劳动员、军事教练。而把年龄下调到强制中学生的学徒出阵，也是同年岁末之事。

就这样，在昭和十五年战争中，台湾人被强征当军夫、军属、军人的到底有多少，笔者也不详。一般的说法大约是 207000 人。

但是“志愿兵”果真是志愿的吗？或者是强制的呢？看“中村辉夫”的报道、评论，特别是针对高山族系台湾人时，把他们看成是志愿的日本文人占绝对多数。

真是如此吗？的确，如果阅读当时的相关报道，有关以血书、血印表示志愿之类被大肆宣传。是因为其具稀有价值或宣传价值所以才被拿来做宣传的吧！但也因的确存在少数以血书、血印表志愿的“畸形日本人”存在。问题应不在于志愿这种形式。首先有酿成不得不“志愿”的异常氛围的“元凶”，之后有作为权力方面的体现者，具体来说是有警察官与教师的操作、促成与帮助他们“志愿”的机制。更具悲剧性的事实是，自发地陷入这种机制中的“皇民化”青年。

回避自己应负的责任，彻底称赞他们是“自己志愿”的“勇敢兵士”也好。那么为何不让如此报道、称赞的人率先掀起为这些“勇敢兵士”做拣拾骨头的宣传活动呢？令人感到相当存疑。日本人好像特别喜欢收拾遗骨与召开祭奠死者的仪式，但从未听说要将包含台湾人、朝鲜人相关人员的遗骨也一起收拾，在旧战场举办联合祭奠仪式。这又是为什么呢？

一直不停地叙说狞猛慓悍的“凶番”之统治中心（指台湾总督与殖民地的相关人等）的本人，几乎在一夜之间又如同演出大魔术一般，也把同一“凶番”装扮成优秀勇敢而且是顺从的日军兵，大肆颂扬。如果不能成功地将这种结构亲自加以解明，进行正确的定位，无论是殖民地体制或曾是“恶梦”的侵略战争，都不能真正地结束吧。

为了生存于共同的未来，笔者要凝视此重叠、残酷而悲惨的中日关系史中的一个场面，并且留下纪录。即使是作为与我们共同的愿望——将“仇恨”升华与未来的“光明”相连结所做的一个小小的行动也好。

本文原刊于《展望》第196号，东京：筑摩书房，1975年4月，页16—33。原题《中村輝夫の生還》。

为历史哭泣——“花冈一郎”是革命烈士？抑或走狗？

8 月 27 日（1973 年）是雾社蜂起的 43 周年。雾社蜂起即日本帝国主义的台湾统治，尤其震撼了为追求获得最大限度的殖民地利润，把触手伸入台湾的高山地域而展开的“理番事业”＝高山族压制事业，使之改变的“理番”史上最大的武力抵抗事件。

雾社蜂起事件的梗概

1930 年（昭和五年）10 月 27 日凌晨，一直以来由日本当局保证为“番界”中最“开化”，富裕而教育水平最高的，当时台中州能高群雾社分室管区（现在南投县仁爱乡）的高山族部落 11 部落中 6 部落动员壮丁 300 多人一起蜂起。

蜂起先从离雾社远而近的顺序，袭击警察驻在所，为切断雾社与外部的联络把所有电话线切断，可见蜂起是如此的慎重、有组织、有计划的。

在袭击的最终目标雾社小·公学校番童教育联合运动会场叫喊着“内地人（日本人）连小孩都不许放过，本岛人（汉族系住民）不要杀”而扑杀过去。

蜂起的高山族不只在运动场上，连雾社邮局、各职员宿舍、日本人家及附近的驻在所都加以袭击放火。但是雾社商店街有汉族系住民的商店与房屋，为了避免延烧而未放火。

死亡结果是日本人 134 人，汉族系住民大人、小孩各一（大人是中了流弹，小孩因穿和服被误杀）。

受一齐蜂起的震撼而惊愕的日本当局，首先施行报道管制，另一方面不只警察，连军队、飞行队都加以动员，进行五十多天的种族灭绝大镇压。大镇压兼新武器的实验（请想起“满洲事变”在其翌年爆发），并用山炮、机关枪等近代大量杀人武器的猛烈攻击，又从天上以飞机加以波状攻击（炸弹、催泪瓦斯、毒瓦斯据说都有使用）。

由于长年遭当局的压制，及殖民官吏一再的欺瞒、侮辱、暴行而愤怒极深的蜂起高山族，使用镇压不容易奏效之故，日本当局为了动摇与分裂其心理，玩弄着从天上撒下多达 6000 张的劝降传单、并令子女持酒与食物劝诱投降之计策。

然而，以决死、玉碎觉悟的起义，除了被捕掳者外，宁愿全家选择“与其屈从毋宁死”而壮烈了断生命者为多。更可泣的，明知必败却果敢抵抗，连当时显著有国粹倾向的杂志《日本及日本人》也登载《向雾社番族学什么》为题的短文：

逃进溪谷，躲在丛林，奋战到最后一个人为止，而且没有出过任何叛徒，既到最后关头就从容以领袖花冈一郎为首，率领妻儿，与全同族，面对太阳一起殉难，如斯最后一幕使人如见往昔战国时代武士持重节义，既极其英勇，也令人哀伤。（中略）以一夫抵万夫，刀断箭尽而不求降，视死如归，举家共赴，并在死路上撒花，岂非一首哀诗！再说，番人中的妇女们，鼓励男子出征，先自尽上吊者，多达一百余人，这项报道痛打我们的肝胆。

蜂起被镇压后，生存者以“保护番”为名，被没收所有武器，受当局收容与监视。事件不以此为终结，翌年 4 月 25 日，受当局之授意，所谓“友番”袭击前述“保护番”，包含男女将近半数（15 岁以上男子全部被杀）乘暗夜被屠杀（当时的当局称此为第二次雾社事件）。

关于花冈一郎

前面引用的《日本及日本人》把主谋者误传为花冈一郎，而蜂起的真正领导者是马赫坡社的酋长莫那・鲁道。误会始于蜂起太过于有计划有组织之故，高山族是“未开无知之番人”，因此如此的蜂起没有雾社数一数二的精英花冈一郎的指导是不可能发生，这是基于如上偏见的误解。

那暂且不说，花冈一郎真名叫达吉士・诺宾，他在部落的出身不属于上流，但有出众的资质，所以特别从“番童”公学校被提拔送进日本人就学的小学校当共学生，后来又全部以官费在台中师范学校讲习科接受培养，顺利的话可当“理番”成果的象征，更可当润滑油的媒介体。

“理番”当局的苦心不止于此，给诺宾取日本名字，并安排新娘（名为花子），供予和服以及官办结婚仪式。

不止达吉士・诺宾（一郎），虽未送上级学校，但与一郎同样在小学校共学，结婚仪式也一样以官办扶育的达吉士・那武义（与一郎并无血缘关系但当局将之命名为花冈二郎、新娘取名为初子），都是现职的警察官（一郎为乙种巡查，二郎为警手）而没做事前的通报，自己更参加蜂起，并且拒绝投降劝告。一郎是全家自尽，二郎让怀孕中的妻子回娘家，自己上吊了断。此举给当局很大的冲击。但是一郎的寿衣是和服又以切腹自尽之举，引来日后的议论。

有人主张穿和服切腹的一郎参加蜂起并非真心，而是被卷入的。又有人主张其新衣只有和服，又是家族全体自尽，所以就只能穿结婚时的和服。一郎是由当局一手栽培出来的半日本人，所以对日本殖民者在表面谈武士道、大和魂、一视同仁，在背后却借“和解式”“归顺式”诱杀，且利用高山族的朴实率直使尽其权谋术数、欺瞒之极；又如想努力融入日本人，便被呼叫为“番人”遭受歧视侮辱（一郎是师范学校的出身，但不被允许当教员），因而对殖民者的卑鄙行止怀抱怨念更深。切腹正是对日本人最大的抗议方式。

议论在台湾最近又以“花冈抑忠抑奸？”的命题回锅重炒，诸说纷纭。

蜂起的资料搜集、研究不但未被认真做，由日本人在事后所搜集、被当作人类学素材使用的关系者的遗骨，尤其莫那・鲁道的遗骸未给埋葬而放置在台湾大学的标本室，台湾关系者徒然炒作枝叶末节的忠乎、奸乎，那纷纷议论的姿态，除了说是“丑”而胡闹之外无他。

莫那·鲁道、达吉士·诺宾、达吉士·那武义的灵魂们，可说现今犹对历史哭泣着。

本文原刊于《东京新闻》夕刊，1973 年 8 月 24 日。

辑五

殖民地体制与台湾知识人

某副教授之死与再出发的苦恼

某副教授之死与“山涧的世代”

听到某副教授过世的传闻已有相当长一段时间了。我懒惰也未加确认，就这样过去了，直到最近有熟人的父亲来日本，才得以证实他已因哮喘及并发症而过世。用“某”称呼并没有特别的理由，只因为这不仅止于他个人的问题，想将其作为一个共同的问题进行论述而已。

逛旧书店有时会有意想不到的收获。其一是那不善于言辞，不是看黑板、地板，就是看讲桌，绝不正视学生的脸上课的某副教授，意外地竟然留下许多优秀的研究成果。论文形式虽然是共同具名发表，但从其性质看，他是担任共同研究的核心，这一点大致上是不会错的。

曾留下杰出且十分有趣的研究成果的他，不知为何光复后应聘为大学副教授，还曾兼任图书馆馆长，但之后却没有留下什么称得上成果的东西。在我所知的范围内，或许应该说，几乎没有做出什么来。

他因有哮喘的宿疾，体弱多病也是事实；但这不能当作不做研究的主要原因。问题相当复杂，除了个人的主体条件之外，如果不把他所处的客观条件也加进来综合考虑，是不能理解的。如一般所说的台湾社会贫穷所以不重视学问，或是由于政治的贫困所衍生的问题等诸多理由，在此就不再举出。

我想就主体的条件，而且是特别限定在拥有被殖民统治经验的知识分子相关问题上论述。

因非常笼统的区分而不免有些在意，在台湾被殖民地化的过程中，受大日本帝国的“近代技术”与军国主义的威势侵蚀最严重的世代，姑且以1915年（武装抗日运动最后的大规模起义，西来庵事件发生当年）当时未满15岁者（1964年时64岁）为上限、1945年光复当时满15岁者（1964年时34岁）为下限，作为一个世代来看（在目前没有充裕的时间展开详细的世代论，所以对个人的特殊案例或由于出身阶级，以及因阶层而生的个人差异姑且舍弃）。

属于此世代的人中，越靠近上限的，对过去的传统与历史就愈清楚，对自己的语言（包含思考方式）也愈精通。因此对所属传统与历史的恢复就比较容易，对歌仔戏“噪杂”的伴奏也不以为苦。反之，越接近下限者遭受殖民统治的伤痕还不深，因此可以认为，他们也居于比较容易从被迫与自己的历史与传统的断绝中恢复的条件之下。

而处于这一世代两极之外的中间分子，问题最多，我把这一世代称之为“山涧的世代”。1964 年现在 30 岁后半至 50 岁后半的人属于此世代。

属于“山涧的世代”上半部分的先辈，以日本方式讲就是体验过大正民主主义的人。此体验也使他们的近代被害者意识＝资产阶级的权利被自觉或自己自觉。但那也只是瞬间之存在，随即以昭和恐慌为转机而被切断。自“九一八”（“满洲事变”）以来，以急速展开的日本帝国主义对中国的侵攻为契机，“山涧的世代”消极或积极地转身或被迫转身为其协助者（不管本人是否愿意），分别被编入最初是伪满洲国，然后是冀东政府，以及后来的汪精卫伪政权之内。进入太平洋战争之后，也被动员成为侵略南洋的“人的资源”附属品的一部分。台湾人“支那浪人”、军属、志愿兵、宪兵队的翻译、军用物资的筹办商人，再稍微下面的世代则以海军工员送到日本内地，充当军需产业的劳动者。这些加害者阶层——尽管在相当大层面是带着“负面”的东西——却从在台湾受到的侮辱、歧视中部分地得到解放，如今在中国大陆、南洋成为日本帝国的二等臣民，狐假虎威，对当地人加以歧视与侮辱。只有少数对历史具有特别洞察力的人，跑去重庆、延安，或在其指挥下从事抗日运动。

现在仅凭记忆将其著名者列举出来，也有下面这些人。

与伪满洲国有关系者，有谢介石与彭华英。谢介石与张勋之子在明治大学时代有深交，谢经历甚多而当上伪满洲国“外交部长”及“驻日大使”。彭华英先是活跃于启发会、新民会、《台湾青年》杂志以及在台湾民众党等组织从事抗日运动，后来就任满洲电信电话公司的社长秘书，并且曾任职于汪精卫伪政权北京方面要职。

在汪精卫伪政权中知名者有成为该政权军队中将、台南出身的黄甚兴（渭南），与逃出重庆、曾是汪政权的导演影佐（祯昭）大佐在陆士（译注：陆军士官学校）的同窗、在李士群死后担任新成立的政治部（原称调查统计部）第一代部长的黄自强（奇敏）等。

文化人之中对日本当局最为合作的，是1920年代积极地从北京向台湾注入五四新文化运动精神的才子张我军。他不但留在日本占领下的北京大学任文学院教授，还以华北代表的身份出席第一届与第二届大东亚文学者大会。

同样是作为文学院教授留任的张的友人洪炎秋（1964年为台湾大学教授、《国语日报》社长），则是受命于国府当局担任“北京大学农学院留平（北平）财产保管委员”，亦即当国府的监督而留任。再也不会有比两个朋友在历史上的个人选择会出现如此大的差距，这一点是能留给我们自戒的事例吧。我对两者大部分的论著都有同感，故感受更深。

从台中一中进入（东亚）同文书院，后来又任同一学院教授的彭盛木（阿木），可说是遭遇了远甚于张氏的历史悲剧。彭也是极为学究之人，除在《支那研究》杂志上发表《关于客家研究》等诸多好论文之外，据我所知还著有一本《支那经济记事解说》。据台湾文艺社社长吴浊流说，他在汪精卫伪政权成立后当过该政权财政部参事，同时兼任周佛海的翻译。另一方面据说又送情报给重庆（少将待遇），后来因事情曝光而投狱，遭日本军毒杀（参照吴浊流著《无花果》[1],《中国》1969 年 6 月号，页 58—59)。出身客家的悲剧主角还有一人，名叫陈觉生，东（京帝国）大（学）出身，据说曾是北宁路局长宋哲元的对日联络者，居于当时能以电话直接与杉山陆相通话的地位。虽然因此受到杉山陆相进行对华特工活动的依赖，但他已经接受龚德柏的介绍，与有名的“国际问题研究所”主任王芃生联络上，在为重庆工作。据说后来也是因为曝光而被谋杀（参照龚德柏,《龚德柏回忆录》上册，页 134—135)。

国际问题研究所是抗日战争期间，直辖重庆曾家岩的军事委员会的对日情报搜集、调查、研究机构，仅因该所为对日工作机构，所以台湾人云集于此。比较有名的人物有秘书长谢南光（春木)，还有两广特派员李万居。林啸鲲、连震东、许显耀等据说也是其成员。

虽然和国际问题研究所是否有直接关系还未查出来，但在同一时期重庆有《战时日本》杂志发行。总编辑是后来在“二二八事件”中“横死”的宋斐如（文端，教育处副处长)；除此之外，在 16 名编辑委员中，据我所知确实为台湾人者有李万居、李纯青、谢南光、谢东闵四人。

在重庆这边的文化人暂且不说，有官职的有丘念台、在日内瓦协助国际联盟的顾维钧（按：顾氏并非台湾人)、在关于“满洲问题”的控诉上大显身手的游弥坚、外交部的黄朝琴等。作为军人知名者的有曾为第三十五集团军副总司令、陆军中将而后病死的新

1 《无花果》后来收入《夜明け前の台湾》，由社会思想社出版。

竹出身者邹洪。邹与陈诚是保定军官学校第八期的同学，在北伐战争中为共同斗争的关系。他也是跳进辛亥革命、北伐与祖国革命之熔炉，在中国革命的达成之中追求台湾解放的诸多台湾青年之一。

去延安的台湾青年中，以埃德加·斯诺（Edgar Snow）在《中共杂记》里以“某台湾人”介绍的蔡乾（孝乾）最著名（未来社版，页 170—171）。

人名的列举就止于此。前辈们思想和行动的分类，以及详细的分析也留待别的机会，让我们重新回到先前的话题吧。

如果说以“先知先觉”、自己跃上大陆舞台的还算好，“不知不觉”地留在台湾的一群的故事就更辛酸了。至今还不能忘怀日本帝国主义的荣光并以此自负的堂兄，所属的海南岛派遣军军属所干的一连串暴行事实，将同人种者以“番刀”极尽砍杀而受表扬的“高砂义勇队”等，是被害者之同时，也是无意识的加害者，应是最为悲剧的主角吧。高砂族的“勇士”至今还被催眠着，最恶毒的是那些实行催眠的元凶，以及与他们站在同一阵营且至今犹奏挽歌的人，他们直到现在还毫无反省，真是令人悲哀（请仔细地阅读《全读物》1963 年 8 月号所载《高砂义勇军始末记》）。

有良知的个人虽然与侵略者或殖民主义者站在同一阵营，但拥有善意者还是占多数的，对这一点我不吝予以认同。但是个人的微小善意到底是无力的（请看《人间的条件》中的梶〔译注：作者五味纯平据亲身战争体验所写成的巨篇战争文学，梶是主角，以一己之力抗争巨大的侵华机构〕）。被侵略者、被殖民统治者那稀稀落落的个人良心，小小的抵抗在大狂暴的历史罪恶行径之漩涡中是同样的无力，这也是我们所熟知的。我们那胆小慎重、有良心的某副教授，正是前记“山涧的世代”所属人物之一。

台湾知识分子的悲剧

他的确是殖民地出身的精英之一，但作为“不够格者”——殖民地主义者经常将除了可作为例外的招牌、有利用价值的某一小部分之外的大多数被统治者精英，以无资格者或不够格者这个好像很有道理的虚伪理由将之排除——从大学的教室里被赶出去。他好不容易在统治机构的末端街役场（镇公所）得到生产助理之职，担任台湾总督府经济动员体制的小配角。他虽被排除，也只能甘为总督府统治的使徒。

光复的一大转机，给这些曾经不够格的精英带来很大的希望。不幸的是，我们的前辈汲汲地为夺回失去的权利和被排除的职位而忙碌，至今未曾拥有过将光复的意义、伴随光复而来的自我定位放在当时的政治诸状况下，从多方面进行反省的主体性想法。想把日本殖民地统治的果实（那是殖民主义者不得不放下的东西，而且其泉源到底只能求之于台湾的勤劳大众，那也是他们血汗的结晶）据为己有而激烈地活动，幻想着只要取到那果实或搭上便车，那么台湾的“近代化”就可达成了。直到现在，信奉这种似是而非的近代化路线的“好人”还是络绎不绝。这些人物不只在台湾，也可见于亚洲各地，从此来看，是否可说是被殖民统治地知识分子的一般通性呢？甚感遗憾。

要自觉到在50年这绝不算短的苦痛日子里，被殖民统治的过程中自己的灵魂已被催眠，要自己唤醒自己的灵魂，作为创造历史的一个主体，应该有必要责问自己的心灵深处，如何作为知识分子去参与策划光复后自己的文化、社会，以及因战争而疲乏的故乡山河之新建设。

随着第二次世界大战终结而来的价值大转换，依各国面临的不同情势，不免有微妙的差异，而且这种差异在程度上还很大。围绕着台湾的价值大转换也在不知不觉中呈现出极其复杂的情况。围绕着我们的价值体系，可大致区分为殖民者的统治价值和带有其痕迹的被统治者的价值，以及在大陆重庆、延安、东北三省（旧满洲）、旅大（旧关东州）、蒙古、南京等不同价值分裂、错综复杂的状态出现在我们的眼前。虽然还只能说是一些很模糊的东西，但已经在那些因战争"结束"而放下心来、极其疲惫地喘气的人们脑际里萦回着。

在当时居统治地位的价值者，不必赘言是重庆（潜在力当然也存在其他的地方）方面。在终战、接收、内战持续发生的过程中，这些分裂的价值急速地往单纯化的方向移动。与我们台湾出身者有关系的部分，也以拿手的马马虎虎，像一窝蜂地奔向"惨胜"之蜜的饥饿秃鹰般，在激烈的抗争下各自忙于抢夺食饵。曾经抵抗过台湾总督府的民族资产阶级也不甘落后，寄身于"大公企业"等，为追求接收的残渣而忙于角逐。对我们而言，"殖民统治到底是什么"这样的问题没有一个"傻瓜"会去问。怕抓汉奸而发抖的买办们，也在弄清楚台湾人是被"割让"的弃民之特殊情况，不会受到追究之后，终于松了一口气。在“皇民化”运动中曾经带头挥旗的御用绅士，在御用文学中神魂颠倒的一伙，也都是只求不要有人去碰触其旧伤口。他们想忘却那噩梦般的日子，什么学问或思想，见他的鬼去吧。曾因在台湾寺庙的“升天”过程中——在战争末期作为“皇民化”运动的一环，台湾总督府曾企图废止台湾人的寺与庙，称之为升天——协助过总督府或郡守，很快地躲到东部藏起来当和尚的曾某，或窜逃到乡下之后再到中部中学当教师而藏身的黄某，或许可以说算是不错的了。

在台湾的价值移行过程中，既然是回归祖国，当然就不可能自外于中国大陆的漩涡之中。但是由于长期遭受殖民统治和以台湾海峡为分界的大陆与台湾地理上的非连续性，使得被日本帝国强制与中国大陆的切断政策更加产生相乘的效果。因此在过去的局面里，与所谓中国的国民国家形成的“近代”志向，不得不出现相当程度的断绝。在现在的局面里，价值转换之前的价值移行（或是回归）过程变得更加复杂。过去是外力强加的分裂，现在甚至已有自己搭上去的情形存在。

这个分裂至少在现象上没有体现出阶级的两极分化，而是像在“村子”里发生村里人与外来人的对立一般表现出来，呈现出一种颇令人费解的样子。台湾出身的精英中大多数在光复当初，曾经以为我们自己所拥有被殖民地统治的价值体系，是与大陆其他各省的价值体系同质的东西。不，对于两者是不同性质的这种自觉，我们的前辈从一开始就没有具备知觉的从容与主体性，这才是真实的情形。

重庆派及其周边的人与其说是从“惨胜”之中重建国家，还不如说是为确保自己的地盘与“日产”（日本人所遗留的财产）而忙碌。在另一种意义上，本地台湾人的上层阶级所具有的价值标准，应该是与自己的价值标准同质的，当初他们对这一点曾有所期待。后来则是透过由上而来、由外而来的强要。据说时间虽然比较短，但与台湾同样曾被殖民地化、有着被重庆派骂为“亡国奴”痛苦经验的东北三省出身者，程度上虽然有些差异，但与台湾省出身者在相当的层面上拥有共同的感受。

原因虽多，但可以被认为是主因之一的，是中国全体未在同一时期被同一国家殖民地化，因此以“八一五”为转机再出发的出发线，不能以同一步调与同一感觉来进行的这一点是我要指出的。未尝过殖民地统治苦头，也可说仅经历过半殖民地体验的人，不必被丑诋为“亡国奴”的官员，抱着解放者的优越感，并且为追寻“惨胜”之蜜而出现时，当然不可能有充裕的关怀、同情等多愁善感的时间。他们昂首挺胸带着几分逞强，但毫不客气地将自己肯定的前近代统治价值，原封不动地、赤裸裸地自上覆盖下来，强加于人。

从相反角度可来验证这一点的是朝鲜人的例子。意识形态的分裂暂且不说，他们是站在同一出发线，以共同的感觉体验到再出发的痛苦——换句话说是朝鲜人的知识分子体验过为了再出发而进行的与殖民者价值的对决——以全部领土、整个国家同时被殖民地化的不幸作为代价。这种大众性的表现从“广泛地拒绝使用日语”，还有在日朝鲜人研究者多数是从事历史的研究，以及许多作家站在抵抗文学的连续线上，继续写出优秀的作品，这些都可看出。

相较于朝鲜人，我们这一边、我们可怜的山涧世代前辈到底又做了些什么呢？写些大致与对决无关的投机文学，一旦遇到挫折便毫不羞愧地以自称犹太人来逃避。就是经济学方面也是如此，以我们自己的立场出发，阐述伴随殖民地化的台湾经济变迁过程的论文几乎没有。目前有的只是与外国人联名留下，诸如儿玉总督和后藤新平是怎样的好搭档，又是如何在热情和科学的驱使之下，把台湾如何的近代化，台湾被开发、被近代化万万岁之类的献媚之作而已。在原始积累阶段的抗日游击队上万之牺牲者，或围绕着土地的收夺兼并之本地资本家、地主阶层，以及农民与台湾总督府、日本资本主义之间的关联，好像一点都不成为问题似的。结果是把矢内原忠雄的《日本帝国主义下之台湾》奉为圣经，放弃自己作为研究者的特权——以自己的头脑思考、创造的智慧创作者的特权，不知旧帝大出身的过去荣光仅仅只是虚像而对其紧追不舍，引以为豪。

对故矢内原博士的为人禀性，我没有在背后指责的意思。反倒是在那疯狂的时节中他的顽强抗争是难能可贵的，我对他抱持敬畏之念。如果说矢内原氏的研究与一般的殖民政策讲座担任者或殖民主义者所做的殖民地研究是同构型的东西，当然我没有这样的想法。然而不管如何，以不谈“价值”的术语来处理，矢内原氏是和加害者、统治民族属于同一阵营的帝国大学教授这点，是不能否定的。

既有上述的局限、又承认学问局限的话，《日本帝国主义下之台湾》已纯粹地、客观地把历史的所有局限都扬弃的研究成果，这应是很难认同的。将其圣经化一事是对矢内原氏的侮辱，是最能显示我们自愿当奴隶之证据。自欠缺对决态度的奴隶想法而来的，当然是坐享其成的想法。即对于那不忌惮地向大谷律子说："过去，日本时代；今天，大陆时代；未来，说不定是美国时代"（大谷律子,《台湾记》，请参照《亚洲社会研究会会报》第 13 号）的奴隶根性全暴露的老丑之态，也没有什么可悲哀的了。

我在这里无意断言诸位前辈完全没有对决的态度，也许曾经尝试过。可看作因围绕台湾的变化过于急遽，而错过对决的时机。但是不能一直用"或许这样……"的漂亮话就完事的。光复已过 19 年，从现在开始也不迟。为了行使我们主宰自己命运的这种当然的义务与权力，比山涧的世代稍晚的我们，来给自己赋予质询日本殖民地化的意义之任务吧。

把忘却当美德的人，可能会以"现在还在……"将我们的提案整理掉；或者逃避现实，以喜好回忆而付诸一笑也未可知。

这两者都不对。我对揭疮疤毫无兴趣。何况殖民统治的历史罪恶不是在统治国的"人"，归根究底是在殖民地统治体制的制度上。再者，殖民主义的牺牲者不只是被殖民者，与殖民者在同一阵营的大部分人也被迫牺牲，这才是真实的，为了慎重起见，特别在此提起这点（参照安藤彦太郎,《检证日本的"原罪"》,《图书新闻》, 1964 年 1 月 1 日号）。

我的意图只是要我们承认自身因被殖民所受的伤痕，要以自己的意志、站在自己的立场上整理这些东西，把可继承的遗产手段化，以此为"杠杆"尝试着做再出发的思考而已。

建议——日本"原罪"的检证

我们的副教授痛苦极了，并非是在讲义的内容上，而是在其表现的手段上受挫。本来应该是最能够得到台湾人学生同情，他们却反而将其看成最无能且分数最苛的顽固者而和其相背离。他在对我们的论文进行理论上的指导之前，就已被中文难倒，过分拘泥于字面的修改。不要说是北京话，就连他自己的母语闽南话也不能完全地运用自如。

由于日本的所谓"近代"教育，的确降低了我们的文盲率。然而我们却付出了远远超过于此"恩惠"的代价：被强制着过这种具有二元性的语言生活。这与某国的精英基于自己的意志学习外国语，以学得的外国语作为手段来使用，在意义上是完全不同的。从外面把日语强加给我们，将我们的母语从所有社会生活中排除，以培育"皇民"为目的而创出"国语家庭"的努力，像是语言也有优劣似的，我们的语言受到了殖民者蔑视。我们汉民族出身的台湾人，幸亏有汉文化作为抵抗的手段，还可在殖民地的状况下利用最低的机会"二元性"将其在家庭生活中勉强保持。

但是既不会写也不会读，根本没有文字的高山族，连这个最底限的机会也无法确保，他们的口传文化在统治末期已大体上面临溃灭状态。

殖民者企图以语言政策把我们从自己的历史与文化断绝。我们少数的前辈培养自己的语言，努力地将之与自己的过去连结起来。随着中日战争的爆发，"国语家庭"的创出与特别配给制度的实施——在台湾推行“皇民化”运动的过程中，将家庭内老幼都使用“国语”（日语）的家庭指定为“国语家庭”，用特别配给肉、砂糖等作为物质上的激励，在政府所有的窗口都使用日语的政策，迫使我们的汉文作家退步。不止于此，还侵蚀我们的语言，最终连我们的思考也被诱导陷入殖民者的圈套之中。从日本人亦即殖民者蔑视我们“母语”的状况开始，到现在终于从我们自身之中创造出积极接纳这种蔑视的买办阶级与阶层。日语已不单单是手段，而变成我们价值的一部分，变成自己颓废的媒介。

一般人能够掌握学问或语言的机会，一生之中并没有几次，特别是语言的学习更是如此。光复当初，我们山涧世代的前辈差不多都已过了适合学习语言的年龄。会话还马马虎虎可应付过去，如果到了读或写文章，更需要以自己的语言进行深入思考的时候，就会陷入非常艰难凄惨的状态，这是不难想象的，实际状况也正是如此。

在台湾的语言问题——特别是随之而来的思考方式——如前所述，与中国的近代化意向有部分的断绝。又在近代的统一国家成立以前——当然标准语也未制定，其普及也没能来得及当成课题排上日程——已被日本分割占据，台湾海峡自然的不连续性，加上人为的强权隔离政策等的结果，使得回归祖国的同时，台湾便客观地被强加上语言生活的三元性了。

属于山涧世代的前辈，在当时与现在都是社会中坚以上的年龄集团（是否位居社会中坚则是另外的问题）。本来真正尝试着承担自己命运的话，应该努力学习自己母国语的。但是价值转移的胶着与语言学习的困难，令某副教授只能凝视黑板，妨碍他去正视学生的面孔，有自信地讲课。悲剧非仅他一人。1950 年代由于国民党当局的征兵而被召集起来的台湾出身的新兵，送别时常唱："代天征讨不义……"（译注：日本军歌）。又选举运动时播放《军舰进行曲》（译注：日本海军军歌），日本军歌在酒家的泛滥，其他很多日本"俗文化"的痕迹，使有良知的人感到心痛。

部分能克服语言三元性的前辈我也不是不知道，但是完全能够战胜则恐怕还是要等下一代吧。

我早就有这种想法：殖民地统治的最大罪恶不是经济基础的破坏或物质的掠夺，而在于人性的破坏。语言上的三重生活，被剥夺了母语，自堕于奴隶的思考等，殖民地统治的罪恶之深，人们应该深深地知晓。

我想，如果只作为传达意志手段的语言机能成为问题，那还是单纯的。问题的复杂性在于透过语言的悲剧含有价值的部分，变成如前述所谓价值转移的胶着状态的一个原因。就是现在这个时候，依然存在着把使用日语看成遗毒与不这样认为的人们之间的隔阂（参照《消除遗毒》，《征信新闻报》，1964 年 1 月 16 日），实在应该感到悲哀。将其当作遗毒而加以指摘很容易，但要让那些不以为然的人理解是很难的。这也是悲剧。这个悲剧的所在，确实还是在于不能共同站在再出发痛苦的起点线，因有不许追究被殖民地化意义的各种内情，在欠缺对决态度的情况下就搭了便车，经历了挫折、逃避的生存方式。问题在于：那些东西直到现在还被以山涧世代为首的诸多知识分子所持有。我是这样认为的，不知如何？

我想起那与殖民地体验的伤痕不合道理地交战，未能战胜，也没能找到再出发的意义，就在自我厌恶之中而过去的某副教授心中的苦恼时，感到心痛的，难道就只有我一人吗?

有个说法是，偏见比无知离真理更远。我们因为只是被不同层次问题的现象面所迷惑，从而具有看不见事物本质的危险，在现阶段不但不会少，还可能重蹈前辈所犯下的历史选择错误的覆辙，其危险性将很大。不一定只有声音大的才是正确的。战争中，日本推出贴补拼凑的军国调理论，迷惑了所有人，冒牌货在表面上占多数的时候，真货就被所有人视为卖国奴而被关在狱中的案例，可当作我们的历史教训。

台湾有很多与某副教授同样小心翼翼、有良心的人，不仅有且似乎还被扩大再生产。这真是令人感到挂心的情况。

最近刚来日本的后辈问道：“如果台湾不被日本人占领，会有今日的台湾（暗喻‘近代化’的台湾）吗？”这个提问本身应没有太大的含意，可是相当多的台湾人拥有这样的疑问，就值得关注了。严格地说是什么都不知道，有今日台湾的假定与没有今日台湾的假定可同样成立，也可以有比今日台湾更好的假定。但是以提问之意来看，显然从一开始就没有预定接纳第三个假定是很明白的。有这种想法的留学生占大多数，所以常常有日本学生会发出“为什么只有台湾学生肯定日本的殖民地统治”这样的疑惑。前面留学生的提问之基底，是在于中国的落后是“中国人”，即恶的根源是在“人”，我们台湾人与外省人（指第二次世界大战后从大陆移住到台湾的人）是不同的说法。我认为这正是民族的自信因殖民地教育、

“皇民化”教育而丧失所引起的。

对于自己的灵魂被催眠而不自觉的朋友，我为此感到着急也不是一两次了。

要查明我们落后的原因，有上溯到鸦片战争、太平天国的必要，应该从科学上去分析我们为什么抓不住近代化的契机，并且开始着手进行。

幸或不幸就像刚刚讲过的，不得已被迫与中国走向近代化的意向断绝的台湾，不但灵魂被催眠，被他民族掌握主导权，变成走向近代化的承担者＝在对日本资本主义的从属化过程中，受到排斥，只能被当作附属品对待。但事实上，当地的资产阶级也有分到某种程度的利益。以这部分分到的利益，显得比在战乱中受尽苦难的我们的原乡广东、福建，在某种程度上保持着更为进步的物质社会生活。此现象造成的幻影使“残渣”不为人察觉为“残渣”，随着时间的经过与光复之初挫折感的累积，起了淡化被统治历史过程中所受屈辱感的作用。人们被眼前留下的结果所眩惑，故而美化了日本统治时代的回忆。

我们从结果中捡出一些来看，的确，日本施行的近代教育——虽是加上许多的歧视与限制——降低了“文盲率”（加上下引号，表存疑，下同）。此外，在日本资本主义的绝对要求下所进行的产业开发，其结果是以近代糖业为首的诸工厂存留下来，近代的卫生管理与设施的扩充令疟疾猖獗的程度减轻等也可被确认。

可是我们知道，其财源的大部分是从我们的腰包掏出去的。

所以我们不能只从结果面来看，将促成此结果的行为过程正当化。何况由殖民地统治所推行的“近代化”企图不值得美化，这是连有良知的日本人朋友也承认的。

此外，上记“成果”如果没有日本帝国的崩溃，就没有留给我们的可能性，这是参照世界史上所有史实皆没有的，对这一点我们绝不能忘记。

再一次回顾日本帝国为何要开发台湾吧。日本帝国的意图不是为了施行慈善事业，这是显而易见的事实。台湾本地的资本家从所有具甜头的事业中被驱逐，连设立只有台湾人的股份公司都被禁止。农民的土地主要为效劳日本资本主义而被收用，再用其血汗去敷设铁路与道路。

用我们的税金所建立的台北帝大、台北高等学校、台北一中，除了少数有特权的台湾人以外，完全只教育日本人精英。“近代教育”除了让我们的精英不成材之外，只培育出医生（为了保持殖民地宝贵的劳动者与农民的健康）与律师（作为维持殖民地秩序的润滑油）。这可说是在任何殖民地皆相同的现象。

因近代教育之故，我们被迫与自身的传统断绝，从唤醒我们灵魂的自身的文学与艺术中被排除。歌仔戏或客家的“采茶”——一种以采茶歌、山歌为中心的农村戏——殖民者不仅不尊重且采取蔑视的政策。在教育政策上，台北高等学校、台北帝大对台湾人的入学限制自不待言，公立中学的入学在第一关的筛选也非常巧妙地被操弄。换言之，殖民者透过农村国民学校或农业学校，在台湾人之中培养农业开发与振兴糖业的下级技术人员。

近代的医院设备与公众卫生设施的扩充，是为确保日本国内资本投资的安全，以及保障榨取的对象能健康如拉车之马般地劳动为最高目的。

如果觉得我这样说太过分，想想如果农民与劳动者大半因疟疾而倒下不能工作时，殖民者向谁榨取？又可榨取些什么来呢？中上流阶层的台湾人受到前述的教育及卫生设施的恩惠是事实，但也只是“顺便”而已，并没有其他更高的意涵。

无论如何都要说日本人是以善意将台湾“近代化”的话，那么，因为日本国现在比战前更富裕了，请问，有没有日本人愿意前去受贫困与疾苦折磨的非洲大陆，人数只要有当时去台湾的人的一半就行了。

殖民地统治的动机是精神上的东西这块招牌，早已被社会科学拆下。至今仍有坚持抱着“帮我们开发”“帮我们近代化”这种天真想法的我们（台湾人），到底是悲剧还是喜剧呢？

在甲午战争中被打败、被殖民地化的我们之所以落后，的确是由于制度上、军事上、技术上的劣势所致。被殖民地化是有其相应的理由的。但如果不以清朝官僚制度的腐败，以及因其腐败而啃蚀大众，渐渐地使我们的前辈不成材这点来看，而以好像中国人是先天劣等般把问题偷换掉，这是不对的。

有许多不经过殖民制度而进步的史例，即不等别人来开发，以自力建成出色国家的“落后”国家之例。

在被殖民地化的同时，我们也正处于走向近代化的阵痛期，在恶战苦斗当中，只要翻开近代史就可以明了这一点。洋务运动是其中一部分，刘铭传在台湾的新政——虽未成功——也是其中之一。

不管怎样，我们有必要积极追究50年的日本统治对我们来说到底有什么意义，然后以我们自己的立场正确地给予定位。要把殖民地遗产从正反两面把握，正面的遗产也非作为价值原封不动地继承下来，而应经过一次客观化、对象化的手续，彻底把它变成自己的手段来活用才好。

不待言，近代化的主导权由谁掌握？由谁挑这个担？由此而来的近代化历史意义就不同。我们的诸前辈未能认识到这些，对自己的定位也不做，天真地以为脱去奴隶的衣裳便可重新成为主人，从而跌了一大跤。

在所有的成功都以美金换算的今日之台湾，从那里跳出来急急忙忙地依样画葫芦，选择与其从根源的问题去接近，不如抄近路来得迅速利落，为追求值钱的东西而废寝忘食的我的友人们，自负不属于此范畴的各位兄姊，现在正是与殖民地伤痕对决的时刻，在新的历史——绝不是作为与中国史、世界史切断的内向狭窄地限制在一岛史上的台湾历史——的展望之中，作为台湾的知识分子应以何种方法参与策划我们的文化与社会，作为创造历史的主力分子生活下去，应该由自己思考、决定来行动吧！

虽已过了19年，绝不可避开为了前进而不可或缺的步骤。要把再出发的苦痛真正地变成自己的东西，从现在开始应该也不迟。我坚信要忍受此苦痛，才是把我们从褊狭与偏见之中救出的唯一道路。

《日本帝国主义下之台湾》可说是基本的文献之一，但绝不是圣经，台湾既不是为了台湾人而被近代化，也不是为了台湾人而被开发；是日本因败战的结果，不得不把产生殖民地利润的乳房留给台湾，对于我们台湾人而言，那只是意味着得到其残渣而已。

我们台湾人何其有幸，未经过流血的凄惨就实现了殖民者的逃散。看！阿尔及利亚的悲剧！我愿意相信他们之中绝没有对法国的近代化喊万万岁、赞美法国的笨蛋吧。

本稿受艾柏特·梅米（Albert Memmi）著《殖民地》（三一书房）、尾崎秀树著《近代文学的伤痕》（普通社，后为劲草书房）莫大启发，特附记于此。

本文原刊于《暖流》第5号，东京：东大中国同学会，1964年2月，页32—40，原题《某助教授の死と再出発の苦しみ》。本文系作者据前文大幅度增润而成。

吴浊流[1]的世界

悼老诗人

（1976年）10月14日早晨，接到乡友C打来的电话。据说是台湾捎来的消息，吴浊流翁已于10月7日在台北市寿终正寝了。

今秋，正与数位知心朋友准备在阔别三年之后，迎接老先生到日本，再一起陪他去泡温泉，并欣赏他以客家话朗诵即兴创作的诗。突然闻此消息，真可谓是晴天霹雳。

非迷信兆头，不过故老之“言”也是令人担心。

龙年是吉祥之年没错，但也有大人物非常“难于跨过”的传说。因身边的大人物噩耗相继，不免要在意故老的兆头之说，近来的心情甚为郁闷。

1　吴浊流（1900—1976），台湾文学作家，创办《台湾文艺》、设立“吴浊流文学奖”等。

吴浊流（右一）至戴国煇日本千叶县宅，和戴国煇夫人林彩美、长子戴兴宇、次子戴兴宁合影，1971 年（林彩美提供）

字浊流，本名为建田，自称雅号为“饶畊”的吴老，为战后台湾代表性作家，又系善于作汉诗之风雅人。

因有《黎明前的台湾》、《泥泞》（同为社会思想社出版）、《亚细亚的孤儿》（新人物往来社出版）等日文版的作品，听说也有不少日本人读者。

吴老在生前曾自豪且充溢感谢之情地告诉我说，他有读者，特别是访台的日本人中，有特地去访问吴家，对他所主持的乡土文学运动——以《台湾文艺》杂志的发行，吴浊流文学奖、吴浊流新诗奖的授与为中心——捐出善款的慈善家。

按照日本的作法，老诗人在台湾是属于赢得多少项奖也不足为奇的人。

然而据说对“政治”“敬”而“远”之的吴老，是以万年青年而自负，毫不掩饰自己豪迈的反骨诗人。虽未曾直接受过体制方的镇压，但也绝非当局欣赏的人物。仅以《无花果》（大胆直率地描写发生在战后台湾的民众暴动事件之作，《黎明前的台湾》所收）

禁止发行等就能完事，实属幸运，他的亲信们为此松了一口气的风声一再传来。

由古稀到喜寿（77岁）的今年春天，吴老的确是勤于徘徊在中国大陆周边（译注：当时未开放大陆旅行）吟汉诗、写游记。其思念又在哪边呢？来日本之时，也朗读大陆诗人作品而独自点头认可，对着遥远的天空，像是要寄托其思念一般，常常张大眼睛向着西方久久回诵不已。哪知翁之身影现竟已不在。

民族正气，永垂不朽。
铁诗钢文，千流万芳。
合掌。

X君……来鸿拜读，感谢。获知吴浊流先生的《黎明前的台湾》、《泥泞》已寄到，而且你们轮流看了之后还举办讨论会，使我感到欣慰。

想起来最初把《台湾文艺》（1964年4月1日创刊，发刊最初目标为月刊，现时1973年3月为季刊，已出版了38号）与吴老的作品介绍给你，是在我修完研究所课程，决定把研究的据点与生活场域放在东京的1965年春天的事。

当时的你，正处于要转移去美国之前，留学欧洲已经五年多了。

离开台湾后，你从一开始就感到寂寞，到达巴黎后不久的1960年夏，就早早地将想要阅读书籍杂志、催促我赶快寄去《文艺春秋》的信发进我的信箱。我现在想象着当时你那充满怨气的脸给你回信。

我在你所要的《文艺春秋》之外又加上《世界》《中央公论》，有时也把松元清张、大江健三郎、高桥和巳的书也寄给你，你应该还记得吧。不久你在读了三本清张的书后，就说已厌烦了，清张的作品可不必寄了。而大江的还说得过去，和巳虽与我们是同世代，你却对他的《孤立无援的思想》读到中途就读不下去而抛开了。

最初我武断地认为，你是因为对学习法语与尼采太投入而疲倦。

去年秋天，我接到你对我的第一本杂文集《与日本人的对话》很长很长的读后感。你特别在对《日本统治与台湾知识分子》（以《某副教授之死与再出发的苦恼》为题，收于本书）（参见《全集》1）给予评论之部分，甚至言及艾柏特·梅米（Albert Memmi）、萨特（J. P. Sartre）、法兰兹·法农（Frantz Fnon），老实说令我感到惊讶。

我过低地评价了你，错以为只对《文春》表示兴趣的你，不过尔尔之辈，在此我特向你道歉。

本来我计划在日本先读两三年的农业问题，再去美国大陆，住进农场体验大农场经营之后，转到北欧学做奶酪然后回故乡。而你与我不同，你的日语、对日本情况的了解都比我高出许多，然而你却断然选择了欧洲，而不是日本，不，是要从世界的屋顶凝视世界、亚洲，以及我们父祖之地的新实验与动向，而选择巴黎作为留学之地的。

对你的“哈欧”，我曾一时在内心觉得不以为然，但即使是在台湾，你将河上肇的《贫乏物语》、三木清、西田几多郎、河合荣治郎、矢内原忠雄，甚至是新潮社版的世界文学全集等等，均从家兄的书架取下，就自信满满地做讲解。

这样有实力的你不肯驾轻，而要从法文的第一页学起的那种“匹夫之勇”，着实有点吓倒了我。

你不选东京而选巴黎作为留学之地的理由，在“从世界的屋顶云云……”的高远说法之外，还有其他更深层的理由。知道这一点，是在把过早失去母爱的我，视如己出而疼爱我的令堂，特地招待我到你的故乡鹿港，为我举办惜别之宴时。

记得那时是 1955 年 10 月。台湾海峡波涛汹涌，金门、马祖炮声隆隆，那余悸至今犹回响于我们的内心深处。

大学毕业后，服义务兵役的预备军官训练班（预备士官学校）的我们的“同期樱花”中，有从大陆单身流亡到台湾、稍微懂得日语的东北出身者，乐天、金钱留不过一晚、爱吹牛的天津人 T 君，怕伤害别人而尽量撒播口惠的上海人 S 君，静默寡言而经常若有所思的安徽省出身的 K 君，我们都偷偷地叫他安徽鲁迅……你休假到屏东 H 君家，读了尾崎秀实的《现代支那论》（昭和十四年岩波新书）而提问道：“日本的新闻记者尾崎说，‘真正与日本打仗的不是国军（国民党军）而是八路军’，K 君那是真的吗？”对此安徽鲁迅君把指头贴在嘴唇边上说：“啊啊，台北市的公交车没有八路（八号线）呀？”记得当时我们都感到有点牛头不对马嘴，莫名其妙。

那 K 君前几年也如愿出国经由东京去加拿大，而这两年杳无音信。你在美国大概有机会与他见面吧。你可以向他询问对有关钓鱼岛问题与尼克松（R. M. Nixon）访问北京的感想。

对了，在那军队这个特殊的人的熔炉中，特别嗜好吃辣椒的湖南骡子（评湖南人的耐劳与迟钝之谓）的Y君也是个不错的人物。

Y君和K君同样是单身流亡到台湾，因此之故，出国许可久久下不来，但在东京奥运会的那一年突然来访，教我非常惊喜。

与从《内外时报》（当时唯一许可输入台湾的日语报纸）上临时搜集到的东京知识为基础，专对土耳其澡堂与船桥、横滨的脱衣舞表演场，以及松竹、宝冢的少女剧团感兴趣的普通留学生不同，他对浅草的庶民街较之银座、对东北的农村较之大都会，更为关心。

我因为没钱不能带他去东北，但代之以东北农村的贫穷与农作物冻灾痕迹之一的吉原（花柳街）与浅草观音为他做向导。

现在已因经济高度成长而很少能见到，但在当时浅草观音寺院内的入口处，到处可看到断手、断脚的伤残军人，穿着白衣裳、弹着吉他求乞的情形。好奇而东张西望的Y君，突然走近一位双手都装着义手、一只脚拄着拐杖站立的伤残军人。停留了一会儿，他将前天晚上在D饭店柜台换来的一张崭新的1,000元日币放进那挂在伤残军人脖子下的箱子里。

痛心地看了深深鞠躬称谢的战争牺牲者身影后，他感慨万分地说：“历史真是奇妙的组合。如果我那遭遇南京大屠杀而牺牲在九泉之下的父母，看到我把1000日元投进他箱子的情景，不知作何感想。”

现在回想起来，在野外演习的休息时间里，他孤寂地在树荫下沉思，以鲁迅般的眼神浮现出某种受不了的表情凝视着不用说北京话，连福佬话（八一五以前占台湾的汉族系住民85%强的福建南部的泉州、漳州出身者的方言，现在又叫闽南话或“台湾话”）或客家话（占同为八一五以前就住在台湾的汉族系住民约13%强的客家出身者所讲的方言，其主流以广东省梅县出身者为父祖）都不说，而刻意使用不太流畅的台湾式日语在喋喋不休的本省人（八一五之前就住在台湾的汉族系住民总称，相对于此，八一五以后从大陆新移住来台的人们称之为外省人）朋友，我现在感到自己终于可窥见那时候他的心情之一端。

在我写这封信的同时，也对自己的迟钝感到生气。尽管与Y君很亲近，而直到他吐露有关双亲悲剧之死的心情之前，我却不曾闻问，对这样的自己，我感到无限的自我厌恶。

这当然不是我一个人的问题。我们一般的台湾出身者，太过于在乎台湾自身，认为只有台湾人是中国近现代史的孤儿、弃儿、被害者，仅在36000平方公里（台湾岛总面积）的狭窄框架内考虑中国的历史，且未能看到现实。

被日本帝国主义的殖民地体制切断得支离破碎的自己所应有的历史意识、被冲淡消除的与中国近现代史的活生生共感，我们也不负责任地将这些置之不理，把“二二八暴动事件”（1947年2月28日，因反抗当局的失政而发生的台湾全岛暴动事件。详细请参照吴浊流著《无花果》）的挫折，说成是被祖国辜负云云，找来所有可合理化自己怠慢的“美丽”且想当然的理由，继续怠忽其恢复。

如果我们不取回与中国近现代史的有生命的共感，抛弃只有台湾人是百分之百受害者的妄想，就不能成为推动中国近现代史的主人翁。

事实上，我们的世代在感性很敏锐、多愁善感时期——中学时代迎来了大战后在台湾的第一个历史转换期，正开始不分朝夕、积极勤奋地为了恢复被剥夺的语言而努力（回归祖国之后，在台湾的北京话学习热是相当猛烈的）。这可能未被很多人明确地意识到，当时对我们来说是回归中国，亦即可以看作是要把自己置身于中国近现代史的潮流中的原初社会性行为。

因为是无意识，所以不久即发生的“二二八事件”，把很多人打进失望与挫折的谷底。他们也在没有意识到对历史主体性确立的不成熟情况下，不知不觉地将自己扮成寻常的历史被害者，再从过去清朝的弃民、被丢弃的小孩意识一转，不，完全不转变就直接简单地成为被中国抛弃的弃儿意识，然后更将自己置身于中国史的潮流之外。

被殖民地桎梏所强化、往昔台湾民众前近代意识表现的“西瓜偎大边”（靠近有力的一方）、“举顺风旗”（看风向）、“鸭卵没对得石头”（无法抗拒有力者），以至“站高楼看马相踢”（当旁观者）的无力社会氛围，以这时候为起点重新弥漫台湾全土。

这样的社会风气，把我们世代的大部分人变得暮气沉沉，使得他们认为历史的潮流是在与自己无关的地方流动着。

这暂且不谈，与此相反的则是在军队内的Y君，不知道“二二八事件”对本省人的知识分子与青年学生留下的伤痕有多深。不，或许应该说是无法知晓。（在台湾谈“二二八事件”是禁忌。吴浊流著的《无花果》的禁止发行，就是以其叙述了“二二八事件”

为理由）。

而即使他能够知道，因疏散到长沙祖母的家，而好不容易逃过南京大屠杀之难的他，在少年期与青年期的前半因处于中日战争、国共内战之中而奔命继之奔命、流浪继之流浪，顽强地如同杂草般地存活下来的他，到底能和我们的伙伴一样，把“二二八事件”、回归祖国后当局的种种失政，当作“祖国”“祖国的人们”对台湾的重大辜负来认识吗？与他们是在长年的生活与斗争过程中掌握了“祖国”“祖国的人们”的实质相比，我们是把“祖国”“祖国的人们”作为未分化的、欠缺具体形象，也就是说仅以抽象的层次来掌握，这是当时的实际情况。这个非科学的、肤浅认识的局限就整个变成我们很重的包袱，至今犹如“尾巴”般掩在后面。

战争的残酷、政治的腐败、政治上的权谋术数、造反与镇压、革命与暴力、权力与民众，用笔舌无法表达的从半殖民地、半封建状态中脱逃的弯弯曲曲、血淋淋的极限状况，不，在他的逃命、流浪的过程中，更有比“二二八事件”大好几倍的悲剧与事件，不胜枚举地频频发生的事实。鉴于他的体验，就是我们以“你对‘二二八’有何看法”问他时，也许得到的只能是“哦，这种事情是经常有的”这种不足为奇的回答吧。

我们的伙伴，作为对现状的不满，与对“二二八事件”所郁积的反抗与反感的些许抗议表现，处于有意识或无意识的使用日语的复杂心理状态，应该可以想象他是无法知道的。

我们本省人的伙伴在兵营内，在一起就偷偷地习惯性地讲台湾式日语，当然不仅仅只是以上的理由。

我们差不多都是出生于“九一八”（“满洲事变”）的前后，未受过殖民地解放运动的洗礼，却遭受了殖民地的奴化教育、被强化的“皇民化”运动，还有是愈来愈被煽动的军国主义教育，可以说是在这个三重滚轮之下，属于比前辈更加几乎被夺尽作为母语的闽南语、客家语，以及高山族各方言的世代。我们的世代，是“殖民地的伤痕”与普通话（北京话）的掌握不成熟——开始学习的年龄太晚，另一方面又因有“二二八事件”及以后当局的失政等，而对外省人的单纯反抗存在于深层心理等理由，特别是在我们世代的学习迟迟不前——诸如这些重叠在一起，使得我们除了台湾式日语以外，没有其他可以沟通的共同语言。

连我与你之间也是如此。高中时代在台北度过，在台湾算是比较自由地读了各种书，学生运动也在某种程度被容许的时期——从 1948 到 1949 年春——能尽情地浸淫在那种氛围中的关系吧，我们能比较早地从把“二二八事件”单纯地看成是台湾人与外地人也是“闯入者”的大陆人即外省人抗争的非科学俗论中逃脱出来，比中南部，特别是受“长老教会”影响比较大的台南伙伴们，对所谓外省人的偏见与抗拒在程度上都比较小。

也许是沾了客家出身的光吧，我的“国语”在班上算是比较好的，而福佬出身的你发音则特别差。

作为出生于鹿港，代代以“书香之家”而有名望的世家之后，你的福佬话比班上任何人都好。但对即使会讲客家话、福佬话却只会只字词组的我来说，与拥有多数者傲慢的通病，对少数者的客家话一句也不会说的你，两人之间的会话便毫不例外地，只能以掺杂福佬话的台湾式日语充数。现在想起来都有惨痛与羞耻参半的复杂感慨。

为了救济从大陆来的“流亡”青年学生，并且以培养在台湾的国民党新体制官僚为目的而设立的短期大学、行政专科学校与行政专修班（后来合并为法商学院，现在为中兴大学法商学院），你还记得吗？那里的毕业生也有很多在我们“同期樱花”中，其中有位虽是外省人但日语却特别好的辽宁省出身的F君吧。

他是依靠伪满洲国关系的日本人而来日入学W大，但因患思乡病而曾在东京闹过一次瓦斯自杀。后来听说他本来没有“流亡”台湾的必然性，但因父亲被问罪汉奸，他本是希望求学北京，而到达北京后却因共产党军入城，慌张中混入一群人从北京—青岛—上海—广东而流浪的过程中，不知不觉地便在台湾上岸了。在台湾完全没有熟人，好像望乡之念难以抑制似的。到夏天他甚至独自去北海道浸淫在大陆情绪中，站在小樽港隔着日本海，对着中国的东北部，一而再、再而三地令其思乡之念驰骋于对岸，听说这是记载于他死后被发现的日记中的。

F君也是了不起的诗人与浪漫家。因为他的体验与台湾人青年的体验有共通性，所以对本省人反外省人的感情也能理解。

他在东京讲给我听的是，他父亲是由于有不得已的理由——知识分子经常为了要合理化自己的行为而利用这个言词——当了日本的傀儡；长兄是作为国民党的地下工作员潜入伪满洲国政府，后来被发现遭枪杀；次兄因反抗父亲与长兄而去了西北部就未再有消息。而八一五以后自重庆回到东北或被派遣来东北的“国军”，装出一副只有咱们打了抗日战争的模样横行于街上，到处受到东北民众的皱眉嫌弃。而因共产党军与国民党军纠缠在一起，所以他的故乡东北便无暇爆发像台湾“二二八事件”一样的事。不然的话也十分有可能爆发与台湾类似的暴动，这是他的分析。

F君很想回大陆，又担心会连累从台湾出来时，当他保证人的老师，在独自烦闷中得了精神官能症，如前面所写的在东京企图自杀。之后朋友们担心他，大家凑钱，也有替他改变环境的意思，把他送到旧金山的友人家。但是他辜负了友人的好意，这次却自杀成功，现在已不必长叹人生的无常，而安静地在旧金山郊外的公共墓地长眠了。

我们透过军队生活，实际上学到很多东西。不只知道“国军”的体质，也知道在人的熔炉中，不分青红皂白地仅依据出身地的不同，而分成外省人与本省人相互排斥，是多么无意义。

虽然这完全是理所当然的事，却使我们切身体会到，本省人与外省人中都是具有各种特色的人，就这一点来说，现在想起来也是很宝贵的体验。

预备士官候补生的我们，不问本省人、外省人都同样是大学毕业的，所以在军营内的处境也还算好。那些帮忙洗我们军服、内衣以至袜子以赚些零用钱，就跑去由于美国军事顾问团的提案而刚刚设立的“慰安所”，只能把追求刹那间性的享受作为生存意义的老兵，其心情博得了我们深深的同情。他们在“七七（卢沟桥事变）”爆发以来，在故乡从军，在八一五之后尚未来得及复员却又被卷入国共内战，更经过海南岛等地而被带到台湾，未能结婚，日以继夜地在底层过着枯燥无味的军队生活，被思乡之念折磨着捱过一天又一天。他们的文化水平只有在军队内识字教育的程度，因追求本省农村姑娘碰钉子，结局是逼对方或挟对方一起自杀的例子也不少。即使在那种场合也得不到本省人的同情，充其量不过是令人蹙颦而已。

大概是在 1955 年 1 月的前后吧，台湾海峡的情势紧迫，或许我们会被送往金门的风声不知从何传来，记得我们都感到很不安。

在上中学的时候，我们被日本教师侮蔑为“清国奴”，因芝麻小事就被高年级或留级的日本学生，辱骂为“清国奴”或挨雨点般落下的拳头制裁，对此莫须有的侮辱，站出来反抗的是高我们两届的 R 先生。他被拉去宪兵队，最后被迫退学。

就是这样的他常对我们叹息着说：“真想渡过台湾海峡去重庆参加抗日军唷。”

R 先生在战后，正如你所知，曾复学念完高中，但因不屑就读旧殖民地大学后身的台湾大学，于“二二八”发生后的第三年，即 1949 年夏，以求学北京大学为目的，去了大陆就再也没有消息。

因与我们的抗日英雄 R 先生的关系，有关台湾海峡的回忆也令人怀念。

台湾海峡到 20 世纪 50 年代，成了美国第七舰队的巡逻之地，不仅对岸戎克船（译注：指中国沿海或内河的帆船）的往来受到妨碍，而且变成兄弟阋墙之场所，真是令人痛心。

也是在兵营享受星期天的外出休闲时，我们誓言不管发生什么，绝不去当藻屑与“炮灰”。

惜别之宴的回忆，又引出军队生活的回忆，冗长地写了有关“安徽鲁迅”的K君、东北人的F君、湖南的Y君、前辈的R君等。

现在暂且把话题拉回惜别之宴的回忆吧。

已经是18年前的事了，当时的情景至今犹鲜明地留在我的记忆中。

这大概是与我们所背负历史之沉重，与类似鹿港风情，深深印刻在我心中，不易消除的一种东西有关似的。

鹿港对我这个客家出身者来说，完全是福佬人的废港之街，如果说自己全然没有不协调的感觉那是假的。但是超越了不协调感，我在此街能闻到父祖之地的气味，而感到留恋与依依难舍。佐藤春夫在《殖民地之旅》(《雾社》所收）写道：

> 鹿港之街，真是不辜负预期、富于诗趣的市街——即使在内地（日本）旧的港街也常常是有趣的。然而此地是异国的，特别是带有我所爱好的国家支那（中国）情趣的一种邋遢之美。一种濒临腐朽的眷恋感笼罩着整个街市……许多二层楼的栏杆悉为亚字栏或绫子纹样等，窗扉也大多以各式花样镂雕而成，檐端吊着八哥或其他鸟的鸟笼。街上有很多木器家具店与雕刻手工艺师。

正如其所描述的，鹿港曾经是中部对岸贸易的要港，在殖民地体制下，虽受过激烈的日本化侵蚀，却完全从日本俗文化的蹂躏中保全自身，飘散着一股浓郁、圆熟的中国情趣之故，我对鹿港有无限的喜爱。

与你一起，从那进深深的二层楼屋顶，观看台湾海峡晚霞时的感动，是因刚听完令尊所讲的“鹿港的街与日本的殖民地统治”之后，从心底里涌现出来的。

这里的街是多么不可思议的港街啊。街上人们讲的福佬话是与其他地方福佬话不同的鹿港腔，强烈地回响在我的耳际。因过去与对岸往来频繁，所以这口音即使在开拓地的台湾，也不容易消去吧。

腔调还没有什么了不起。更引起我兴趣的是，台湾著名的抗日诗人洪弃生，和台湾产的大汉奸辜显荣同样出生在这条街一事。仅因这个组合的确奇异，却又是事实，就足以令人陷入苦思。

不只是人的组合，街道的外表也呈现出满不在乎、无所顾忌的样子。因为在那充满着浓厚中国情调的大街后面，有着无非是以台湾民众一部分血汗钱所盖的辜家宽广的洋式大宅邸。

街道的表情乍看似乎保持着“宁静”模样，而承袭了洪弃生流派的汉诗人所举办的诗会，顽强地留着辫发、穿着长衫以示对日本统治无言抵抗的文人墨客风气与传统，潜藏于底蕴静静脉动着，我能以我的切身体验领会到。

对着风啸吼，赏月吟诗的汉诗人，留着异民族清朝遗风的辫发，穿着不适于劳动的长衫，有其保守后退的一面，但也表现出具有反抗异民族日本人殖民地统治的旧式中国民族主义的意义，这是谁也不能否定的吧。

事实上很多旧世代的知识分子，是透过吟诵汉诗唱出其抗日心情，表明自己意志的。

殖民地统治的铁链把我们台湾人从外面锁得越紧，旧世代汉诗人的集会、诗会活动就益发积极展开的史实后面，其实蕴含着对殖民者企图切断台湾人与自身传统中国关系的文化活动面的抗日初期型态，这一点是不能看漏的。

当然，也不是说台湾的儒者、汉诗人——他们之中多数也是地主阶级出身——全都抱有抗日之意，一意只为追求与自己的传统和祖国中国心理上的渊源而在吟诗。

台湾的殖民地当局在统治初期，就曾企图对台湾人抗日运动内部实行离间与分化，在统治的翌年（1896）早早就设立了“绅章法规”（译注：即《台湾绅章条规》），尝试对台湾人的儒者、绅士、有名望之士等授与绅章以笼络他们。儿玉源太郎与后藤新平的搭档，更以官方的活动举办“飨老典”（敬老会）、“扬文会”（招待清朝时代受过生员以上称号者，即举人等儒者、士绅，嘱之书，令之咏诗，并设宴招待之会），私下又在儿玉有名的别墅“南菜园”，召集台湾人与在台的日本文士，令之以诗文唱和，并发行《南菜园唱和集》以发送。

被这一连串“甜头”诱惑而受“安抚”之余，产生出咏汉诗，唱和、赞赏总督府“善政”的买办之徒的史实，我们是知道的。

酒宴正酣之时，令尊突然问我：“戴君，佐藤春夫的一系列记述台湾文章，特别是《殖民地之旅》，你读过吗？”伯父又接着说：“佐藤先生在里头称为A先生，当佐藤先生向导，并带他观光鹿港的人物，是我很熟悉的前辈……”

现在把佐藤的《雾社》（1936年版）中，有关A先生的部分抽离出来，抄写如下：

火车到达彰化，到换车还有30分钟时间，A君提议利用此时间去看距离车站不远的公园，一切委任于他的我便默从了。公园在一座名叫八景（卦）山的小山上。（中略）只忘不了的是，那山丘上的树荫下有一座大石碑。那是领台当时我军镇定匪乱的纪念碑，仰视着碑面的A，对碑文中使用的匪徒或贼徒等字眼不喜欢，揪住我要和我议论，真是令我感到有些吃不消。从内地人（日本人）的眼光看或许是贼匪，但从本岛人（台湾人）的立场看那是爱国者。何况他们是在一个组织下，遵守军纪的军队，将之当成匪贼，与劫盗同视，而建立于并非只有内地人才能目击的公园，是为政者的无常识。这是他议论的开头，并且时时以相当激越的文句掺杂其中，表示出对统治的反抗。至今为止的旅行中，这种意见，有时会拐弯抹角地从本岛人的嘴中透露出来，因此我们已经听惯了。然而如果倾听这种牢骚，恐怕得听上几个钟头，而且若将彼此境遇调换思考的话，并非可付诸一笑之感情，因此我对这种议论自然处心积虑地尽量避开。偏偏又偶然在此发生，所以真感到有点吃不消。他在驶向鹿港的车中，还一个人继续着此议论，向我不停地解说光绪二十一年（1895）5月初旬改元为永清元年的唐景崧、陈季同、刘永福等，计谋建立台湾民主国的建国运动历史，口若悬河。A对以蓝地黄虎为国徽、最终未曾出现过的国家充满热情，在我感到简直无法招架之际，幸运地火车吹响汽笛并同时停车到达鹿港。本来就是空想、南方之民的他们，把这个未建国就已亡国的流产共和国，当作悲歌或歌颂的适当好题目似的，我也想承认这确实真是个好诗材。我只是在想，他们在背地里如此地喜好逞口舌之辩，或如A一般身为受内地人颐使之一小吏而求显达，或一般好与内地人交游以求名誉，有如此风习来观之，以彼等之态度为卑屈者，无法认同之部分亦不少。

喜好文学的我，不只读过这部分，而且对此A先生如果是真实人物会是个怎样的人，也很感兴趣。特别是，A先生对当时为殖民者阵营之一的佐藤先生，讲述台湾民主国及其有关史实和抗日游击队的故事，责难八卦山石碑把抗日游击队刻为匪徒或贼徒还竖立在公园，而且以激越的口气抗议日本的统治等行为，应该如何作想呢？我一直在想，因此伯父的这番话引起我很大的兴趣。

伯父像是要回答我的疑念似的，充满感慨地说道："佐藤春夫先生来鹿港时，是29岁的年轻诗人。他有关鹿港的手记在当时的日本人来讲，可说是比较善意的描写。因他是对中华文物抱有无限思慕、对鲁迅文学也寄予好意的人物，所以在1936年的阶段发表了《雾社》，也描写了与A先生的对答，我愿这样想。可是A先生的发言，你们只是把它当成有勇气的发言来看，这是不正确的吧。毕竟佐藤先生的来访是1920年初夏到秋天之间的事，时值日本大正民主主义刚拉开序幕，在中国大陆是五四运动的余烬未熄，此席卷中国、告知走向现代胎动的暴风雨，也波及台湾各地，台湾青年也有被那热气熏昏了头的好季节。A先生的发言可以说是搭上那个季节的热气。即使现在还是记忆犹新，在佐藤先生来鹿港后不久的10月17日，我们的英雄人物、台湾人第一位飞行员谢文达先生在台中做了威风凛凛的乡土访问飞行，简直令我们趾高气扬地称快啊！在那清国奴的侮蔑歧视与殖民地体制令人窒息的氛围下，当时连日本人飞行员都只有寥寥数人，谢先生的大显身手让我们愁眉顿开。"

然而关于这位谢文达先生，去年为了调查连温卿、苏璧辉（皆为台湾世界语运动早期的指导者）的事，访问了冲绳学者比嘉春潮翁，已90岁高龄的比嘉先生知道谢先生，反而向我询问起其消息，真是令我吃惊。

正如很多人知道的，谢先生在此之后参加了台湾文化协会的议会设置请愿运动，也赴大陆从事过抗日运动。

依前几年在香港遇到的W前辈所说，谢先生不只是参加抗日运动，还是国民党空军草创期的飞行员，曾赴太原轰炸背叛中央政府的阎锡山军，因飞机失事受重伤而被阎军掳获。

谢先生因为是中国稀少的飞行员之故救了他一命，后来被释放回到南京。但虽是草创期的国府空军，早已有地域主义与美国派的派阀主义横行，对于台湾出身受日本教育的人物，加之又因事故已受伤的他，当时的实权派没有温暖伸手接纳他的从容。谢先生也与其他很多例子一样，离开南京政府的空军，据说在大战末期投到汪伪政权下的航空关系机关任要职。

不断地遭受日本特高跟踪的谢先生，最后陷入只有在汪精卫伪政权内找到生活场所的困境，这种具有讽刺性的轨迹，因不只是谢先生一人之路，真是令人痛心。

陪席的曾为新闻记者的杨伯伯，像是承继我的思路一般地开始讲道：“谢文达的例子也是一个典型，但与我们同世代或比我们稍前的世代之中，脑筋好又爱吵闹的一伙，对日本人的横暴行为发起反抗或罢工（课），受到处分便到日本内地或大陆去追求新的天地。当然毕业后为了留学而赴两地的人也有，到大陆后在北伐的过程中战死的也不少。只是一开始就去大陆的人，受到前辈的忠告或早就体悟到大陆的政治氛围，所以就隐藏自己的台湾出身，而自称福建人或广东人在大陆扎根才能生活下去。但从台湾去日本留学时，因在日本与台湾的往来之间受到日本官宪的镇压、压迫而感到厌烦跳进大陆革命熔炉之中的人因年纪轻，带着透过殖民地教育而渗入体内、既单纯又审美的日本式脾气，与‘大陆即祖国，祖国即温暖’式这种极为单纯而图表式、过于天真的期待，而满怀浪漫主义回去的例子为多。

“他们不能正确地认识到因侵略与革命而处于混乱的祖国，从半封建半殖民地状态中逃脱出来，同时又抱着在历史上向近代与现代过渡的课题，急遽震荡的父祖之地，各种各样的矛盾与纠缠赤裸裸地全暴露出来的、处于极度混迷状态的祖国形象。不，可以看作是他们大多在认识之前已在门口畏缩了，因为期待过大，失望与挫折也就更大且更早来临。

“而妨碍他们正确认识祖国的理由，是他们之中大多数与我们同样是地主阶级的出身。因为日本的台湾统治在精神面的确是强加歧视与压迫的，不过在物质面虽限制台湾人的资产阶级发展（禁止仅有台湾人的股份公司设立），但因有必要圆滑地榨取农民，台湾的寄生地主被包容、重编，我们的高率佃租是受总督府权力保障的。我们认为以受保障佃租的恩惠所进行的‘造反’毕竟只是‘秀才造反’，T君觉得如何？他们是观念单纯的爱国主义者，又是小资产阶级民族主义者，在激烈的中国革命过程中的动摇，是很容易理解的。克服这种动摇，找寻延安、重庆之路的人虽是少数但有其人。然而找寻后者之路的大多数人，也大约与所谓的克服这种漂亮事大体上是无关系的，只是漂流于中国的政、军界，一听光复即认为好机会到来，自以为老子才是台湾人的代表而招摇跳出，使用所有招数想头也不回地冲向权势富贵之道。看到他们忘了初衷，丧失了革命的热情，围绕着求官与接收的特权而神魂颠倒，实在令人感到悲哀……”

听着杨伯伯的话，我的胸中萦回着游弥坚（已逝，日大毕业湖南大学教授，光复后任台北市长）、黄朝琴（已逝，早大毕业，国府第一位台湾人外交官，光复后曾任台北市长、台湾省议会议长）、黄国书（淡水中学中辍，上海暨南大学而后于日本陆士军官学校毕业，光复后任“立法院副院长”“院长”）、翁钤（从龙潭公学校毕业赴广东，后就学于北京大学、九州岛帝大，光复后任民政厅长）、连震东（《台湾通史》著者连雅堂之子，庆应大学毕业，抗战时与谢南光、李万居等服务于国府军事委员会国际问题研究所，光复后任台北县长、“内政部长”）、李万居（从北港的公学校赴福州、上海，由上海国民大学而巴黎大学，任国际问题研究所粤港区办事处主任，1945年春入重庆从事台湾革命同盟会业务，从事台湾研究与日本败战后的接收准备等等，光复后曾任《台湾新生报》社长、台湾省议员。“二二八”过后的1947年10月创刊《公论报》，决心以在野党的立场从事言论活动，在20世纪50年代末到20世纪60年代初与雷震、高玉树等一起迈入“反对党”——在野党——的结党运动，后因雷震的被捕入狱而失败，《公论报》也转让他人而解体，于不得志中病故）、谢东闵（从台中一中到上海苏州大学，再经中山大学，任中国国民党直属台湾党部执行委员，光复后曾任高雄县长、台湾省立师范学院院长、台湾省议会议长、台湾省主席）等人物。

他们之中一些人已逝（译注：1979年时），但暂且留到日后再对其做评价吧。

然而在光复后，他们大部分是属于能置身于照得见阳光位置的人。但是在南京、上海等地因间谍嫌疑被杀的同文书院唯一的台湾人教授彭盛木（阿木）、洪弃生的儿子 M、世界语家苏璧辉等，则是完全无可挽救的了。

当然将他们处刑的权力掌握者中，有日本人也有中国人，虽说是间谍，也有出于自己的意志担当祖国防卫的一翼而被毒杀的、在混乱中因误解受冤枉而被处刑的、忘了殖民地解放斗争的初衷在革命的熔炉中选错了处世法则而被杀的，其动机与状况各式各样。

不管怎样，他们在中日两国间激烈战争的谷底苦闷挣扎，结果是尚未能见到他们梦寐以求的台湾回归祖国、乐土台湾的出现，即已被当作牺牲品献上祭坛，这真是一场悲剧。

“可说不幸中大幸的，是洪诗人的另一位儿子洪炎秋之事吧。炎秋是当时为数甚少的北京大学的台湾人学生之一。他没有张我军（同时期在北京，把五四运动的气息注入台湾，是在台湾推进白话文运动的第一人。七七以后作为北京大学文学院教授留下，以大东亚文学者大会华北代表身份，参加过 1942 年 11 月 3 至 10 日间举行的第一届、1943 年 8 月 25 日至 28 日间举行的第二届大东亚文学者大会。光复后搬回台湾，曾任台湾省合作金库研究室主任等职，安静度过晚年）的显赫，但以本名洪槱加入《南音》(1932 年 1 月 1 日创刊的白话文杂志，尝试透过白话文推动思想与文艺的大众化。随着第 12 号的禁止发行而停刊。顺便一提，第 11 号是 1932 年 9 月 29 日发行）的同人，自北京明里、暗里向我们传递大陆的动向与气息。

“就是这样的他，在中日战争中，受国民党的密令，留在北京大学农学院，当了所谓的受当局之命的‘汉奸’，对战争结束后无原则的抓汉奸感到厌烦，以及因任北京台湾同乡会会长而致力于华北区台湾人的复员，于1946年5月带领二百多名台湾青年，告别住了25年之久的第二故乡北京回到台湾。

“归台后的他，先是担任台中师范学校校长开始教育事业，被卷入不久后发生的‘二二八事件’，危机中逃过牢狱之灾，出任国语推行委员会副会长，现在是台湾大学中国文学系教授。洪家在千钧一发之际，两位儿子差点都被断送非命于地狱谷。

“比起炎秋，他在北京大学唯一的台湾人同期同学、光复后任台湾行政长官公署教育处副处长的宋文瑞（斐如）的死，就更悲惨了。

“宋先生在抗战中与洪先生不同，他赴重庆，服务于国际问题研究所，担任被认为是外围团体的战时日本编辑委员会发行的日本问题研究杂志《战时日本》总编辑（顺便一提，在台湾比较知名的编辑委员还有谢东闵、谢南光、李万居、李纯青等），对日本问题进行过活跃的发言并发表研究论文。归台后被任命为以台湾出身者来说，是破格的教育处副处长之位，但与陈仪等人的台湾施政不兼容，遂辞职创刊《人民导报》批评恶政，而丢了性命。

杨伯父皱着眉一而再、再而三地叹息道。

长时间的酒宴与沉重而珍贵的话题之间，我擅自领会到了你未整理好内心、不愿踏日本之地的心情。

本来，你经常去消磨时间的吃茶店H，经营者是单枪匹马的抗日运动斗士张深切，你寄宿的清信医院，是由左翼抗日运动的指导者而后渐渐脱离到与汪精卫伪政权有关的彭华英夫人，彭蔡阿信的医院，加上你敬爱张先生，对彭先生夫妇表示出特别的兴趣，常常强调应将他们的体验作为教训来吸取等，如果将这些关联起来思考的话，我应该能更早理解你不是口头上装样子的反日家，也不是单纯的哈欧派，不够灵敏的我还不能到达完全理解你想法的地步。直至今天我想还有不少未能理解的部分。

这个暂且不谈。你作为读了前述吴浊流老两部著作的感想，表明自责之念，说我们的世代是如何的怠慢，对此我要举双手赞同并与你唱和。

吴浊流作品之世界一言以蔽之，可说是以殖民地体制与人为主题的殖民地文学。身为美国邻人的你的发言我可理解，希望吴老描写我们世代的体验与意识，但有些不好意思讲的是，那是太过分的要求，与此同时我要指出，那是放弃自己必须肩负的责任。

1900年出生，已过古稀又三年的吴老，现在还抛出自己的私有财产培育后进，致力于提倡作为中国文学一部分的乡土文学之余，自己也继续作诗，写长篇的《台湾连翘》，这已是足以令我们惊讶的了。

我们对吴老的付出表示感谢的同时，即使有表明要正确地继承他的事业，且有决心使之发扬光大的义务，应已没有苛求的理由。我是这样想的，你认为呢?

听说你另外一位激进的年轻朋友好像提出过吴老的作品主要是处理殖民地体制与人的问题，欠缺冲击力，也缺少动人心弦的切入，这种批评也可在日本的年轻读者中看到。可能人家会说我过时，但我不能苟同那种读法。

本来吴老的作品风格，他表明自己对老庄哲学有共鸣，而且也正如他说过的，他喜欢“像无花果一样，从不显眼，在人所不知的地方静静结果”的生活方式，因此他的作品里不出现英雄，也难找出高声疾呼的声调。

但是作品的趋向却洋溢着重量感，从字里行间听到的是自然温和的告发。我感觉到一种彻底地，以自己仅有的率直肉声贯穿于他的语调中，有迫近读者、不散的魔力。

他又常以“我”——这个我有时只三分之一，有时或三分之二，更有时是百分之百的吴浊流自己——开始说起，以事实为根据，极其正确地把围绕在自己身边的殖民地体制下的各种政治、社会现象的诸多型态放进历史的脉络中，细致地为我们描绘了殖民者与被殖民者在殖民地体制下栩栩如生的行动轨迹与纠葛。

众所周知，战前派的台湾作家中直至战后的现在，未曾中断过创作活动的人除了吴老别无他人。换言之，尽管不利于创作的政治状况对所有台湾知识分子而言几乎是共有的，然而只有吴老一人能精力充沛继续工作的秘密是什么？除了作为作家主体的吴老，其凝视政治、社会及其历史的眼光与态度之正确性，我认为没有其他的理由可寻找。

你读了我的《雾社蜂起事件的概要与研究之今日意义》(《思想》，1973 年 2 月号〔参见《全集》1〕)，你说，第二次雾社事件是日本当局所导演出的事件，当时的警察官小岛源治做了自白，不是在战争刚结束之后，而是在现在这个时期有这种自白，这一点你愿给予正面评价，但从那文章的脉络来思考的话，有点危险也看得太单纯了。很遗憾我不得不这样指出。

小岛自白的意图，和引导出他自白的江川博通的主观意图，都绝不是你所期待的“基于殖民者应有的反省发言”，所以有问题。又不巧的是，江川先生的《雾社的血樱》是自费出版，很少有人可看到。即使可以看到，书整体的基调是与你的期待完全相反的话，小岛先生的自白被正面手段化的可能性就很小。

最近我有机会读到曾经是取缔台湾文化协会抗日运动总掌管，前台湾总督府警务局长本山文平的回忆录《梦的九十年》，可惜也是自费出版。

台湾人的无赖汉去当日本权力的爪牙，在我们父祖之地的福建、广东舞爪张牙地施虐，祖国同胞把台湾人称之为“台湾呆狗”（台湾的疯狂呆狗，狗字通爪牙之意）敬而远之，这个史实应该听说过吧。

有良心的台湾人很容易忘记那些“害群之马”的存在，只认为祖国的人对台湾人太冷淡，这也存在于诸如尊父所说的、吴浊流作品中也出现过的，一般台湾知识分子的意识底层中。

本山先生写道：

在台湾警务局长时代，《福州日报》的记者李吕冀曾当过我的向导。李在当时改名为李子堂，得到板垣陆军少将的后援，当上天津大报《天津庸报》的社长。有关李吕冀，当时的军部说，有可以表明他是如何地粗暴的故事。李以前是台湾万华黑道帮派的一员，受我的友人《福州日报》社长镰田正威君提拔，在《福州日报》当社员时，受台湾军司令部Y

副官之密令，为制造出兵南支那的借口，在福州杀日本人，地位愈高愈好，军舰的舰长也行。李考虑之后，就去杀了正在生病、看样子活不了多久的日本人小学校校长。台湾军司令部以此为借口，向日本的军中央部申请出兵。然而日本军的中央部，以出兵仅限于北支（译注：中国北部），而把向中国南部出兵的请求驳回。领事馆警察不知其来龙去脉，寻找出犯人，检举了李，将之护送回台湾，以杀人罪审判。李主张受军部之托，社长镰田君也向台湾军司令官真崎大将抗议。办案的二反田裁判官当初不信李之言，但后来向军部查询后才知道属实，遂将李以不起诉处分，并将其放回中国南部。

像这种殖民者的证言，最近在各式各样的层面均可捡拾到，可惜日本一般的庶民，到现在远未达到从本质上把握殖民地体制的程度。

从日本具有代表性的日本近现代史研究者远山茂树教授开始，到20世纪60年代具有代表性的青年作家大江健三郎，对问题的认识的射程，也只是刚够到达冲绳而已。

所幸，随着日本与亚洲所应有的新交往方法成为日本的新课题，慢慢地出现有良知的研究者和青年学生阶层以殖民地问题与殖民地史作为研究题目，总之，我想这是一个可喜的征兆。

在此意义上，可说是吴老的作家活动原型《亚细亚的孤儿》，在继他的两部著作之后也将要出版，这是可喜可贺之事。

诚如你所说，吴老的诸作品是台湾知识分子要当创造历史、推动历史的主体，以自己的意志回归到中国近现代史的脉络必读的文献。

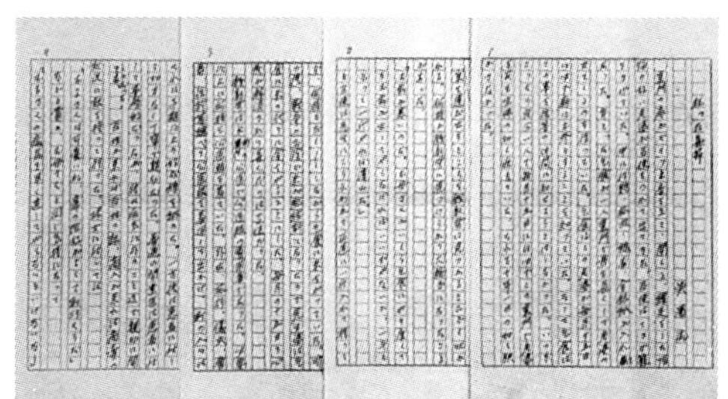

吴浊流手稿
（原件典藏于“中央研究院”人文社会科学联合图书馆）

我们不能像《亚细亚的孤儿》中的主角胡太明一样，停留在被孤儿意识——这也是百分之百的被害者意识——折磨而到发狂的阶段。

因为那样，所以吴老以“很像是太明的男性……乘渔船到了对岸。也听到太明在昆明的广播电台做对日广播的传闻”来暗示胡太明的下落。我们不应该将之简单、武断地作为对自己约定之地的“认同”证言吧。

我们的紧急课题不是别的，是要彻底思考——对于我们来说日本是什么，日本的殖民地统治到底是怎么一回事，克服与扬弃殖民地体制所留下的对祖国与日本根深蒂固被害者意识，确立自己的主体性，虽是晚一点，但应准备好去参与改写中国史吧。

对于日本的读者诸贤，我希望各位把吴浊流先生的作品当作确立亚洲真正的和平，与创出中日两民族应有的新善邻友好关系的食粮，并作为理解殖民地体制所造成的人性破坏本质，与肉眼看不见的殖民地体制伤痕之启蒙书来读。不是台湾人，正是日本人自己在变成亚洲孤儿的危机状况正在迫近，因此我做出这样的期望。

X 君……请原谅写成这么长的信。这封长长的信，坦白地说，我是在自身被刀割的感觉中，花了 50 天才终于写成的。

最后把浊流老最近的诗作自《浊流诗草》中摘录如下，搁笔于此。

回忆沦亡五十秋，为奴半世愧前羞。
几多忧愤言行外，借问同胞记得不。

祈勇敢奋斗。

再见！

1973 年 4 月 15 日

本文原收录于吴浊流，《アジアの孤児》解说，新人物往来社，1973 年 5 月 25 日。文前的“悼老诗人”（老诗人の死をいたむ）一节，原刊于《京都新闻》，1976 年 11 月 15 日。

吴浊流致戴国煇函

敬启者:

上周以水陆邮件寄上两册《浊流诗草》,书中页 329 下段漏了一行,请把附上的纸片“风清月白无聊夜”贴上。接着还会寄出 20 册。

为孤儿(译注:《亚细亚的孤儿》)在日本的再版大力相助非常感谢。《泥泞》,据东京的朋友来信说甚获好评。《泥泞》《陈大人》与《波茨坦科长》编在一起出版,而且以一个观点的结论做了解说这一点使小说更加生动。

那么(依我的看法)这次《孤儿》与《疯狂的季节》编在一起,如果能够加进《功狗》我想会更精彩。《功狗》也不过七八千字,稍微勉强应可编为一册,真是得陇望蜀,这也是老人的贪得无厌吧。谨供参考。

最近非常忙,大量的来鸿,光是写回信就让我疲劳不堪。一直到四月的大会一点闲空都没有。或许这样身体也因之愈来愈好。徐先生似乎还不能去。

吴浊流

1 月 21 日

爆竹与中国人

从中国传来的消息常常是具有冲击性的。这次围绕着“四人帮”政变的报道也不例外。

然而，在一连串有关“四人帮”政变的报道之中，有一段可说是不显眼的，谓“酒与鞭炮售罄”云云。不知读者诸贤有否注意到这一点？

酒暂且不说，这鞭炮到底是怎么一回事呢？我想不少日本人会对此感到诧异吧。

事实上，不只是以日本人为首的外国人，就是在鸣炮的中国人自身，也往往不清楚为何要放鞭炮。看起来在一般的情况下只是因为大家都这样，有喜事的时候也要，因而习惯性地自己也就照做，并没有经过太多的深思熟虑。

是否为了反映这一点，成立新中国之后重新编辑的《辞海》（1961 年 11 月第一版之试刊本，本稿利用其复刻本〔龙溪书舍〕，将简体字改成繁体字）中如此记载：“古时用火爆竹，爆裂发声，谓之爆竹，以为能驱除山鬼，于节日或喜庆日燃之。”

照现在的说法是在节日或喜庆之日鸣放，而应注意的是，鸣放的理由被看成是为了驱赶“山鬼”。不用说，有关爆竹与驱除山鬼的故事可散见于中国的古籍。

在公元6世纪成书的年中行事记，梁·宗懔《荆楚岁时记》有“正月一日，是三元之日也，谓之端月。鸡鸣而起，先于庭前爆竹，以辟山臊恶鬼”的记载。此乃其中一例。同文中的“山臊恶鬼”就是相当于前面的“山鬼”吧。

又有关“山臊”一词，隋朝人杜公瞻在附于《荆楚岁时记》之后的注释中，曾做如下解释：“按《神异经》云：‘西方山中有人焉，其长尺余，一足，性不畏人，犯之则令人寒热，名曰山臊’，人以竹着火中，烞熚有声，而山臊惊惮远去。《玄黄经》所谓山㺐鬼也。”《神异经》自不待言，是后世之人冒前汉之滑稽文学者东方朔之名而写的知名伪书。是谁所留的伪书暂且不管，杜公瞻曾引用过，所以应是隋朝或更早以前所刊行的书，这应该大致不会错。

杜公瞻那段话的大意是：“据《神异经》说，‘西方的山中住着怪人，身高一尺余，一只脚，其性不怕人，冒犯之则令人生病，名叫山臊’，人（若遇之）将竹投入火中，（竹节爆炸）轰轰作响，山臊惊惮而逃，即《玄黄经》中的山㺐鬼”。

《荆楚岁时记》与《神异经》何者成书较早，在笔者的评论之外，暂且搁下。其实直至隋朝，爆竹都不是塞进火药使之爆炸之类的东西，而是把青竹或苦竹投入火中使其发出声响，从前面的引文中即可明白这一点。

因而爆竹之名，实可说是其“原型”之表现。

然而，在现代中国人的日常用语中，爆竹已成死语不通用，但在日本语中，爆竹一词还持续在被活用着，这倒是蛮有趣的。顺便提一下，现代中国人把爆竹叫作鞭炮、纸炮或炮仔。

前面的引文又给予我们另一个教诲，即爆竹，也就是烧竹子的最初目的是在袚除不祥。“山臊”或恶鬼本来是不存在之物，可解释成所谓的妖怪或邪气。

围绕着“四人帮”政变的“放炮”是否含着消灾的意义，该是非局外者所能知道的。当然如能消灾而且“开运”，无疑是代表高兴、喜庆的事。但是鸣炮的原意并不是因为庆祝，或有喜庆的节日所以要鸣放，恰恰相反，是为了消灾、开运，希望带来吉祥——这是鸣放者方最初的道理。《神异经》所记暂且不谈，《荆楚岁时记》记述的元旦鸣炮习惯，至今仍在中国人或华侨社会里连绵不断地延续下来。

这令我想起笔者年幼之时，台湾家家户户门上所贴的春联（又叫门联）对句中，也有：“爆竹一声除旧岁，桃符万户更新年”和：“爆竹声中一岁除，春风送暖入屠苏。千门万户曈曈日，总把新桃换旧符”等句子。

日常用语中可说已经成为“死语”也不为过的爆竹，在春联等对句中至今犹可见到持续不变地使用。或许是因为消灾之愿尤为人们所信奉吧。

到了唐朝，爆竹之名又被加上爆竿。因竿不外乎是竹竿，收录于《全唐诗》，来鹄《咏元日诗》[1]中有："新历才将半纸开，小庭犹聚爆竿灰。偏憎杨柳难钤辖，又惹东风意绪来。"可做凭据。追溯古籍可见正月元旦鸣放爆竹的习惯，似乎自《荆楚岁时记》以来就扎下根了。

中国人也把正月元日叫作"开正""开春"，于年末准备完迎新年，除夕之夜一家吃团圆饭后就等"开正"。"开正"因干支而定时刻，时刻到了家家户户一起鸣放鞭炮迎新年。旧中国或现在的台湾以及东南亚的"华侨"社会，鸣放鞭炮的同时也在神佛前供奉红枣、冬瓜糖、生仁糖等"甜料"，并燃香、烧金箔纸，一家大小恭拜，此仪式称为"开正"或"开春"。

日本在除夕之夜必须撞钟，而中国人就是鸣炮迎新。现在的日本，在节分（译注：立春、立夏、立秋、立冬的前一天，至今日主要指立春的前一天）进行祓除邪鬼仪式，但古时候则是在除夕当天。消灾除秽，祓除邪鬼，然后举行迎新年仪式，只是没有爆竹之声响，但可说日本人与中国人是抱着共同的愿望在辞旧迎新的。

在前面所举的春联对句中有"桃符"一词，系指春联、门联，其由来据说是《山海经》。

《山海经》有言："东海度索〔朔〕山有一大桃树，蟠曲三千里，其枝向东北，其下有二神，曰神荼、郁垒，执害人百鬼以食虎，黄帝以之为法，象之桃板（枝），以挂户上，画二神于门扉以御凶鬼。"今之门联

1 据《景印摛藻堂四库全书荟要·御定全唐诗》所载，本诗题名为《早春》。

（春联、桃符）即出于此。（片冈岩，《台湾风俗志》）

鞭炮与春联可说是构成中国人迎春仪式的一套东西，或可说直至现在还有一部分在沿用着。

提起春联对句，前面所引用的“春风送暖入屠苏”中的屠苏令人挂心。因为在我的记忆中，喝屠苏酒的习惯在我们的生活中已经消失。我还清楚地记得来日本的第一年，因贺年而拜访日本人知己时，受到主人以屠苏酒款待，令我感到些许惊讶。

据孙思邈（药上真人）的《屠苏饮论》，“屠”有屠杀鬼气、“苏”有使人魂苏生之涵义。以现代式的说法是一种中药——其处方为大黄、蜀椒、桔梗、桂心、防风（各半两），白术、虎杖（各一分），乌头（半分）——磨细装入布袋，在除夕之黄昏吊于井中，元旦取出连袋浸酒中，全家共饮之。一人饮全家无恙，一家饮全村无病。浸后之渣挂门口，据闻可以之避瘟气。

在近乎于全盘接受西洋医学的日本人中留下了屠苏酒，并经常尝试着将西方的冲击反弹回去，对“中医”抱着无限执着的中国人中却已不见了屠苏，这到底是为什么？我对此感到兴趣无穷。文化交流产生出如此的结果，又岂不乐哉？

闲话休提，言归正传吧。

爆竹不是燃苦竹、青竹使之炸裂，而是改用将竹管、纸管或纸筒内塞入炸药，可设法令之能够随意爆发又是从何时开始的呢？

清朝人翟灏（晴江）在其编著中，曾有如下的记载：

古皆以真竹着火爆之，故唐人诗亦称爆竿。后人卷纸为之，称曰爆仗，前籍未见，惟《武林旧事》言："西湖有少年，竞放爆仗"……又言："岁除爆仗有为果子人物等类……，内藏药线，一爇连百余不绝……"。(《通俗编》)

这是略述从爆竹转移向爆仗的过程，但若仔细查看，可发现不只《武林旧事》，宋朝崇宁宣和年间（1102—1125）描写开封都市社会生活的《东京梦华录》（孟元老著，1147年成书）中也提到过爆仗的使用，但是都未言及制作方法。

可证明爆仗无疑为现在鞭炮之原型的数据，是南宋施宿所撰写的《会稽志》（1201年成书）中"除夕爆竹之声相闻，或以硫黄作爆药，声尤震厉，谓之爆仗"。

由爆竹变成爆仗，时代愈往下移，用途也从过年之夜的祓除不祥走向祀神、送官、嫁娶、盛宴，甚至于月蚀之时也鸣放用以助兴。

曾是祓除灾厄道具的爆竹，现在大多用于表示诚意、喜意之助兴道具。

然而或许是因为其声音与小枪、"连珠鞭炮"与机关枪之声响容易混淆吧，政府时或禁止鸣放。在国共内战时的大陆、"戒严令"下的台湾、越战时期的堤岸和西贡等地就是如此。特别是在那种时代，有心之子民会明确地记起那逐渐被遗忘的"爆竹是祓除灾厄的道具"。

正如前面所看到的，爆竹有时是小孩的玩具，但也会变成大人极具政治性的道具。

本文原刊于《月刊百科》172号，东京：平凡社，1977年1月1日

两本“遗著”——尾崎秀实与瞿秋白

不知从何时开始，我把尾崎秀实与瞿秋白连结在一起，进行许许多多的思考。1955 年秋天来日的我，在翌年即早早地读了《爱情如流星雨》一书。在台湾，读了从我二哥书架上取来的《现代支那论》，受到很多启示，后来又不知在哪里读到伊藤律问题（译注：可能指《战后史中的日本共产党——历史的真实与伊藤律问题》，1961 年，日本共产党中央委员会出版局），从而促使我买了《爱情如流星雨》来读的。

《多余的话》自不待言是瞿秋白的“遗著”（日译本有丸山升的《言わずもがなのこと》，“中国革命文学 10，革命回想录”所收，平凡社）。这暂且不说，我读《多余的话》是在 1963 年春天，在司马璐著的《瞿秋白传》的附录本，即中文本上。

瞿秋白（1899—1935）是新闻记者出身的中国人政治家，也是文学家。瞿比尾崎年长两岁，出生于江苏省常州市的书香门第。他们两人虽是同时代之人，却有中日间之差别，且与前者出生于破落的“书香之家”相比，后者则是有出生于虽然不大、但在殖民地台湾保有“威势”的书香门第。两者出身也还像是有共通之点。

尾崎为直属共产国际的谍报团一员，共产主义者。瞿为草创期中共之领导者，曾一度负有担任中共总书记（1927 年 7 月—1928 年 6 月）重责的人物。

据说《多余的话》为瞿于 1935 年 2 月，在从瑞金到福建省长汀南部的山地移动过程中，被国民党军宋希濂部队逮捕，到同年 6 月 18 日被枪杀之间为止所写的遗著。

想把经历过极为坎坷多舛生涯的瞿秋白与尾崎，特别是在极限的状态之下，他们被迫所写或自动写的“遗著”重叠起来思考的，应不只笔者一人吧。

自中共政权成立后，有关瞿的正式评价，首先可从 1953 年，由北京人民文学出版社的《瞿秋白文集》全八卷四册之刊行窥知。

他被赞颂为不屈不挠的共产党员，永远的革命烈士。但此评价并未持续很久。1964 年遭受第一次批评，然后因“文革”的关系，1967 年又可看到更激烈的批评展开。批评者集团以《多余的话》为根据，断定瞿之背叛共产党，最后断定秋白为真正的大叛徒（此间的经过详见井口晃《读〈多余的话〉——转向、瞿秋白的情况》，《文学》，1976 年 4 月号所收）。但是，对井口的见解我有几点不能苟同之处，待以后愿另外撰稿论之。

当对瞿的批判也传到日本时，在我脑际立即浮现出的是，假如日本共产党政权成立之时，对尾崎是否也会有同样的“鞭尸”之事发生呢？虽然两者在各自国内政治中所占的地位相当悬殊，这是不言而喻的。

坦率地说，由评价到批评，尤其是“文革”中所牵涉的背叛批评的脉络之中，我感到某种异常的“政治的臭味”，并为从作为我们中国人“自家人”，身上可窥见不容易跨越的人的“卑劣”或“罪孽”，而感到很难受。

我读了《尾崎秀实著作集》（劲草书房刊）的第四卷，将包括“上申（译注：呈报）书”（一）、（二）在内的尾崎的“遗著”重读了一遍。两人著作最大的共同点是对马克思主义或共产国际的批判一行，不，连一句都没有，对此令我感到惊讶……

我不太清楚，人在被强行求死，而且是在受到“预告”面临死亡的情况下，一般是会对家族吐露爱情的吧。秋白与秀实也不例外。但我认为吐露言语深处所隐藏的意识结构，存在着相当大的不同。尾崎像是尚未从明治维新以来，被再编强化的家族主义“负荷”中获得自由似的。与之相比，瞿是五四运动的主导者之一，因此受过儒教批判的大运动洗礼，又是破产的旧读书人家庭出身，所以家族主义的“历史包袱”在他脑海里，可能留不下痕迹。

秋白是将对独生女（系妻子带来的孩子，本人没有亲生子，但据说对其疼爱有加）的祝福，彻底地与对所有幸福的孩子们的祝福同时提及的。（原文是：“**这美丽世界的欣欣向荣的儿童**，‘我的’女儿，以及一切幸福的孩子们，我替他们祝福。”又着重点〔引用者所加〕的部分是否也可解读成他所指望的“约定之地”“约定之社会”，我一时萌生出这样的想法。）

其次，两人对“体制”的认识也好像相当不同。承认有使用“奴隶”的语言作为前提，尾崎的国家观、对体制的“迎合”言辞，与前面所提“家族主义”的“负荷”应不会完全无关吧。对尾崎不是天皇崇拜者的看法，我无意插进异议。但非崇拜者，与秀实在精神上不是天皇制的“囚犯”这一点，应看成是具有不同意义的。

尽管那样，好像秀实在狱中，也在“斗争”、积极地“要活下去”。

与秀实相比，仅限于读秋白的《多余的话》，他把“文人”限定为无用之物，把自己定位为无用的“文人”之一，“彻头彻尾”的穿插着“自虐”的词句，吐露“已疲倦”，渴望着“甜美的休息”，将被授予“伟大的”休息的心情。

他，秋白，的确被“士绅意识”“士大夫意识”所囚囿，自认为“怯懦”“优柔寡断”“兼具典型的‘弱者的道德’”，所以自己连“最低的革命者资格也不具备”，说自己实系早就应该被剥夺党籍的懦弱无用之人。

秋白的这种自我分析，我知道有将之照单接收的人；但是我想尝试用别的读法解释。他承认自己被国民党“俘虏”，但没有将国民党当成“体制”来意识的迹象。我想秋白所意识到的“体制”是半封建半殖民地的体制吧，而且他透过体验，知道这种体制是相当脆弱的。这一点很重要。在他看来国民党只不过是在中国革命中的对手，是附着于半封建半殖民地体制上的附庸而已。

以上的看法如果能被接受，认为在秋白的内心不存在秀实身上所能看到的强力“体制之敌”是有可能的。因为强力的“体制之敌”不存在，所以他可休息、想休息吧。

换个说法，我认为他是要以作为无用的“文人”，企图韬光养晦。因为有陈独秀（1931 年被逮捕，关到 1937 年）的前例，他对自己被利用或被国民党拟做交易的“客体”的可能性，应该是完全可预知的。为了贬低自己的“商品”价值，所以有前述对自己进行“自虐”式分析的尝试；也可解读为他把所有责任都加在作为个人，无用的“文人”自己身上。对自己分析的内部化愈彻底，就愈可贬低“商品”的价值，对组织的负担便愈可减轻，这样的想法过于穿凿吗？正因为他的这些努力有了成果，所以才遭受判处死刑的命运。陈独秀是保持了自己的“商品”价值所以得以存活下来，出狱后积极展开攻击中共的评论。陈因为存活下来所以“死”了，瞿却因死而苏“生”，不是吗？至少到 1950 年代前半为止，我想中共当局是如此评价他的。

秋白因患了结核，不难想象他的确是变得怯弱了。另一方面，他乐观地认为中国的大众可以凭自己的力量打造他所意识到的“体制”，而且他的伙伴们也可以给予充分的指导，这是可以想象的。

我觉得在秀实的情形是，他认识到仅以自己内部的力量，到底是无法促成“体制之敌”崩溃的，他走向只有贯彻败战主义，才是能够打倒他自己所意识到的庞大“体制之敌”之路的迹象很浓厚。所以他积极地挣扎、尝试着存活下去。

我认为两者之间的不同，除了个人的资质之外，也是很大程度上受制于中日两国“近代”的结构不同的前提下显现出来的，不知事实到底如何。

这暂且不管，对秀实执行死刑的日本军国主义体制，吃了两颗原子弹而“崩溃”；处死秋白的国民党军部则“逃”进孤岛台湾。两个死刑，执行者到底得到了什么？一切都只是“虚”的。活在同时代的有心无告之民，被夺去能发挥出拥有稀有资质的优秀知识分子的才能，积极地将其运用到历史进程中的机会。

人们现今犹在重复其愚行。巴基斯坦前总统布托（Zulfikar Ali Bhutto）的处刑，伊朗伊斯兰革命的种种处刑，我们到底要等到什么时候，才可超越此野蛮的世界呢？想着秀实与秋白的“死”，读其“遗著”令人格外感慨。

本文原刊于《尾崎秀実著作集5》月报，东京：劲草书房，1979年7月。

令我脸红的四十年前的往事

“七七事变”以后，台湾平静的田园生活，很快就受到了骚扰。日军侵入华南，台湾的青壮年，很多被拉去入伍。“南支派遣军”司令安藤利吉（最末一任台湾总督，战后畏罪自杀），认为台湾人既讲闽南话、客家话，又通汉文，就将他们派到闽粤地区去。那些搬运军用物资的苦力，叫作“军夫”；那些做翻译、调查、慰劳、联络工作的，叫作“军属”。

大约民国三十一年之际，我们村子也被拉去一人当军夫。记得他大概干了一年多吧！这位在公学校（专给台湾人上的小学）毕业以后，一直就在我们乡下种田的老实人，有一天穿了一套日本卡其军装，没有佩戴任何阶级徽章，拿了一个八等瑞宝勋章，退伍下来（这是日本勋章之中，最低的一等，在侵略战争末期，日本政府大量发给帮助他们打这不义之战的人）。

我的父亲为了给这位归来的军夫洗尘，特地请他到我家来吃晚饭。当天安排的客人，不是至亲，就是好友，没有外人，郑重其事，目的是想听听这个故国劫后归来的客人，报告他在广东的所见所闻。我父亲频频催促我说：“明天早上要上学呢，早点睡吧！”可是，我这个小学五年级的小鬼，充满着好奇心，实在不愿意，拖延了好久，才勉勉强强爬上床，在那里躺着，假装睡着了。

大人们并不知我这小鬼有诈，等我上了床，顷刻之间，就迫不及待地，争先恐后向这军夫提出一大堆问题，诸如：我们的故乡广东现在的情形怎么样？广东乡下，像我们说的这种客家话，还可以通用吗？日本兵在那里有没有干出坏事等等。当时台湾与大陆的往来被极度限制着，海天远隔，音信难通，我父亲那一辈人对自己故土广东的关怀，和那思乡的饥渴，好像一下子就要得到满足一样。良久，军夫压低了声音，慢慢地开始细诉日本兵在我们家乡干的种种暴行，如何惨绝人寰，如何动人心魄，其中包括兽兵强奸了我们中国妇女之后，还用刺刀从阴部把她捅死！

现在每每回想起来，犹令我脸红的是，当时，在蚊帐里偷听大人讲话的我，突然爬起来，大声说道：“日本军是‘皇军’，不会干出那种坏事！”

这事发生得太突然，以致大人们全给吓得面无人色，手足无措。纷纷到我跟前，诚惶诚恐地训诫我，今天这番话一旦泄漏出去，他们全都会坐牢，那军夫可能给警察大人逮去，也可能被宰掉。我现在还清清楚楚地记得，当我爬起来大声说出上面那两句之前，还听到父亲说道：“这场战争的胜败已定，日本兵敢于干出这样伤天害理的暴行，断无战胜中国之理。我们回归唐山怀抱的日子，也就不远了啊！”

本文原刊于《教育の森》，东京：每日新闻社，1979 年 2 月。

原题《軍夫の帰郷谈》

隐痛的伤痕

“你这个混蛋东西，是从哪里滚进来的臭清国奴，哼！明年再也不让这一类东西进校门！”

这野蛮、恶毒的吼声，曾经深深地伤害了我幼小的心田，震撼了我的生命。如今，随着岁月的流逝，整整有 30 年了。这一片往日的伤痕，依然清晰地遗留在我心灵深处，它常常在不知不觉之间，隐隐作痛，啃咀着我的记忆，历久弥新。这伤痕宛如无形的文字，写出殖民统治下的辛酸和亡国的血泪。

那时，我小学（公学校）刚刚毕业，历经重重的困难，才踏进了那一所著名的州立中学。入学后第二个礼拜，在“国语”（日本语）课堂上，日本老师高野要我朗读课文。当我站起来读时，那恶毒的吼骂就震碎了我的心灵。

“清国奴”三字是日本人当年对我们台湾人最起码的骂法，充满了藐视和恶毒的侮辱。当时，我们汉族系台湾人念的叫公学校，而日本人念的叫小学校。一直到了日本投降前夕，才改公学校为乙种国民学校，原来的小学校改成甲种国民学校。但是，教科书却故意教我们念低于日本人小学一年的书。入学考试当然依照日本人小学课本考，刻意安排这个，不就等于当局在作弊吗？根本是无理和野蛮的不公平。然而，这日本老师居然还有脸骂我“清国奴”，还加上一句明年不再让我毕业那所公学校的学生进校门，以示他的无上威权。

我所毕业的公学校，位于偏僻的农村，全校才只有六个班级。我是自创校以来，破天荒第一个考进当时州里唯一官立中学的人。自然被认为是很大的光荣。记得当那喜讯传到我们村子时，全村给我这个小家伙来了一个大宴会，其轰动可想而知。但是，如今入学才两个礼拜，这个日本老师的一声辱骂，却使我永远留下了心中的伤痕。

我们汉族系台湾人念日本语，一般都搞不清浊音和ラ行和ダ行的分别。我呢！浊音没什么问题，但是ラ行和ダ行，即使今天当了大学教授，还是念不好，写错也是常有的事。

追根究底，这和我的家教很有一点渊源关系。我出生在一个小康家庭，不能说穷得连日本语也念不起。但是，我的祖父，乃至我的父亲，向来视日本语为“贼”的玩意儿。本着“汉贼不两立”的春秋大义，终其一生，既不学，也不用，以“严夷夏之防”。因此之故，我上小学时，连个最起码的发音也一窍不通。我就是那样一个华夏的小家伙。

我们中学的那一位高野老师，听说是没有学历而经过检定考试取得教员资格的，只因如此，他就耿耿于怀，自惭形秽，居然患有严重的自卑感。他除了鞭子、铁拳和不绝于耳的吼骂声之外，对于教育的内容和爱，这一切，都了无所知，后来日本人战败投降了，这下子我们同学对他的怨恨爆发了。有一天，把高野的房子包围起来，要找他算旧账。这个过去以辱骂、鞭子和拳头对待我们这批本岛人（台籍）中学生的家伙，终于坐在地上，一把眼泪、一把鼻涕地哭嚎起来。我实在不想再见到这个“东洋鬼”的脸，我并没有应邀去参加这次行动，我倒对这个日本人充满了怜悯之情。

和这样卑鄙人士成强烈对比的老师也有，那就是我们的汉文老师谷口先生和物理老师惠美先生；这两位老师不但没有以“清国奴”三字来骂过我们，相反地，谷口先生曾用柔道把欺负我们的日本学生摔倒在地，打抱不平。可怜天下好人就是那么短命，当我来日留学时，曾想探访这两位老师，闲话离情，不料他们都已作古，令我无限感慨。可叹的是，今天用经济大国做靠山，在我们的家乡台湾又出现当年与高野相类似的暴戾之徒，在那里得意忘形，表演日本武士式的丑态。

岁月悠悠，战后已三十多年了，任凭时光逝去，并未带给日本人太多反省。马齿徒增，我居然对于当年无法容忍的殖民地官僚与教员们的作风慢慢能够了解了；他们不也是殖民主义的被害者吗？对于这些人，除怜悯之情，我还有什么可说的呢？

由于那些恶毒的辱骂所造成的伤痕，常常警惕着我，避免伤害学生的“心”，并且，鞭策着我，坚持一贯主张，去反殖民主义与反种族歧视。这样说来，我个人的伤痕却也不想积极地把它医好，宁可让伤痕留在，好做警钟时时用它。

本节原收录于《子どもと教育》，东京：あゆみ出版，1978年11月。
原题《いまも疼くいまわしい蛮声》

日据价值体系之批判

——访戴国煇教授谈林少猫事件

王晓波

戴国煇的书库

此次，我受柏克莱加州大学和哈佛大学的邀请赴美访问研究，路过东京，下机专程拜访久仰的戴国煇教授和“台湾近现代史研究会”的日本学者们。

6月19日，我来到了东京。20日，见到了戴教授。五十开外的戴教授，热情、健谈、博学，现任立教大学教授，他的著作《华侨》《台湾与台湾人》等享誉日本学界，由于他的著作改变了不少战后日本人对台湾人的印象，他那优美的日文，充满民族自尊自信的雄辩语言，也纠正了由邱永汉、王育德、史明、廖文毅、辜宽敏等人带给日本人对台的偏见。22日，也见到了“台湾近现代史研究会”的日本朋友们。我们由台湾史的研究和“中国结”“台湾结”的争论谈起，也谈到了在台湾发生的林少猫事件。

戴教授身为汉族系台湾人，旅日28年坚持不改国籍，拿的还是“中华民国证照”，又是研究台湾史的学者，因此，我也很自然地要求戴教授站在台湾人和治台湾史的立场对林少猫事件发表一点看法。

于是，23日，戴教授带我到他千叶县的房子，那也就是他的藏书所在写作的地方。在他钢筋水泥建造的书库中，看到了我在许多图书馆所没有看到过的那么丰富且齐全的台湾史料的收藏，那也是他留日28年来心血之硕果。在书架上，他取下了《台湾宪兵队史》《警察沿革志》《台湾治绩志》《台湾匪志》《台湾匪乱小史》《陈中和传》《台湾法令辑览》等书，于是戴教授探本溯源地说话了。

匪徒或义民

首先，他提起了《匪徒刑罚令》，该令是根据1896年第63号法律(即“六三法”)，由总督府在1899年11月5日所发布的恶法(律令)之一，“不问其目的为何，凡藉暴行或胁迫以达目的而作结合众人者即为匪徒罪”。其目的并不在于针对一般的抢劫或强盗，而是针对抗日义勇队。不仅仅抗日义勇军遭这项刑罚令处死，同盟会会员罗福星也是遭该项刑罚令处死的，难道罗福星也是“匪徒”吗？后来，在由台湾士绅发起的“六三法撤废运动”中，《匪徒刑罚令》也是主要的对象之一。台湾士绅大地主的财产是需要“法律”保护的，如果《匪徒刑罚令》是真正惩罚土匪的，他们为什么要求撤废？

关于林少猫抗日的事迹，现在台湾已经有很多人谈了，戴教授只强调二点：

一、从当时日本方面的数据可以知道，日本人是把林少猫视为第一号敌人的。林少猫之所以能游击那么久，没有人民的掩护行吗？他是在“人民的大海”里受到掩护的，所以，才能神出鬼没地从事对日本军警的

抗日领袖林少猫

游击。人民为什么要掩护他？并且甘冒身家性命的危险，当然是他得到了人民一定的支持拥护才有可能的。

二、林少猫袭击日本军警的部队不仅有汉族台胞，而且还有高山族台胞。可见当时山胞和汉族抗日的立场一致，并且，也表示了林少猫不但受到汉族台胞的拥护，也是受到山胞的支援，这更证明了林少猫是抗日义勇军中的一个不可多得的杰出领袖。

站在日本统治者的立场，林少猫诚然是反异族统治体制的“土匪”，但站在中华民族和被统治民族的立场，林少猫当是不折不扣的义民才是。我们今天怎可根据当年日本统治体制立场和他们的官方宣传，把林少猫也视为“土匪”呢？这是价值观念的混淆和民族立场的倒错。

陈中和违背民族立场

至于陈中和，戴教授说，刘永福还镇守在台南的时候，陈中和就在高雄迎接日军，协助日军的后勤补给，为侵台日军建立地方秩序，后来又担任联合保甲局长，协助日军歼灭林少猫等人义军，对日本殖民统治歌功颂德，这些都是事实，无法抹煞的。当时的高雄市尹（长），也是陈中和去世时的葬仪委员长（治丧委员会主任）的今井昌治，和高雄州知事（县长）太田吾一，在他们为陈中和作的悼词中也都提到了。

澎湖厅民会代表陈光灿和高雄鼓善社代表陈江力也在悼词中说：

帝国领台，皇军剿匪，民心恐慄，逃窜一空。公明大义，为国家尽忠良，为地方保安宁，晓示皇军纪律，秋毫无犯，使民众安居乐业。其造福于地方，又足为吾人感念而追悼者四也。

林（少猫）匪跋扈，人民苦痛，公以恩德兼施，协助官宪功诱归诚，上得以报国家之私，下得以尽地方之责，迨宠受皇恩赐叙功勋五等，荣耀门闾，齿德俱尊。

戴教授说，陈中和协助日军，得到许多特权发了财后，曾经为沽名钓誉，把得来的不义之财捐出一些来从事慈善事业，这也是事实，同样是不容抹煞的。但是，他协助日军侵台是违反民族大义的，是任何稍有民族立场的台湾人所不能苟同的，也不便接受的。所以，杨金虎先生虽然也写了悼词，但绝口不提陈中和协助日军之事，而只提他的生意成功和沽名钓誉的慈善事业。戴教授翻出杨金虎以汉文作的悼词如下：

呜呼！先生久檀令名，陶朱并驾，管子之声。持筹握算，颇善经营。急公好义，恤孤救贫。公平义取，古道待人。果断灵敏，料事如神。历任公职，惠泽斯民。兰桂逞秀，头角峥嵘。拥资巨富，一世功成。君志虽展，贫缺滋荣。蔗境方甘，忽尔骑鲸，泉路有知，赈恤当行。

呜呼痛哉！天何苍苍无情，返魂无术，愧我活生。白杨啼鸟，永吊孤茔；生刍一束，聊表微忱。呜呼哀哉！伏维尚飨！

戴教授表示，陈中和为了他个人及和他背景相仿的糖商、地主及地方豪绅的利益，去协助日军，我们是可以理解的，但是，我们却不能接受以此种违背民族大义，并舍弃大多数老百姓的社会公道，而只为己争取私利的行为为是的价值观念。

继承与负债

接着戴教授谈到历史是非和历史人物评价的问题。

首先，他认为，历史的是非是千秋万世的公道，是不能以政权体制的短暂利益来评断是非的。否则，历史就失去教育的意义和参考的价值。古今中外史家是非常看重这一点的，为了保卫历史的公正和真实情愿牺牲生命，董狐之笔是中国史家最高的典范，也有“一字之褒，贵如华衮；一字之贬，严如斧钺”的垂训。由于历史的公正和真实，经长期的累积才能提炼出一个民族基本的道德规范。陈中和为一己一时的现实利益，而没有为人民和为自己的千秋万世的名声而奋斗，甚至以伤害民族大义和人民道德的手段来达到一己一时的利益，他可以是一时的日本殖民政权体制的功劳者，但不能成为台湾历史上的正面人物。

其次，如何对待汉奸后人的问题，这又是层次不同的一个问题，戴教授说，人无权选择父母，当然也没有承担其先人行为的直接责任。不过，他又提到民法上的继承权的问题，遗产继承必须全面继承其正负两面的，也就是说，继承了先人的物质遗产，也就必须承担先人的负债，民法上规定不能只继承遗产而不继承负债的。否则，我们如何对待日本篡改历史教科书的问题，那些日本战犯和侵略罪行都是上一代的事，与这代日本人无关。但他们既然继承了上一代人的日本，除非他们放弃日本国籍，当然也就必须有承担上一代日本人“负债”的道义。以我们而言，上代日本人的侵华罪行，对现在的日本，是“可恕而不可忘”。我们绝不是复仇主义者，但也不能成为历史的健忘症者。

戴教授还指出，他立教大学一位同事粟屋宪太郎教授，其父亲是职业军人，在侵略战争中战死，他是孤儿出身。去年（1983）到华盛顿，在美国政府的公文档案中找出日军当年以毒气杀害中国人的日本军方所编的资料，经过整理，今年六月中旬在日本发表，日本《朝日新闻》还在头版以特别醒目的版面报道出来。戴教授认为，任何人种和民族对于揭发自己先人罪行的事，总是难免感觉痛苦的，但是，这种勇于揭发先人过错的史学家的良心，才是重整战后日本道德伦理之途。掩饰日本先人过去的罪恶，只会使得日本人的道德更加堕落而已。

重建历史的价值体系

戴教授呼吁台湾的同胞，不能因为某人是汉奸的后人就予以制裁，那是野蛮的血统论，我们必须反对。但是，汉奸的后人，如果他们在物质上继承了其先人的财产，在道义上，也不能不继承其“负债”。这些汉奸后人应该把这些问题分得清楚，也要对历史负责，回馈社会，为其先人向烈士遗族赎罪，像粟屋教授一样勇于揭发其先人的罪行，才能得到社会的宽恕和尊敬。我们的原则还是“可恕而不可忘”，否则，历史又如何能激励后人、教育子孙呢？

要在台湾建立台湾史，戴教授说，台湾社会应主持公道，以确立历史的是非，汉奸后人也应向前看，不要一味掩盖自己的家世，那不但不会得到同情和宽恕，反而会激起公愤的。他们应当怀抱着道德感和民族伦理来面对史实，协助大家建立正确的台湾历史的是非。

戴教授最后说到，光复后，台湾社会的秩序应有移转，价值体系应当重编，也就是，从异族统治的社会秩序和价值体系转变成自主的秩序和价值体系。

但是，这种移转重编的工作，在光复后不久，被"二二八事件"干扰了一次。1949 年，国民党当局"迁台"，为了巩固政权，匆忙地建立反攻要塞的秩序，因此，连批判和纠正原来日据下被异族统治所扭曲的秩序和价值体系的工作，都没有来得及做，便迁就并做了妥协。为了稳固政权就拉拢了高层台籍豪绅、大地主们，连他们所信奉的三民主义哲学的价值体系都没有想法建立起来。后来，又都忙去搞经济，忙着赚钱，这项工作也就被金钱第一主义给冲走流逝，直到现在。

国府在光复后没有重新建立自主的、以民族正气、社会公道为支柱的秩序和价值体系，史学界也没人去做这项批判和纠正日据下台湾社会秩序和价值体系的工作，以致林少猫这么清楚的问题，大家竟争论不休。所以，戴教授最后呼吁，台湾史学界必须将台湾史整理出一套属于中华民族自主性的价值体系出来，这是台湾史学界，包括他本人不可逃避的责任。

本文原收录于《前进出版社 · 每周一书》(前进系列总号 67 号)，

1983 年 7 月 5 日。

日语与我

记得大概是20世纪50年代末左右，在东京大学农学部部长招待我们外国籍留学生的聚餐会上所发生的一件事。

印度的S君第一个发言，“讲课能不能用英语来讲啊，日语太难了……”他用生硬的日语说道。

当时常常在媒体出现的水产H教授因为常去联合国等机构吧，“啊，在我的研究室里是尽量这样做的。”他回答道。其他多数的教授则显出一副很为难的表情，一时出现了冷场。

“来留学不就是以日语的听讲为前提的吗？还有如果不用日语，毕竟对以国费留学生来招待我们的日本人来说，不是不礼貌吗？”韩国人的H君以有点生气的口吻加以反驳。

S君也有些激动地申述：“日本本来不是我的第一志愿国。在去不成伦敦之时，听说来日本有奖学金，所以就来了。归国后就几乎没有用处的日语，在日本以外不通用的日语，为什么我必须学呢？在这里日语好的只有韩国人与从台湾来的中国人，不是吗？”“对不对，戴君，你们因为是受殖民地统治，所以日语很好是不是？”他说道。

“正如S君所指出的，的确我们是因受日本的统治而学了日语，不！应该说是被强加的比较正确。但这应该是另一个问题。我们当下的课题不正是在于自问我们要向日本学什么，应以什么样的姿态来学吗？拿我自己来说，过去曾经因殖民地统治而被强加的日语，眼下可说是作为学习的手段，并且被当作与日本人交流的媒介，可说是为了使留学生活变得更为充实而活用它。”我试着回答道。不久便散会了。

我想与S君进行更为深入的讨论，便邀他去吃茶店。

自尊心很强的印度人S君尚未从激动中平静下来。

“H君到底是什么念头。想对因受三流帝国主义日本的统治而学到的日语表示感激吗？是怎么样的家伙。”

“S君。你可能误解了H君，他应该不会对日语有特别的感激。证据之一是，在韩国，似乎是韩国人绝对不使用日语。可是，你以为英国是一流的帝国主义，所以认为受英国统治很好吗？”

“受殖民地统治当然是不愿意的，但是如果同样要受统治的话，被一流的英国统治，总比三流要好。何况英语是万国共通的，所以很方便啊。”

“S君，听说印度的大学，至今几乎所有的讲课都是用英语的……”

“是啊，是这样的，英语的语汇丰富，是印度有教养阶级的唯一共通语言。而且，我们本来就是阿利安人种啊。”

自尊心很强的阿利安人，S君正可说是其极端吧。

几乎是在与此同时，我想起并在回味着黑人作家理查德·莱特（Richard Wright）在万隆会议（1955年）时与印度尼西亚作家的对话，以及莱特对这次对话的感慨。

> "很羡慕你。"
>
> "为什么？"我（莱特）问道。
>
> "因为英语是你的国语。"他说。
>
> "是啊，可是……"我说。
>
> "身为作家，你可广泛地诉诸全世界的读者。"他继续说道。
>
> "对。"我表示同意。
>
> "然而，混蛋，那些家伙教我们学了荷兰语！"他提高了音量。
>
> "用荷兰语能讲什么，能讲给谁听？"
>
> 他很激动。我们都是历史的某种牺牲品，他被教荷兰语，我被教英语。这位印度尼西亚作家兼教育者在从事指导复兴母国的古老语言，巴哈沙·马来语的改革运动，用其作为自己国家的国语。我感到这个人物认为对他们来讲，与其学习可和被叫作荷兰、小而弱的欧洲国家之900万人进行沟通的荷兰语，不如使用可以使诉诸7,000万印度尼西亚人成为可能的语言更为恰当。（引用自理查德·莱特"White Man, Listen"，海保真夫、铃木主税译，《白人よ聞け》，1957年，页64—65）

对印度尼西亚人作家的英语观，我真想知道得更详细些。从他是巴哈沙·马来语的复兴、改革运动的领导者来推测，恐怕即使他把英语当作"手段"，也不会将其作为"价值"来接受吧。但是我们的S君，他是否出于不是作家而是农学研究者之局限性，看起来他极为自然地接纳了“白”的优越地位之气息很浓厚。S 君第二次来日的时候，大概因中印两国边界问题而怒火冲脑吧，来找我时，竟然满不在乎地说“清国奴不像话，周恩来是说谎者”。

“这太过分了，S 君，你的日语好像进步了，可是清国奴的用语我不能接受。”我抗议道。他搔着头道了歉。

那么有没有台湾版的 S 君呢。近代的殖民地统治体制一般的构图，是在于“白”的基督教文明与有色人种的传统文化之间的冲突。

在此意义上，出现在东亚近代史上的，日本帝国与台湾、朝鲜的统治与被统治关系，与前面提到的构图呈现出相当不同的面貌。

本来就是同样的人种，广义上的文化圈是同样属于汉文化的范畴，知识分子共有儒教作为精神基础。

日本当局为了创造与发现能证明日本帝国与日本人优越性的依据，无疑是费尽心思。

日本帝国优越性的证明，透过富国强兵政策与开展工业化，在某种程度上是创造出了一些。但是作为大和民族文化的、心理的优越性根据的创造与发现，好像并不容易。

神道是“土俗”的，很难令人接受，用台湾桧木造出来的神社鸟居与神社既不能压制台湾人，也不能使台湾人信服。

为了夸示大和民族的优秀性被拿出来的，不外乎万世一系的天皇制。这对日本当局而言是以“不幸”一语即可道尽的。中国历史上皇帝的存在，已先行于台湾民众的脑海中。不管殖民者怎么强调日本的天皇制与中国的皇帝制不一样，民众还是听不进去。他们非常简单且自然地把日本的天皇制与中国的皇帝做了调换之后来看。农民起义→改朝换代→皇帝的循环图式，已经渗入民众的感性之中，可说已成为生活“感情”的一部分。

然而，殖民地统治是凌辱、压扁被殖民者的母语，将其从公共的层面、从社会生活中驱逐出去，企图使其变得无力化、无价值化。

台湾的统治也不例外。但是在世界殖民史上也无前例的奇妙事例，可以在台湾看到。

身居要职的日本高官，却以吟汉诗为乐，以会作诗而感到无限自豪，将其看成有教养的表现。

可举伊藤博文的史例。伊藤在《马关条约》决定了台湾的“割让”后，于翌年 1896 年巡视台湾，留下汉诗五首。下面是其中最为有名的一首：

际会风云

际会风云纵六龙，宜敷皇化纳蛮宾。
百年草木沾新泽，千里车书脱旧封。
淡水东流入蓬岛，玉山北向揖莲峰。
郑家遗迹今何在，只见孤坟没野榕。

诗作得好不好，或其内容如何现在暂且不问。作为殖民者的代表、日本帝国总理大臣的伊藤，在从此将要作为殖民地进行统治的台湾之地，循着被殖民者的传统形式作诗吟诗，简直可说是既奇且妙。但是，在吟的一方并未觉得，不，就像空气的存在一般，没有半点疑惑地、很自然地接纳了。

大官对奇异的行为满不在乎。第三任总督乃木希典是汉诗狂，至于第四任总督儿玉源太郎则更与后藤新平民政长官一起计划召开了“扬文会”（招待台湾士绅儒者共吟汉诗之会）。

妨碍在台湾确立大和民族心理优越性的，并不只是日本人喜欢汉诗而已。据故老说，日本人对中国的书画古董、黑檀的传统形式家具喜爱到几乎可说是着迷的程度。在50年的统治期间，有心的台湾人全然是冷冷地从旁观察。读书人又知道日本文字（假名文字）诞生的秘密，所以不论是殖民地官僚穿戴着的威风官服、佩剑、带有金丝的肩章与帽子，还是后藤新平所建、对此感到很自豪的台湾总督府红砖的威容，实际上都不足以支撑起日本人心理上的优越性。后藤新平可说只是“没穿衣服的国王”而已。

处于相对方的台湾人精英又是如何呢？他们究竟在文化面，在不损伤自尊下，同时维持了心理上的平静，并使之伸展了没有？

在祖父的年代，如果不去沾染与统治有关联的特权，是可以拒绝学或讲日语的。生于1891年（明治二十四年）的家父，要守住祖父的生活方式好像已经到了极限似的，相当辛苦。到小家父八岁的叔父（在殖民地化第五年，明治三十二年出生）的时候，殖民地统治结构已发生相当大的变化。

愈有才能的人，就愈要尝试着在统治民族的政治、经济、社会的人工绝对优势下，更“近代”地生存下去。结果他们便被慢慢地套进正在形成中的秩序框架中。在没有选择中医，而是选择了走向西洋医学之路的瞬间，叔父便不得不听掺杂着德语与日语的讲课，不能不尊日本人为师。

但是他愈日本化，就变得愈不得不反日。因为他亲身感受到殖民地体制的极端非人性。他以母语和病人对话，而以掺杂着日语、德语写的病历赚“钱”。日语与“钱”相结合，“心”却变得腐败而毁坏。他在没有认识到自己的生活被日本的“白影”（＝西欧＝“近代”）所笼罩的情况下，不知不觉地成了“有钱人”。

围绕着家兄们的状况更为严峻。在“白影”之上又附加上军国主义。对于他们来讲，汉诗、汉文已不是对自己的灵魂注入活力的媒介。随着走向中日战争之路，当局强化了对书房（传统的汉学塾）的禁止、公学校（台湾人小学）汉文课的废止，报纸汉文栏的撤废，以及在公共社会生活中母语的禁止与取缔。

留给有可能进入中等学校以上的少数精英学习和母语表现相近文章的机会，只剩下带有日语读音顺序符号的汉文（译注：因语法的不同，汉文不一定从上往下读）而已。那只是为了应付考试的日文、汉文、英语、数学之一的存在。更讽刺的是，他们在日本留学时，只能偷偷地躲起来，而且还须得透过日语才能接触到鲁迅的“阿Q精神”。

若能当上台湾版的阿Q，还说得上是有药可救的。到战争末期，可看到从台湾人之中也涌现出军国青少年，甚至还出现与殖民者一起轻蔑自己的母语，把日语想作是世界上最美语言的狂乱之辈。

不能嘲笑S君。只是在台湾版的S君，曾试着从日语转换为美国英语时，北京与华盛顿开始了蜜月期。

台湾版的 S 君是否正处于困惑之极呢？我们可以听到从地底下传来的痛苦呻吟——殖民地主义留下了深重的罪孽。

本文原刊于《立教》第 88 号，1979 年 2 月 20 日，页 24—27。

何谓“客家”

我很久以前便听说有关小松左京博识的传闻。即使如此，在读到他有关客家的记述时，真可说是令我感到惊讶。

“中国裔以客家人比较干脆、爽快。不谈祖先（译注：不耀祖），一点也不隐藏自己的客家身世，也不乖僻”的小松发言，可在《本——读书人的杂志》中所载的《问硕学》（1977 年 8 月号，页 35）中看到。

那是在邀请东畑精一博士的座谈会上，可以说是在围绕着东畑家祖先的质疑应答之中言及的。

我想，即使不经心草草看过这一段的人，一瞬间会产生“客家到底是什么样的人？”这种疑问者应不在少数吧。

即使是客家出身的我，在被问到“客家是什么”这一问题时，说实在的，很多时候感到的是困惑，因为不容易回答。

例如做“是否可说是操客家话的汉民族的一部族”的回答。诧异的质询者在稍作思考的同时，大概差不多都会反问“客家话是什么样的语言？”

然而，用客家话做示范，对方也听不懂。到底这也不算是回答。

在日常会话中搬出“音韵论”也显然深感不合时宜。想做更具体的说明便请出客家出身的名人，将其名字一一列出。

太平天国的洪秀全、杨秀清，辛亥革命的孙文、廖仲恺（廖承志之父），中共革命的朱德、叶挺，武汉政府的邓演达、陈友仁——最近受读书界好评的《文化大革命的内部（上、下）》（筑摩书房刊）的原著者 Jack Chen 是陈友仁的儿子。Jack Chen 于 1971 年从中国大陆赴美，在美国的康乃尔大学等讲授中国情势。他不仅是著名的记者亦擅长绘画——关于 20 世纪 20 年代广东政争的主要角色陈炯明、陈济棠、张发奎，“上海事变”中率领十九路军与日本军果敢打仗的陈铭枢等都是。以上所举的人之中，陈铭枢在北京、张发奎在香港均健在（译注：时为 1978 年）。

又已故之杰出人物有在海陆丰苏维埃很活跃但被国民党枪决的彭湃，以及曾参加汪精卫伪政权、战后化为刑场之露的陈公博也是客家出身。

在台湾的现存者暂且不提，中共政权元老级的重要人物叶剑英也是其中一人。获得再复活的邓小平，一部分日本媒体（中邦仁《两封信——邓小平论》，请参照《文艺春秋》，1977 年 11 月号，页 326）传其为客家，但我还未能确认。

如上所举，近代中国的革命运动与改革，如果排除客家人好像便不能谈。做如此指点的外国人中国研究者的看法，不能说未必中靶。

事实上，以太平天国革命为首的一连串革命运动指导者中，不仅是有客家出身者，他们的手下也有很大一部分是客家青年。

占太平天国官兵中大部分的是客家人，这是非常有名的史实。出乎意外地未被知晓的是，辛亥革命之前的广州3月29日革命（1911年黄花岗起义）牺牲的72位烈士之中，有34名是客家青年。

再说到文人。第一位应举出的是日本人很熟悉的郭沫若吧。郭氏在自己的传记《少年时代》（新文艺出版社，1956年版，页10）中曾记载道，自己本来是从福建省汀州府宁化县移居四川的客籍人。与郭氏大约同一时期留学日本，毕业于东京大学理学部（地质学），也是创造社同人的张资平是广东省梅县出身的客家。他被誉为“中国的菊池宽”，擅长写恋爱小说。20世纪20年代末期文名曾一时响彻全中国，但因人品鄙劣，也欠缺政治节操，其作家生命不久便断绝。

以《亚细亚的孤儿》《黎明前的台湾》《泥泞》[1]等作品，而让日本读者感到很亲切的台湾出身作家吴浊流也是客家。

就是偶然也令人感到奇异，客家出身的文人竟然意想不到地与日本的缘分很深。

听到根据《马关条约》“割让”台湾后，在台湾中部招募义兵开展抗日战的丘沧海（逢甲）是在台湾成长的清末进士。他又是岭东三杰温（仲和）、丘、黄之一，以诗著名。

另一杰是黄遵宪（公度）。黄遵宪不仅是诗人，其前历为外交

1 日文版书名分别是《アジアの孤児》《泥濘に生きる— 苦悩する台湾の民》。

官。1877 年，作为第一代驻日清朝公使何如璋之参赞（书记官），在有关琉球、朝鲜的中日纷争中，从事外交谈判的人物。他在日本居留期间，投身于日本研究，先后完成《日本杂事诗》与《日本国志》40 卷。前者被翻译，收入平凡社东洋文库是众所周知之事。

黄又获得作为中国的文学革命、文字改革先驱者的荣誉。他的前述两本著作可说是近代中国人所写的最初日本论。

谈到《日本论》一定会想起戴季陶（天仇）之名，他是四川广汉县出身。据说一部分客家文人根据其少年时代在成都的客籍学堂学习的纪录，立下戴季陶也是客家之说。广汉县的确是四川著名的客家居住县之一，客籍学堂也可能推测为客家的学校。但是其祖先被认为是从吴兴（浙江省）入蜀的，所以也有持怀疑的人。

在日客家系华侨的集会时，常成为话题的同侪中名人有台湾的丘念台（沧海之子，1977 年客死于东京青山）、中国大陆的廖承志与去年在北京作古的杨春松等。念台本名琮，毕业于东大理学部，但成人以后的生涯前半是以据守广东、照顾从殖民地台湾逃来的留学生或抗日运动家，以及抗日运动的实践家而著名，据说被日本领事警察视如眼中钉。

杨春松在战后的中日关系史中知名度相当高。原是台湾中坜出身的客家，作为抗日农民运动家，是日本特高[2]的好对手，台湾

2　特高警察之略称，创设于 1911 年，为天皇制秘密警察之核心组织，其组织网扩展至宪兵队、官衙、民间公司、学校以至于海外。对共产党及一切民主、革命的倾向做间谍与挑拨，对可疑者采暴力逮捕与刑求，强要其反间谍、虐杀多数共产党员、进步的活动家、朝鲜人等。于败战后的 1945 年 10 月被废止。

丘念台（第一排中）于 1965 年 6 月 19 日访日时与客家学生聚会，摄于学士会馆。第一排左一戴国煇；第二排左一许介鳞（林彩美提供）

故老至今还怀念他。

在东南亚的客家系“华侨”中的话题人物非李光耀和韩素音莫属。新加坡总理李光耀的罗马字拼音为 Lee Kuan Yew，不用说这是客家话音读法的结果。

韩素音在日本叫 Han Su-In，在香港叫韩素英。她本名叫周月宾（光潮），是一位女医生，现在已成世界性著名的女作家。女士的自传性现代史三部作（预定四部作，但第四部尚未刊出），书名为 The Crippled Tree（日文版为《悲伤之树》）、A Mortal Flower（同《转生之华》）、Birdless Summer（同《无鸟之夏》，均为春秋社刊），如有未读的读者，也应对电影《慕情》（Love Is Many Splendoured Thing）有记忆吧，她就是原作者。

她的祖先也是与郭沫若的祖先一样，因明末清初张献忠之乱而导致四川攻防的大死伤之后入蜀的客家。周家与郭家不同，是广东嘉应州即从梅县移住的，但郭家与周家同样都已明显的当地化，都在上一代就不会讲客家话了。

韩素音在前记自传性中国现代史之中，追溯自己的根源，对客家历史也有过不少叙述。大约是在搜集资料的过程中，在北京国立图书馆发掘到16世纪的《客家山歌集》：

情郎一心上四川，坐上盐船去建安；
宁舍金银千千万，怎舍情郎离开俺？

即为其中之一首。四川似乎从16世纪起就是客家青年一处很好的打工之地。他们从广东的故乡，乘盐船经过江西省有名的盐都建安而入蜀。前面的山歌可解读为唱出与情人别离之情的客家情歌的一首。

香港以虎豹别墅（Tiger Balm Garden）驰名的胡文虎是出身福建省永定的客家。马来半岛一带的客属总会系的会馆，必定都有挂他的照片，该是捐款的常客吧。以万金油发了财出了名，但兴趣不怎么雅致，是金缘好而人缘不佳吧，对其人的评价并不高。

从左到右，从军政关系到教育文化关系、到豪商等，客家真是人才济济。其共同点是血气方刚。

会讲客家语的是当然，不会讲客家语的人，其客家意识也往往很强烈。

客家意识，一部分人夸示其为客家精神。其具体内容，支持客家精神的是什么，现在我还不明白。虽然不明白，我自己的内心也有强烈的客家意识。客家的根源依音韵论很容易追溯到中国的中原。或以梅江、东江菜为名的客家料理来谈客家也好，也可指出客家是未渲染缠足奇习的唯一汉族族群。

但是解开“何谓客家”难题之钥匙，或者从客家意识是什么这一点追根究底才能找出吧，我现在是这样觉得的。

本文原刊于《本——読書人の雑誌》，东京：讲谈社，1978 年 1 月。

亚洲之中的日本

这几年日本的出版界中，日本论、日本人论可说百花争放。

想起来，其原因与经济高度成长赶上了欧美的“日本号”开始迷失目标的情况不无关系。

经济成长即善的神话崩溃了，代之而起的是“GNP见鬼去！”的社会风潮，使伴随着目标丧失而来的浑沌更加深化。

还有在从来就喜欢范本的日本人面前，这范本已经消失不存在这点，也可说是支撑百花争放的一部分要因。

其中很重要的是，一直被战后日本一般年轻人视为模范而向往的美国，透过越战的展开，粗暴地揭开了自己的面纱。

日本人为自身坐标基轴之确立，所耗费知性能量之义涵，我完全可以理解，并且我认为外部的人也应该表示出温馨的理解与关心。

编辑先生给予在日中国人研究者的我《亚洲之中的日本》这个题目，也可当作前面所说知性营为之一环来接受，应该不会错吧。

那么，为什么不是“世界之中的日本”而是“亚洲之中的日本”呢？

从经济大国日本的经济活动来看，与其把日本定位为亚洲的日本，毋宁是已经成为世界的日本了。即使如此，许多日本有识之士在心情上，比之“世界之中的日本”，更愿选择“亚洲之中的日本”为课题。

当然，以谦虚为是，至今犹选择以“安分”为社会规范做思考顺位，不是不能理解的。正如很多论调所显示的，相当多的日本有识之士，已承认在经济的领域以外，日本依然还未能真正地在世界性视野中占有一席之地，便是其根据之一。

可是，这不是重点。有趣的是，明治日本所产生的代表性美术家乃至思想家，抑或诗人冈仓天心（1862—1913）所提出的“亚洲一体”（《东洋的理想》），至今还在人们的心中跳动着。

尽管近来我在大学里接触的年轻人中，绝大多数都只是抱着负面的印象来看亚洲。

“亚洲”这个内容不一定是明确的日语单词，在中年以上世代的日本人心中，现在犹具有魔性般的回响。听了这个情形之后，我知道有数位欧美友人发出惊讶之声。

但是日本人以外的亚洲知识分子的反应，与欧美人是相当不一样的。

既不是感叹，也非惊讶之声，而是掺杂着叹息的怒吼，发出“又来了……”的心声之人不少。

最初“亚洲”成为日本人的问题，进入日本人的视野，应是与

《Japan Times》的创刊差不多同一个时期之事。

其最著名的是福泽谕吉（1834—1901）的《脱亚论》（1885 年）。正如众所周知的，福泽所言脱亚的“亚”仅指中国与朝鲜。又《脱亚论》的宗旨，是必须切断与停滞不前的清朝与朝鲜的文化关系与精神上的孽缘，去寻求与西欧文明国的精神归一之论述。

作为被断绝关系方的中国人后代之一，笔者在现在这个时候，仍可以理解福泽的心情。

福泽把中国、朝鲜看作是不能顺应西欧＝文明东渐的国家，并确切地预言到“从现在起不出数年即会亡国，其国土应归世界文明诸国之分割，这一点是毫无疑问的”。对其观察力在某种意义上我不吝表示敬意。当然，要断绝而离开，那的确是随你们日本人之意，我应说恭请自便才是。

但是回过头看，学习西欧列强的亚洲侵略政策并与之为伍，不，应说领先侵略中国与朝鲜这件事是不可原谅的。

与《脱亚论》同年，樽井藤吉（1850—1922）写了《大东合邦论》（1893 年出版）。

樽井立论的前提与福泽完全相反。福泽把西欧＝文明，亚洲＝半开化，至于朝鲜则是将其贬低为“与其评为野蛮，毋宁是妖魔恶鬼之地狱国”，将其与日本之关系评为孽缘。

樽井首先把亚洲与西欧相比较，认为其是在地理上、道义上更为优势的地域。然后在强调两国间所存在的自然的、先天的亲和性前提下，将日朝两国关系定位为像兄弟间道义上的关系。

樽井在此前提下，考虑日朝两国平等的合邦，因系对等之故，取与双方国号无关的大东国作为新国家的名称。他又提到与清朝的关系，主张彻底尊重清朝的独立，与大东国不是合邦而是合纵，即倡导同盟。

他不但不脱亚而志望“留亚”，日、朝合邦，与清合纵，直到中日甲午战争勃发之前年，更把构想扩展到“亚洲黄人国的一大联邦”的形成。

现在日本人所看到的亚洲已不止于中、朝，而是包括越南、泰国、缅甸等在内的广大范围地域。

一大联邦结成的目的，不必说，是在于对抗西欧的亚洲侵略。但是历史的进程与樽井的志愿相违，日、朝并非对等的合邦，进展成为以殖民地统治为结果的日、朝合并。

写《脱亚论》《大东合邦论》的1885年，也是大井宪太郎（1843—1922）的大阪事件被揭发之年。

大井是自由党左派的有名人士。大阪事件，是指听到金玉均等朝鲜的开明派，在由日本提供军事援助而实行的甲申事变（1884年）中失败的消息后，大井等计划援助朝鲜开明派，秘密准备了资金、武器，在即将渡朝鲜之际被揭发的事件。

在大井的想法之中有“我们非夺取彼国而是欲强化彼国者也”，认为就“朝鲜现时之状况而言，是欲给予其国民安全幸福之主意也”，即有所谓自由民权思想之扩张为宗旨，以及若“欲给予其社会活动之力，以引起外患之事为特别之好手段，在此之际实施应该能引起人民之真正之爱国心”，这种与日本国内改革的构想掺杂在一起的情况。

应该注意的是，大井与福泽、樽井所不同的是，不把朝鲜与中国放在同一立场来对待。同情被压制下的朝鲜人民，大声喊着解放的大井，却把清朝民众看成是，“支那人即使脑袋挨揍也恬不知耻。唯利是图，几乎到了是人与否不得区别之程度”，憎恶甲申事变中清朝对朝鲜开明派政变的武力干涉之余，将清朝与民众不分青红皂白地加以憎恶，后来则蔑视之。

于是，甚至于出现了主张“朝野官民同心协力”（1892 年，东洋自由党组织的宗旨）去做亚洲治国的方策，使清朝与朝鲜从属于日本，由此达到日本＝亚洲盟主之主张。

以上透过福泽之脱亚论，樽井空想素朴的留亚·联亚论，大井的微妙复合了解放与侵略的侵亚、兴亚论等基本模式，可以看到 19 世纪末日本的对亚洲思想的展现。

然而穿过冈仓天心的“亚洲是一体”，之后喊出“兴亚思想”“日支协作论”“东亚共同体论”“大东亚共荣圈”等口号，在与亚洲诸国的协作论、改造论、更有侵略论等各种相互矛盾着的要素掺杂在一起的同时，近代日本尝试着在亚洲中确保其地位。

但是那一切都被收敛在近代日本的国家性、结构性体质所制造出来的“时势”中一直冲到八一五，迎来了败战。

从那以后 30 年，经过一个世代，人们又重新提问“亚洲之中的日本”。

情况明显地改变了。将文明与未开化、西洋与东洋、白色人种与有色人种放在对立位置来思考的框架看来是过时了。把国家＝统治阶层＝民众看成一体的看法本来就没结果。随着人权意识的高扬，这会愈来愈明显吧。

提出“亚洲之中的日本”的问题本身，在一定程度上是意味着日本对亚洲应有的新思想摸索。

侵亚是属于议论范围之外的，新模式的脱亚也好，留亚、联亚、兴亚也行，但是将以“谁”为特定化对象来推行政策，这才是问题之所在。

渐渐醒悟的亚洲民众，不仅只是对“被侵犯”表示出积极的抵抗，他们早已不肯继续当人种主义或“血”的囚人。所以有好好考虑的必要。

为了不回到曾经走过的路，我认为有必要把1885年具有代表性的对亚洲的思想，再次作为“温故知新”之材料来活用，因此我从书架抽出几册古书重读。

本文原刊于《The Japan Times》，1977年3月23日，C12版。

原题《Japan in Asia—Great Debate on Japan and Japanese Related to Nation's "Loss of Aim"》

我的研究并为本书之刊行而记

——《台湾与台湾人》后记

林彩美　译

对于四分之一世纪时间的区割，最近感到有无限之重。1955 年秋，因留学来日，最初的十年在东京大学，接下来的十年在亚洲经济研究所，然后自 1976 年 4 月以来在立教大学史学科的东洋史（担任近现代史）研究室获得研究与教育的场所。

将第一次系统的研究成果，写成《中国甘蔗糖业之发展》（1967 年）付梓以来，我开始尝试着进行有企图地“乱射”。虽说是乱射，但我有在心中一直保持着目标与工作“核心”的打算。

第一个目标是设定写好《中国甘蔗糖业之发展》的续编，并将其汇总为“中国甘蔗糖业史”的定本。但是实质上的工作，仅仅只是在资料搜集上多少拨出一点时间而已。此外就是在与年轻的研究伙伴一起营运的“台湾近现代史研究会”（发行会刊《台湾近现代史研究》，办公室设立于立教大学东洋史研究室）上，与近来相继发表论文的森久男君进行讨论，也受教于他，这是我的近况。

第二个目标是写完《台湾总体相》。这可以说是将台湾的近现代史作为通史来写。我的雾社事件研究、一连的台湾知识分子论、对日本人所做的台湾研究考证与批判等等，我想都可理解为为此而做的基础作业。

走向第二个目标的路以及课题的推行，当然会关联到对日本帝国台湾统治的批判。然而不小心让自己陷入沦为观念性“告发者”的陷阱之虞也不小。确立作为被害者立场及向世间提问与之相应的主张，在展望今后应有的中日关系上也是必要的。

但是所有的被统治者，会不分民族、阶级、阶层都成为同等程度的被害者吗？这只能说不是的。如果是这样，就必须把这种多层结构搞清楚，将其内部的有机关联，放在日本帝国的台湾统治整体结构中给予正确的定位。

正因为有如此的思维，对清末台湾的考察、台湾地主制、台湾本地的资产阶级、台湾的少数民族与汉族、抗日运动诸情况等观点，才在我内部萌生。

告发、谴责帝国主义、殖民地主义者是很容易，特别是借用那些老生常谈的图式与词汇更是如此。我认为再也没有比将自己封闭于被害者的狭隘之中，装成一副“告发者”的模样而自高自大，更能耽误自己发现真正的敌人；也没有比永远的“被害者”更非生产性的东西了。所以在此脉络上，我也同时并行自我追究“被侵犯一方”责任的工作。

第三个目标，是设定为对“华侨”问题的解析，并把华侨史在世界史中做定位。我拒绝把华侨作为汉民族的海外发展史来掌握的这种过于天真的看法。因为担负起华侨史最核心部分的，就是在于西欧列强把自创的“近代”向世界扩展的过程中，所接纳或掳掠到该地域的中国人苦力的后裔。那也是近代中国蒙受西方冲击而解体的过程中，向海外涌出的流亡农民作为父祖的人们。

据说中南半岛难民中有三分之二属于华侨系，欧美有良知的知识分子把这些船民的悲惨境遇与纳粹的犹太人大屠杀重叠起来进行思考，已开始尝试着对应解决。好像正在把“华侨”问题与其历史作为人类的普遍问题，重新定位在应被扬弃的世界史“近代”之一部分。

我们也应该逐渐地从传统的“血统”束缚中解放出来，尝试着自由地接近问题。不用指出，对华侨问题正确的接近，只有将其放在历史的脉络中才有可能。而且我认为发展中国家的“华侨”研究手法，是应将其作为建国的一环，放在与克服殖民地遗制的内在结构关联中来定位与把握，并且尝试着这么做。对我而言，从乱射走向收敛之路应该说还很遥远。

以上是我在《经济学人》(1979年8月7日) 的“我的研究主题”栏中所写的一篇文章(参见《全集8·我的研究主题三个主标》)。作为现阶段我对自己所做的大致整理，恕我将其摘录于此。

可是，有关本书的刊行，系缘起于我的两次美国、加拿大之旅行。

第一次是自1977年3月10日到4月7日，以美国加州和夏威夷为中心，访问了大学、图书馆、唐人街等。第二次是自1978年9月27日到10月13日去了加拿大的温哥华，然后到美国东部，访问“华侨”社会并与友人讨论问题。两次都是受立教大学海外研究补助金的补助而进行的调查旅行。

旅行中，受到重逢的故友与新交的研究者诸兄姊的诸多指教。他们共同的要求是赶快出版专门谈论台湾问题的书吧。

“您为什么不写有关台湾的书呢?”“为什么把台湾问题，放到日本与亚洲的‘总体’之中，而想‘逃避’呢?”……得到这类要求兼批判的严厉发言也不是一次两次了。

又，“好不容易对台湾近现代史有了独特的发言与问题的提出，但因是收录在不冠台湾之名的书中，多被忽视看漏了，真可惜。还有与台湾有关的论文分散各处很是不方便，能否设法聚成一册呢?”等夸奖的话与意见也听了不少。

“言者无罪，听者足戒”，此之谓也。

每次乱射的“成果”因编辑诸兄姊的好意而成书时，下次要出版新写的念头一度会停留在心中，但很不容易实现。内心久已感到不胜羞愧。

大概不至于会被遗忘吧。1978 年 12 月 16 日中午的新闻报道中，发表了中美建立国交的消息，如同“雷鸣”般，响彻于在日台湾人的“华侨”界。

以前就设定为第二目标在构想中的书，在“雷鸣”之前未能诞生。与此同时，台湾却因此“雷鸣”而将迎接新的局面。只好采次善之道而无他。

荐举次善之道的有几位编辑，但我最终还是请了研文出版的山本实当助产士。

山本先生真可说是本书的助产士。他指点旧稿的误字、漏字与不适当的文章表现，并严格地要求新写原稿的基础上，本书才终于得以诞生。

我谨向山本实助产士，并向许可再录于此书的初载相关报纸、杂志、书的诸兄姊表示我的谢意。

谨将本书献给

为了恢复与确立作为中华民族的一员的

也是作为人的尊严

以及为了作为一个完成的人的生存

而流尽自己血与汗、奋战的台湾人诸前辈。

1979年10月吉日

戴国煇

本文原收录于戴国煇，《台湾と台湾人》，东京：研文出版，1979年11月10日，页321—326。

书评 以日本统治下的亲身体验为背景

—— 评《台湾与台湾人》

鲛岛敬治[1] 著 李毓昭 译

一开始阅读本书就觉得妙趣横生，但随着兴致往下读，就逐渐紧张起来，有时甚至有喘不过气的感觉。

作者于1931年生于中国台湾省，1955年来到日本留学，取得学位后，在研究机关任职一段时间，然后在大学执教鞭，成为旅日学者。从其出生的时期与地点可知，其少年时代是在日本殖民地统治的“皇民化”政策下度过的。因为有此原始体验与经历，作者除了主修的农业发展论之外，至今为止也出版了许多本与近代中国、日本有关的好书，例如《与日本人的对话》(社会思想社)、《境界人的独白》(龙溪书舍)。如果说这些著作是着眼于台湾四周环境的“周边论”，本书是把焦点放在台湾本身，这是否表示作者终于把手伸到心目中的主题了? 从本书可以窥知作者这份心思。

虽然主题可能艰涩难懂，本书却平易近人，因为紧接在第一章之后，就是《我的日本体验》。此部分从料理谈起，然后从语言用法、自我主张

1 时任日本经济新闻社论说委员。

的方式显示出的“生活样态”、对外来文化的因应模式等层面，指出日本人与中国人的差异，内容具体，也很温和。先提出生活周遭发生的事情，再把话题伸展到历史的重量或传统的本质，再归纳出与异质文化交流的问题，不仅是优异的日中文化比较论，也可以说是合宜的教养书，让人去思考日本社会的国际化，以及与他国互相了解的情况。对于前往台湾(中国)、中国，以至朝鲜半岛、东南亚旅行，或想要思考亚洲情势的人来说，光是这个部分就值得一读。

当然，本书的重点和作者的主题是台湾本身。如同“日本人与台湾”“台湾统治与少数民族”“殖民地体制”等组成的篇章所示，贯穿其中的是从甲午战争以至第二次世界大战的日本殖民地统治问题。不过，将“侵犯者的责任”与“被侵犯者的责任”并列，挖掘其中蕴含的心理问题这一点，才是本书突出的地方。

近代以后的台湾发展大致上是由来自福建、广东的人揭开序幕。此过程就是一部“开拓史”，内容是那些移民对台湾少数民族的驱赶、迫害与压制。迁入者寻求更有利的生活地点和主导权时，一方面分别与不同出身地的族群搏斗，一方面维持加害者的立场。在日本统治、国民党统治，以及融合的趋势中的世代交替继续着。这方面的叙述犹如作者拿自己开刀的“苦闷纪录”，令人感动。

本文原刊于《日本経済新聞》，1980年2月10日。

书评 扣人心弦的自我确认之路

——评《台湾与台湾人》

富山和夫[1] 著 林彩美 译

作者是出身旧殖民地（台湾）的在日中国人学者，已经有数册杰出的中日关系的论述著作问世。一直以来把“台湾的问题带到日本与亚洲的总体之中而刻意闪躲”的作者，这次却正面直接地以“台湾”为名的书出版，我想一定是有相当的精神准备才对。

本书是以作为全体标题的开头新作的第一章外，其他是将已发表的论文汇集而成。迥异于有料理、言语等的中日文化比较论，关于台湾事物的日本人论（如批判后藤新平、伊泽修二、矢内原忠雄、细川嘉六等），高山族问题（雾社事件的花冈一郎、高砂义勇队员从印度尼西亚摩洛泰岛于1974年12月生还的中村辉夫论），然后是殖民地体制下的台湾知识分子群像的荣光与悲惨的验证等而成。

对于负有台湾统治原罪的日本人读者，不管任何一篇都有迫使你做深

1 时任日本国立国会图书馆农林课长。

深反省的东西，读后感觉是很沉重的。但是作者的基本主题始终是在作为台湾人的自我确认上。

台湾人是什么？说要寻求自我认同，也并不是像韩国人那样坚如磐石的团结。又未曾有形成过一个国家的历史（反抗甲午战争的结果，对日“割让”而宣告成立的台湾民主共和国，也只是昙花一现而已）。

本来台湾是以清朝的国内移民地而出发的。从对岸福建来的福佬人（讲闽南语的多数派）和广东来的客家人（讲客家话的少数派）大举上岸。一边相互抗争着，一边把“原住民”的高山族（日据时期对高砂族的称呼）赶上山地。此与夺取美洲印第安人的自由大地，扩大其开拓地的白人西部开拓史相似。在此很明显地汉民族是高山族的加害者。

日本帝国主义者统治的50年，台湾岛民彻底蒙受成为近代日本对外扩张、侵略原型的饴与鞭的同化（“皇民化”）政策。虽在殖民地下痛苦地呻吟着，但自尊心很强的汉族，或相信祖国中国最后终究会胜利而忍耐着，或把自己的境遇比拟为“彷徨的犹太人”而深自惋惜为“亚洲的孤儿”。另一方面，把日语当作部族间的共同语言，在“番界”中最“开化”的雾社高山族却爆发冲击性很大的抗日武力蜂起的雾社事件（1930年）。

八一五（光复）后，台湾名正言顺归属中国。但是此后不久发生的“二二八事件”（指对作为行止宛如占领者的国民政府的失政所引起的1947年之暴动事件），带给汉族岛民难以抹灭的失望与挫折感。

论述视野广阔

本省人与外省人的对立形成，日本统治时代的知识分子亡命于日本或美国，展开了20世纪60年代的“台湾独立运动”。并且把“国府统治说成是外来政权”。不过他们的台湾民族论是“用没有民族的民族论是无法革命的”。事实上，“台独派”在进入20世纪70年代便相继归顺而消灭。

在这期间一直呼吁着要反攻大陆、抱持一个中国论的国民党统治下的台湾，进行着战后世代的融合。以北京话接受着平等的高等教育的新世代，早已没有本省人与外省人之差别。通婚又加快了融合，与疑似日本人的父母世代的代沟扩大着。总而言之，台湾人这个概念变成胚胎被植入是1949年北京政权成立以后的事，却“不谦逊地循着动与反动的绝妙辩证法的美学表现”，尚在历史的形成过程中。

处在如此苛酷命运玩弄下的台湾人，到底要确立自己的自我认同于哪边？身为“皇民化”世代而在漩涡中生存过来的作者，把自己的个人史与此相重叠而刻意挑战此难题。本书就是这个验证的期中报告。也陈述了漫长险峻的心路历程。特别是以下两点令人铭刻在心。

一个是解放了台湾出身者把台湾史限定在仅有台湾一个岛史的传统狭窄视野，而明确地定位在中国史的一环。加之发挥自己的殖民地亲身体验，主体性地要加入中国史重写的姿态。这一点，与曾经有过一段时间在日本人之间博取相当同情的“台独派”王育德的《台湾——苦闷的历史》等是大不相同的。后者过于拘束在台湾，把自己的命运自叹为中国近现代史的孤儿，自视为被害者而陷入作茧自缚之境地。

另一个是否可以说是站在自我与他者相对化、极北立场的不同观点思考吧，终究把只有从周边着手不然就不能掌握全体性的“构成本质的异己分子”（大江健三郎）的观点彻底地贯彻了。作者作为客家出身，自问对高山族的加害责任。在彻底的批判日帝统治的同时，也不忘记被侵犯者方内部的责任。因此今后“要阻止侵略、侵犯方与被侵犯方各自的结构性体质，双方的有心者应互相握着手将之早早摘除”，他如此断言。

从日本人的立场来看，对本书的细部也有一些异议与要求，比如否定矢内原的神格是可理解，但对于细川无条件的表扬我不能苟同，以及连优质的吴浊流文学都跨不出私小说领域，在台湾为什么生产不出如《朝鲜总督府》（柳周铉）那样的大众历史小说等。然而作者的如上所述的视野之广、志气之高，被其这般的特点撼倒的应不只评者一人吧。

本文原刊于《エコノミスト》第2340号，1980年2月12日，页90—91。

书评　呈现被殖民者思考的多样性

——评《台湾与台湾人》

石桥秀雄[1]　著　　蒋智扬　译

如果现在尝试着向日本人提问台湾是什么？台湾人是什么？能够立即正确且明快地回答的人究竟有多少？老实说结果应该是几近零吧！

本书针对此问题，透过作者自己的体验，叙述其解答的难度。对于曾为殖民者的日本人而言……作者出生于台湾省（祖籍为广东省梅县，客家出身），少年时期亲身体验过日本人的殖民统治，长大后留学日本，至今已经历了二十余年的旅日生活，为农业经济史、台湾近现代史、华侨史的研究家。其学术论文有《中国甘蔗糖业之发展》（亚洲经济研究所）、《与日本人的对话》（社会思想社）、《境界人的独白》（龙溪书舍）、《新亚洲的构图》（社会思想社）等，广受识者的注目。

具上述经历的作者，将基底置于曾在日本殖民统治下的台湾，以在20世纪70年代的报纸与其他杂志上等发表的论考为中心搜集加

1　时任立教大学教授。

以整理，并加上新近完稿的《台湾与台湾人》之一文为题，汇总为一册而成本书。其所收论文依目次如下所示。(略，参见《全集》1)

作者以位居日中之间的“境界人”自称，要求日本人认识“他分”的世界，首次将台湾二字加入书名，在本书末《后记》写着：

谨将本书献给
为了恢复与确立作为中华民族的一员的
也是作为人的尊严
以及为了作为一个完成的人的生存
而流尽自己血与汗、奋战的台湾人诸前辈。

此具有深重的意义。至于感受如何，依阅读本书的人们而有不同，亦未可知……不过在此，由于日本人的意识欠缺国际观，导致对他人的无知与误解，甚至可说自以为是的独断与偏见，嘴上说的与心里想的不同等等，有甚多启发之处是不容忽视的。而且这不是被殖民者控诉殖民者的狭小立场。作者也表明了被殖民者思考的多样性，吐露着真挚的热情与苦恼，追求着超越民族、超越世代的普遍价值。视野深广，有异于以往日本人所提倡的脱亚与兴亚。就此意义而言，本书不仅适合从事世界史教育者，亦广泛适合所有日本人熟读，故特予介绍，包括作者已刊诸书。

本文原刊于《歴史と地理》第294号，东京：山川出版社，1980年2月，页58。

戴国煇夫妇的历史证言与生命结晶

——中文简体版《台湾与台湾人》编后记

雷玉虹

戴国煇是与杨振宁同样重要的海归人才

杨振宁是在中国大陆家喻户晓的曾获诺贝尔奖的旅美科学家，晚年海归回京落叶归根定居清华大学培育科学后辈。但若提起曾旅日四十余年、终老故乡台湾、骨灰撒入台湾海峡的著作等身的历史学家、思想家、藏书家戴国煇(1931—2001)，却除了少数学界人士外知之者甚少。

2011年4月15日戴国煇八十周年冥诞之际，《戴国煇全集》27卷在台北与读者见面，之后，美国《世界日报》发表题为《杨振宁戴国煇是同等重要的海归人才》的社论，指出戴国煇教授20世纪50年代留日，90年代中海归回台，期间因为研究台湾近现代史和“二二八事件”而在两蒋时代被台当局列入黑名单。但是，“作为本省籍学者，戴教授始终不入日本籍，体现了一个学者的民族情怀和对出生地尊严的维护，同时，戴教授在日本取得巨大成功，知日而不媚日，对日本殖民台湾的帝国主义行径始终持批判态度，与李登辉等媚日立场形成鲜明对照；更为重要的是，戴教授在国际上为台湾发声增光，却又反对‘台独’的福佬沙文主义，力主两岸和解，复兴中华民族”。因此，该社论主张“一个国家，只有高科技而没有独立的人文精神，只有‘杨振宁’，没有‘戴国煇’，也是无法持续发展的”。

中国既需要杨振宁，也需要戴国煇。

戴国煇是将自我体验融入历史书写的历史学家

1931 年 4 月 15 日戴国煇出生于台湾省桃源县平镇的一个客家地主家庭，当时在建制上属于日本殖民地台湾新竹州中坜郡。但是，作为一个历史学家，戴国煇在日本出版的所有著作上简历栏里都是写着“1931 年出生于中国台湾省（祖籍是广东省梅县)”或“1931 年出生于中国台湾省中坜（祖籍是广东省梅县)”以表明自己的立场。少年时代的戴国煇在家中接受传统的客家中原文化教育，上学后在日本人为台湾人开设的公学校接受“皇民化”教育，曾受到日本老师、同学的侮辱和殴打，留下深深的殖民地伤痕。1945 年台湾光复后正值初中二年级的少年戴国煇曾加入欢迎抵台的祖国大陆接收台湾的军队的行列。高中进入台北建国中学念书的他和同学们目睹了 1947 年的“二二八事件”。此时正值全国学潮风起云涌、国民党统治风雨飘摇之际，受到左派社会主义思想影响的青年戴国煇参加了学生组织与“沈崇事件”后台北学生的声援游行，并与后来成为考古学家的张光直等一起参加反内战、反饥饿运动，与全国各地青年学生一起加入反帝反封建学生运动的行列。此时在大陆节节败退的国民党政府为了整备台湾作为撤退基地，开始着手在台湾处理学潮。1948 年的“四六事件”中，国民党政府开始镇压台湾的学生运动，包括张光直在内的戴国煇的许多师长朋友被捕入狱，有的甚至被杀害。台湾全岛笼罩在白色恐怖之下。怀抱以农业救中国情怀的戴国煇拒绝父亲学医的要求，远离台北悄悄考入台中农学院（现中兴大学）埋头读书。1955 年他大学毕业服完兵役后通过台当局的留学考试申请到美国印第安纳州立大学奖学金，准备学习美式大农业经营以奉献中国的农业现代化事业，但因奉父命去看留学日本后因战争长期未曾回家的二哥而在东京停留。

“我们都是被扭曲的、殖民地的孩子。如今，殖民地伤痕的本身成为我们不得不起步再次出发的原点，作为重新开辟的新道路的基石，我们必须好好地活用这个悲痛的经验。我们一边要痊愈殖民地的伤痕，一边要超越它，必须将殖民地遗制的所有东西加以手段化、相对化，经过克服以变成我们自己能掌握的工具及东西。对于围绕着我们的殖民地伤痕纠葛的本质及核心事物，我们只有通过内省和对决，才有可能扩大作为自旧殖民地被统治者身份求新生的内在自由之崭新境界。”戴国煇二哥的这番话改变了其人生轨迹，使对日本人满怀仇恨的他改变初衷，同时也有将东京作为观察中国大陆的视窗之意，考入东京大学农经学院留学。三年后因为阅读《资本论》而与之结缘并私订终身的大学学妹林彩美通过留学考试，也来到了东京大学农经学院留学，开始了夫妇二人的旅日生涯。

在战后 20 世纪 50 年代至 60 年代，作为日本最有影响力的高等学府的东京大学成了很多有批判性的左翼学者或自由派学者的集聚地。在战前的殖民地台湾受尽了日本老师、同学的侮辱与伤害的戴国煇，却在东京大学认识了很多有良知的日本人。他的老师、日本著名农业经济学家以及自由派学者东畑精一、神谷庆治等人都积极鼓励他广泛地多听课、多与日本老师、学友们交往，对他的学术生涯产生了重大的影响。他自述通过东畑老师的影响，使他懂得“文化的价值只是相对的，不该把它绝对化”。通过神谷庆治老师的影响，使他形成有关殖民者与被殖民者之间共犯结构的想法。他还认识了文学评论家尾崎秀树、鲁迅研究家竹内好等一批有良知的日本文化人。通过与这些人的交往，他认识到“有良心的日本人和能够真正自立的台湾人必须相互联系，进行持续不断的努力，来向殖民地遗制进行对决，并将其手段化，同时冀求更进一步地来克服殖民地的伤痕”。这成为戴国煇旅日四十年学术生涯的主基调。

戴国煇在东京大学十年间，与夫人林彩美坚持勤工俭学维持生活，不拿国民党当局的奖学金。积极参与组建东京大学中国同学会（异于当时台湾当局组建的“中华民国同学会”），组织读书会，发行会刊《暖流》，并开始研究台湾近现代史，批判日本的殖民统治。为此戴国煇夫妇曾于20世纪60年代末被台湾当局列入黑名单，吊销旅行证件长达13年不能返台。

作为一位农业经济专业出身，研究领域横跨多个学科的学者，在戴国煇的学术生涯中，始终关注的一个重要课题就是台湾人的身份认同问题，即探索“自我认同的困扰”。生为客家系台湾人，如何厘清既是客家人、台湾人又是“中国人”——并非完全等同于“中华民国人”抑或中华人民共和国人之“认同困扰”，不断地反思并寻找该属于自我的“生之哲学”之“心中奥妙”。戴国煇一边批判日本的殖民统治，一边对围绕着自己的出生，自己该归属的客家人、台湾人、中国人、中华民族及其社会和国家，如何给其下“定位”等问题进行了思考和剖析性的研讨。在旅行证件被台湾当局吊销，不能回台，也不能离开日本的漫长的日子里，在东京伴随着苦恼、疑惑、彷徨，通过对日本殖民地体制的批判，对台湾历史的研究的过程中，他得到了日本社会的尊重，并获得了有良知的日本人的肯定，渐渐愈合了自身心理上的伤痕，逐渐完成自己作为一个完整的人的心理成长过程，完成了自己寻找作为台湾出生的中国人的尊严，确立了自己既是台湾出身的客家人，又是中国人的心理上的自我身份认同，完成了个人的成长。

戴国煇的著作，也是这位历史学家为他自己，为他所处的时代所做的证言。

阅读戴国煇著作的时代意义

戴国煇是海外著名的中国问题研究者。戴国煇生活的20世纪，对中国人而言，是一个苦难的世纪，也是世界历史上最惊心动魄的一个世纪。世界经历了两次大战与殖民地独立、东西方冷战的形成与结束。中国也经历了台湾的被割让与回归，国共内战后两岸间的对立与对峙。鸦片战争以来西方列强对中国的侵略，把这个古老的封建帝国推向了现代化的浪潮中，甲午战争开始的日本对中国的侵略，以及战后发生的冷战和国共内战，使艰难地行进在现代化历程中的近代中国，充满了各种对立、对抗与挑战。

在金门马祖炮声隆隆，人们对自己的政治立场常常被逼迫做出非此即彼的选择的年代，身系国家前途命运的戴国煇只能以庶民派的“独立自主的中国人”自居，坚持出身的尊严、民族的尊严、学术的尊严，高举“知性的诚实”“道德的勇气”及“社会科学的批判精神”三面大旗，运用各种社会科学理论解释台湾近现代史、华侨史、中日关系史，为我们建构了一幅近现代中国的历史图像。他以中国台湾出生的客家系中国人立场在日本发言，通过严谨的学术论证在日本的主流学界、媒体、论坛主张台湾是中国的一部分，批判日本殖民统治台湾历史，批判“台独”思想。只可惜他生前因两岸间的严重对峙，其观点并没有被我们学界注意到。

戴国煇的学术研究涉及面宽广，视野开阔，但有一个最大的特点，就是他研究与探讨的问题，都是与国家、民族的过去与未来息息相关的既重要又敏感的问题。他曾说：“我不是‘台湾史的历史家’。我是要把台湾史放在中国史（而且是亚洲史、世界史）之全历史过程中正当定位，以此再构筑‘中国史像’是我的目标。作为住在日本的客家裔台湾人（更是中国人）学者，有明确的责任参与我自己，以及自己家族所生存社会的改善。

随便任由激情做出强硬言行，与努力保持最高的学问水准并追求最高的知性，两者之间有所不同，我是明辨自知的。”从他的研究中可以看出他怀有强烈的中国知识分子的“经世致用”思想，希望自己的研究，能对国家民族的发展产生影响。但他人生的大部分时间，却高举学术尊严之大旗，远离现实政治。把他的行为放在他所处的时代背景中来考察，可见他所谓的“远离政治”不过是在冷战与两岸对峙的特定历史背景下，关心家国命运的知识分子的无奈选择。而晚年叶落归根回台湾，是满怀着希望将毕生所学得以致用，为家乡与国家民族贡献余生的强烈的家国情怀。

《戴国煇全集》近700万字的论述、收藏于台北“中央研究院”人文社会科学图书馆“戴国煇文库”的6万册珍贵藏书，都是戴国煇夫妇给中华民族留下的宝贵精神财富。中国改革开放40年取得了巨大的经济成功，中国崛起已经成为不可阻挡的趋势，可我们的社会内部面临巨大的变迁，历史上的排华幽魂又在国际社会上空游荡，两岸间的民族整合任重道远。对过去的历史如何总结，对今天的历史如何把握，对未来如何展望，在国际社会如何定位我们自己，这都成了摆在我们面前不得不面对的问题。

在这个面临百年未遇之历史变局的时代，我们阅读、发现戴国煇这位毕生思考中华民族前途命运的历史学家的著作，将会使我们如同站在巨人的肩膀，看得更高更远，具有重要现实意义。

戴国煇夫妇的历史证言与生命结晶

作为曾接受过殖民地时代的日本式基础教育，并长期活跃于日本学界的具有强烈民族感的出生于中国台湾的中国人学者，戴国煇认为自己无论是在生活的时间上还是空间上都处于中日两个民族之间的“边际人”的位置。“一方面长期滞日，一方面从事以日本殖民统治期的台湾为中心的历史研究，对我来说，几乎是天天自己斗自己；不仅如此，如何在不违背良心的妥协形式下，建立起能为日本社会所接纳的逻辑与说明，不但是紧张，亦是非常严酷的课题”，“我所做的就是血淋淋地解剖我自己”。

《台湾与台湾人》是戴国煇学术生涯中第一部以“台湾”“台湾人”冠名的论文集，也是他所谓的“血淋淋地解剖自己”的心路历程的记录。在此之前，他在博士论文基础上修改而成的著作《中国甘蔗糖业之发展》已经因其具有学术史上的地位而为他谋得了日本亚洲经济研究所首位外国人主任调查研究员的职位。其面向日本普通大众发表的评论集《与日本人的对话》《境界人的独白》《日本人与亚洲》《新亚洲的构图》等也为其在日本评论界、出版界赢得了话语权。

《台湾与台湾人》收录了戴国煇自进东京大学读书开始至中美建交后为止所写的论文 16 篇及后记，其中《某副教授之死与再出发的烦恼》《令我脸红的四十年前往事》《从原日军补助兵中村辉夫的生还谈起》这几篇文章他在不同主题的著作中多次重复选入，可见他认为这几篇文章对表达他的立场和观点而言非常重要。该书初版于中美建交后不久的 1979 年 11 月，属于日本社会科学领域的畅销书与长销书，出版后好评如潮。笔者手头的版本即为 1991 年出版的六刷本。东京大学的著名中国问题研究专家矢吹晋教授将《台湾与台湾人——追求自我认同》《华侨——从“落叶归根”到“落地生根”的苦闷与矛盾》等著作列为中国研究博士必读书目。

戴国煇晚年也曾在一次公开演讲中提道：“我多年来一直在不断思考与追溯历史中的台湾人，对于台湾人，以我的史观来讲，将其置放在历史中，它是动态的而非静态的。作为这个不成熟的结晶，我出版了一本日文著作《台湾与台湾人》、副书名是追求自我认同，即是自我认同的心路历程。”戴国煇教授也曾谈到，该部著作中所提到的所有人物都是实有其人，所以，在这个意义上说，这部著作也是戴国煇为我们留下的那个时代的台湾人的历史证言。

1994 年春天，笔者因戴国煇教授邀请赴立教大学任奖励研究员。初次应约到戴教授的研究室，他一边跟我聊天，一边递给我两本他的日文著作《台湾与台湾人——追求自我认同》《华侨——从“落叶归根”到“落地生根”的苦闷与矛盾》。他说，这两本书在日本出版后都受到好评，但他也是写给大陆中国同胞看的，就算是盗版他也不会追究，他只是希望大陆同胞能读他的著作。还说你好好学习日语，我希望你以后把这两本书翻译成中文。我说目前我的日语水平还不够翻译这种著作。他说你好好学习，先把《台湾与台湾人》这本书中的第二章《我的日本体验》一文翻译出来给我看。

于是，接下来的日子里，只是作为二外学过一年日语的我，订了一份《读卖新闻》，每天早起阅读报纸、看电视新闻、学日语，同时开始了拿着字典翻译文字的工作，戴教授那诙谐的文字、问题意识，及对中日衣食住行的细致观察比较，使刚刚到日本的我受益匪浅，常常为其中的一些文字忍俊不禁。但戴教授看了我的译稿后评价：“你并未完全理解我在文中要表达的内容，大概只能读懂我的七成意思。不过你刚来日本，能达到这个程度已经不错了，希望以后继续努力，把这两本著作翻译成中文，让更多的中国人读到。”

作为二十世纪享誉日本学界、评论界和出版界的知识分子，也作为“日本殖民统治的副产品”，戴国煇日文典雅优美，其造诣之深，令很多日本文化人也自叹不如。更何况作为一个横跨多个学科的学者，其文字中透露出的智慧与思想，更是当时的我无论如何难以理解的。于是这困难的作业就被偷懒的我搁置了下来。

自1991年认识戴国煇教授以来，他给我的感觉总是精神抖擞、知识渊博、思维活跃，爱运动，爱旅游，爱跟人讨论问题，也爱批评人，所以我的一位朋友曾私下议论，像戴教授这种人一定是很长寿的吧。1996年，我曾跟戴教授在东京池袋地铁站西口附近的一家咖啡店喝了一杯咖啡，聊天一小时。当时他已经决定回台湾任李登辉顾问，我恭喜他终于达成书生报国之志、衣锦还乡之时，可我看他并不高兴，只是淡淡地回答："伴君如伴虎。"当时我对戴教授还不太了解，也无法理解他这句话的涵义。随着阅历的加深与知识的积累，在通读过《戴国煇全集》后，今天的我才能够部分理解当时他的心情。

得知戴国煇教授英年早逝的消息后，感到悲伤与遗憾之余，我想起多年前跟戴教授的约定，于是2002年在北京家中翻出戴教授生前送给我的著作，给台北的戴师母写信，主动请缨，表示愿意为戴著作的翻译出版尽微薄之力，加入了《戴国煇全集》的翻译团队。

笔者完成了《华侨——从"落叶归根"到"落地生根"的苦闷与矛盾》一书的翻译工作。但《台湾与台湾人——追求自我认同》一书中引用了不少明治时代与台湾相关的史料，不仅是对于我，即使是一些日语专业毕业的人士都存在阅读理解的困难。但戴师母告诉我，她已经将《台湾与台湾人》全书翻译成了中文，于是我主动担负了该书文稿的打字校对工作。阅读戴师母亲笔撰写如同硬笔书法字帖般漂亮优美的原稿，并且对照戴教授优美的日文，领会戴教授的思想，这个过程其实是一个既辛苦又快乐也可以称得上享受的学习过程。

但遗憾的是，因为戴国煇教授去世后留下的著作实在多，在编辑《戴国煇全集》过程中，《台湾与台湾人》这本著作的内容按其主题分别被拆分进《戴国煇全集》第 1 卷、第 6 卷、第 13 卷、第 15 卷、第 16 卷中，读者们虽然可以通过各个专题的阅读了解戴国煇的思想，但却无法了解其编辑此书的用意。

此次由九州出版社与中信出版集团联袂出版的《台湾与台湾人》是戴国煇这部记录其自身心路历程的重要著作中文版第一次与读者见面。这部著作不仅是戴国煇及其同时代人自我心路历程的一个记录，也是戴国煇夫妇生命的结晶。书中引用的不少与台湾相关的史料都是第一次与大陆读者见面。

感谢台湾的王震邦教授、朱云汉院士的鼎力相助，使我们能够看到现在身居美国的戴国煇教授生前好友、历史学家许倬云先生为戴教授的著作所做的解读，成就这篇讲述两个历史学家间故事的名篇。作为戴国煇教授的大陆同时代人的陈孔立教授的序，也使我们读到了两岸对峙的时代两个学者之间的故事，成为理解我们这个大时代的历史证言。感谢九州出版社的张黎宏社长、王守兵先生、王宇团队、习欣编辑，中信出版集团王强、吕艳平团队等为本书能够与大陆读者见面付出的努力。感谢我的好友刘国奋研究员通读本书，并提出宝贵意见。感谢戴国煇夫人林彩美女士、女儿戴兴夏女士、女婿陈封平先生为本书的出版所做的支持。

在台湾海峡魂游两岸的戴国煇教授，应当会感到欣慰。十四亿中国人，终于可以与他共享他的心路历程了。